INHALT

1. DER GLEICHE TOD MIT ANDEREN LEICHEN

Warum noch ein Buch?

Man kann natürlich sagen: Weil's so viel Neues gibt. Und das stimmt ja auch. Tatsächlich habe ich mich inzwischen weiter spezialisieren können, ganz einfach, weil ich seit dem letzten Buch mehr Aufträge bekam und seither die Arbeit als Schädlingsbekämpfer deutlich zurückgefahren habe. Und weil man erst mit der Menge der Fälle auf spezielle Probleme stößt: zum Beispiel auf die Sache mit dem Polizeisiegel.

Tatsächlich heißen Polizeisiegel nicht Polizeisiegel, sondern amtlich »Polizeiliches Verschluss-Siegel«. Das Siegel ist ein Klebestreifen, ungefähr so lang wie dieses Taschenbuch breit ist, und zwei bis drei Finger stark. In Bayern ist es hellgrün und fälschungssicher gemustert und sieht dann etwa so aus, als hätte man es aus dem Papier gemacht, aus dem die Seiten in einem Reisepass sind. Wenn die Polizei einen Tatort verlässt, klebt ein Beamter einen dieser Streifen von der Tür zum Türrahmen. Das verhindert zwar nicht, dass man die Tür öffnet, denn der Streifen zerreißt sehr leicht, aber man weiß dann, dass sich jemand anderes an der Wohnung zu schaffen gemacht hat.

Man könnte die Siegelreste nach Abschluss der polizeilichen Untersuchung natürlich auch an der Tür lassen. Aber das mag ich nicht. Sicher, es ist kein Blut, es ist nicht gefährlich, aber wir versuchen ja nach Möglichkeit, alle Spuren des Geschehenen zu entfernen. Und die Angehörigen, die Betroffenen erinnern sich beim Anblick eines Polizeisiegels genauso an das erschütternde Ereignis wie bei einem Einschussloch. Das Blöde an den Siegeln ist: Sie kleben wie der Teufel.

Anfangs haben wir die Polizeisiegel entfernt, wie sie jeder andere auch entfernen würde: mit irgendeinem Werkzeug, mit dem man schaben kann. Aber das ist letztlich eine schlechte Lösung. Ich habe keine Ahnung, wer die Dinger entwickelt hat, vielleicht derselbe Mensch, der für die österreichischen Mautplaketten verantwortlich ist, die man sich im Auto innen an die Windschutzscheibe klebt. Die kriegt man ja auch nie in einem Stück wieder weg. Der Unterschied ist, dass Glas relativ unempfindlich ist, Türen und Türstöcke hingegen sind es nicht. Wir haben zunächst mit allen möglichen Schabern gearbeitet, zum Schluss mit denen, die man für Cerankochfelder verwendet, aber es hat alles nichts geholfen – wenn das Siegel ab war, waren auch große Teile des Türlacks ab, und wir waren genauso weit wie vorher: Die Betroffenen erinnern sich beim Anblick des Lackschadens wiederum daran, was zuvor dort geklebt hat. Wenn man das spurlos ausbessern will, müsste man die ganze Tür streichen.

Erschwerend kommt hinzu, dass es sich nur dann um ein Siegel handelt, wenn die Untersuchung unkompliziert ist. Muss die Polizei öfter an den Tatort, öffnet die natürlich auch nicht siegelschonend die Tür, die macht halt – ratsch! – einfach auf. Und klebt anschließend ein neues Siegel drauf. An einem Tatort findet man schon mal drei, vier, fünf Siegel kunterbunt übereinander. Und wenn man die Dinger alle abschabt, sieht die Tür hinterher aus wie nach einem Autounfall. Inzwischen haben wir uns zu einem Lösungsmittel durchprobiert, mit dem sich die Siegel spurenlos entfernen lassen.

Das ist ein wichtiger Teil der Faszination an meiner Arbeit: Ich will besser werden. Aus Leidenschaft und vielleicht auch, weil es eine Art Sucht ist. Wie Bergsteigen, wie Golf, wie Jonglieren – man beherrscht einen Schwierigkeitsgrad und will nun auch den nächsten knacken. Ich bin scharf auf die schwierigen Fälle. Und ich will die erste Adresse für solche schwierigen Fälle werden, damit ich noch schwierigere Fälle kriege. Am besten in ganz Deutschland. Ich bin tatsächlich auf einem relativ guten Weg dazu. Neulich hat mich jemand aus Köln angerufen.

Dass sich meine Arbeit bis nach Köln herumgesprochen hat, hätte mich sogar bei einer ganz normalen lange liegenden Leiche gefreut, auch wenn ich den Auftrag vermutlich nicht angenommen hätte: Da sind ja die Fahrtkosten für den Kunden höher als unser Arbeitsaufwand. Aber dieser Fall – also, das war eine echte Herausforderung. In einem kleinen Altbauhäuschen in der Kölner Innenstadt stirbt im zweiten Stock ein Mann, als er gerade in die Badewanne steigt. Das Wasser läuft weiter, und zunächst passiert nichts, weil der Wasserhahn nicht mehr voll aufgedreht ist und das Wasser durch den Überlauf abfließt. Aber dann zersetzt sich die Leiche, der Überlauf verstopft, und vier Wochen lang läuft das Wasser weiter und über den Wannenrand. Der Leichengeruch wird durch das Wasser etwas verdünnt, aber längst nicht genug, und das Wasser dringt in den Boden ein. Die Wände saugen sich voll, die Wohnung darunter beginnt zu stinken, dann ein Ladengeschäft im Erdgeschoss. Eine Leiche breitet sich über drei Etagen aus – das war ein Problem, das ich gerne geknackt hätte. Und dafür hätte sich auch die Anreise aus München gelohnt, ich hatte sogar schon das Hotel gebucht. Aber dann gab es Erbstreitigkeiten, und es stand nicht mehr fest, wer die Rechnung zahlt. Der Auftrag platzte in letzter Minute. Ich wurde noch gefragt, ob ich nicht wenigstens ein paar Soforthilfemaßnahmen einleiten könnte, aber für Soforthilfe gegen die schlimmsten Schäden und die Feuchtigkeit gibt es natürlich auch kompetente Firmen in Köln.

Interessanterweise erhielt ich sogar mal einen Anruf aus Chicago. Da hätte ich ebenfalls zugesagt, allein schon deshalb, weil die dort andere Wände, andere Böden, andere Baumaßnahmen haben – das wäre praktisch so etwas wie Fortbildung gewesen. Aber erstens kann ich meine Materialien ja niemals in die USA einführen, zweitens weiß ich nicht, welches Equipment man in den USA kriegt, und drittens konnte ich dem Anfrager nach einer kleinen Recherche im Internet eine Firma empfehlen, die für mich auf Anhieb vertrauenswürdig klang: Das sind nämlich offenbar lauter Feuerwehrleute – genau wie wir.

Aber genau das ist es, weshalb ich meinen Job mache: Ich möchte die interessanten Fälle bekommen. Die kniffligen, bei denen andere das Handtuch werfen – ja, ich sehe diesen Beruf auch irgendwie sportlich. Und dabei hilft es, wenn möglichst viele Menschen wissen, dass es diesen Job überhaupt gibt.

Darum schreibe ich darüber. Und wenn Sie Verwendung für uns haben – rufen Sie an!

2. DOPPELRAHMSTUFE

Eigentlich war sofort klar, dass die Angelegenheit länger dauern würde: »Erstmaßnahmen« sollten wir durchführen, nur »Erstmaßnahmen«. Das bedeutet: die Wohnung reinigen, die Möbel wegschaffen, die Insekten entfernen, den Geruch oberflächlich bekämpfen. Die Schwester und der Bruder des Toten hatten sich dafür entschieden, ich hatte eindringlich darauf hingewiesen, dass das vermutlich nicht genügen würde. Ach was, vermutlich: Wenn man sich die Umstände ansah, war es vollkommen ausgeschlossen, dass die Sache damit erledigt sein würde.

Der Mittvierziger war in seinem Wohnzimmer gestorben, aber das war nicht das Problem. Das Problem war das Haus: Er hatte sich ein Doppelhaus gebaut, am Rande eines bayerischen Dorfes und in der Mitte von Nichts. Und bei diesem Hausbau hatte er sich komplett übernommen. Schulden, Hypotheken, nichts half, also hatte er erst eine Hälfle des Hauses fertig gebaut, die schönc-re, die ihm besser gefallen hatte, und dann hatte er diese Hälfte verkauft, um Geld für die andere Hälfte zu haben. Irgendetwas an diesem Plan war schiefgegangen, vielleicht verstand er auch nichts vom Häuserverkaufen, das kann ja manchmal schwieriger sein als das Bauen selbst. Jedenfalls stellte er die andere Hälfte des Hauses nur noch notdürftig fertig, nämlich das Erdgeschoss, so halbwegs, und dabei blieb es dann. Das war vor etwa 20 Jahren gewesen, seither hatte der Mann in einer Art halbfertigem Rohbau gelebt. Das war der erste Teil des Problems: Je weniger verputzt und verarbeitet ein Mauerwerk ist, je billiger das verwendete Material ist, desto saugfähiger ist es auch, wenn die Leichenflüssigkeit kommt. Und Leichenflüssigkeit hatte es mehr als genug gegeben.

Der Mann hatte 180 Kilo gewogen.

Er war im Hochsommer gestorben, auf dem Sofa sitzend oder halb sitzend, gefunden hatte man seine Leiche direkt vor dem Sofa, vielleicht war er ja auch aufgestanden, weil ihm übel war, und dann zusammengeklappt. Besonders sicher konnte er ohnehin nicht gestanden haben, neben dem Sofa lehnte eine Beinprothese. Seine Beinprothese. Das sah seltsam aus, dabei ist es, wenn man mal drüber nachdenkt, nur normal: So was nimmt der Bestatter natürlich nicht mit. Logisch. Aber überrascht ist man dann doch.

Dort, vor dem Sofa, hatte er nun gelegen, 14 Tage lang, im Hochsommer. 180 Kilo Körpergewicht ergeben, wenn man mal von 70 Prozent Wasseranteil im Körper ausgeht, 126 Liter Körperflüssigkeit zu Lebzeiten. Und 126 Liter Leichenflüssigkeit hinterher. Wenn man diese Menge 14 Tage auf höchstens zwei Quadratmeter eines 20 Jahre alten Teppichbodens über mäßig verputztem Mauerwerk einwirken lässt, diese Rechnung allein genügt, um zu wissen, dass es da mehr braucht als »Erstmaßnahmen«.

Außer natürlich, man will das ganze Haus sowieso abreißen.

Trotzdem, die Geschwister blieben bei ihrer Sparbestellung. Ich stellte meine Warnungen ein und versprach, ihnen Bescheid zu geben, wenn mehr zu tun wäre. Wir rückten also zunächst zu zweit an, meine Frau Petra und ich. Als Erstes beschlossen wir, das Sofa rauszutragen.

Eine alte Tagesdecke lag noch darauf, die ich zur Seite legen wollte, genau genommen mehr aus Gewohnheit, man lässt beim Raustragen auf dem Sofa nichts liegen, damit erstens das Sofa leichter wird und einem zweitens das Zeug beim Tragen nicht runter und zwischen die Füße fällt. In diesem Fall war es allerdings ein Fehler: Dieses Sofa war das erste Sofa, das durch Entfernen einer Tagesdecke schwerer wurde. Ich wollte die Decke nehmen, um sie zur Seite zu werfen, aber als ich den ersten Zipfel halbwegs in der Luft hatte, wäre ich beinahe selbst entsetzt zurückgesprungen – ich hatte nicht mit den Käfern gerechnet. Es waren etwa zwei, drei Dutzend von ihnen, und solche hatte ich noch nie an einem Leichenfundort gesehen. Nicht die üblichen kleinen Speckkäfer, sondern schwarze, drei bis vier Zentimeter lange Käfer; im Internet habe ich sie später als »Schwarze Totengräber« wiedererkannt. Das war sogar für mich richtig gruselig, weil komplett unerwartet.

Sie waren wohl unter der Leiche hervorgekommen, und bei deren Entfernen hatten sie sich eben anderweitig versteckt – unter der Tagesdecke auf dem Sofa. Und unter dem Sofa selbst. Das Unerfreulichste war, dass ich mangels eigener Erfahrung auch Petra nicht auf das Käfergewimmel hatte vorbereiten können. Ich sah ihr in die Augen, und mir war sofort klar, dass keine Macht der Welt sie jetzt noch dazu bringen würde, das Sofa mit anzufassen. Also schleppte ich es allein, ich überwand mich, hob an einer Ecke an und zerrte das Ding vor die Tür. Wenn mich jemand beobachtet hat, muss ich ihm vorgekommen sein, als hätte mich jemand frisch aus diesem Western herausgeschnitten, in dem Django immer einen Sarg hinter sich herschleift.

Petra kümmerte sich inzwischen um die Maden. Die Maden waren in der Küche. Dezimeterdicke Madenschichten, Kilos von Maden, alle inzwischen in der Küche, muss man sagen. Schließlich hatten sie dort ihre Laufbahn nicht begonnen. Die Maden hatten allesamt auf dem Hausbesitzer gesessen. Und wie die Beinprothese lassen die Bestatter auch die Maden zurück. Was also tun Maden, wenn man ihnen plötzlich das Futter wegnimmt? Sie gehen auf Wanderschaft, und das haufenweise. Wie sie das organisieren, ist mir schleierhaft. Ameisen gehen da ja systematisch vor: Sie schicken Späher aus, und diejenigen, die was finden, holen dann die anderen nach. Maden machen das nicht. Es gibt keine Madenstraßen, Maden wandern immer im Pulk. Und der gesamte Klumpen, den die Bestatter vom Vermieter abgestreift hatten, wand sich nun in der Küche auf dem Fußboden. Es gibt Schlimmeres: Auf dem gefliesten Boden kann man sie wenigstens nach der Insektizidbehandlung mit dem Bodenwischer zusammenschieben und mit der Kehrschaufel einsammeln – zumindest die in der Küche. Denn natürlich sondern sich in nicht ganz so penibel gereinigten Wohnungen einige kleinere Madenklumpen links und rechts ab, überall dort, wo sie andere essbare Teile finden oder wo ein bisschen Hausbesitzer zurückgeblieben ist, sagen wir auf dem handtellergroßen Hautfetzen in der Zimmermitte. Wohl auch deswegen habe ich mir schon öfter überlegt, ob die Bestatter nicht vielleicht beim Abtransport für die Maden ein Kotelett zurücklassen könnten, dann würden die wenigstens alle beieinander bleiben.

Die Entsorgung des Wohnzimmers war da schon unangenehmer. Ich erzähle das manchmal, als ob das so einfach wäre: Man zerlegt halt alles in handliche Pakete und verpackt sie entsorgungsgerecht. Vielleicht wäre es mir ohne Petras Reaktion überhaupt nicht aufgefallen, dass das gar nicht so selbstverständlich ist. Am deutlichsten wurde das beim Teppichboden. Dieser alte Teppichboden war inzwischen vollgesogen mit Leichenflüssigkeit, und in einen knappen Quadratmeter Teppichboden passt mehr Flüssigkeit, als man glauben will: Zehn Liter sind da kein Problem. Obwohl ich ihn in Stücke von einer Größe zerschnitt, mit der wir arbeiten konnten, hatte der leichte Teppichboden plötzlich das Gewicht von einem Kasten Bier.

Jetzt klingt ein Kasten Bier immer noch tragbar. Aber unser Teppichkasten Bier hat keine Griffe. Also müsste man ihn, um ihn gut tragen zu können, eigentlich zusammenknüllen und mit den Armen an den Körper pressen wie ein kleines Kind. Aber dieses Kind will niemand in den Armen halten. Es ist das widerlichste Kind, das man sich denken kann. Trotz Schutzanzug, trotz dichter Handschuhe, dieses Kind will niemand näher an sich heranlassen, als unbedingt nötig. Dabei wäre es in diesem Fall sogar besonders nötig gewesen.

Denn dieses sperrige bierkastenschwere Teppichmonster ist zugleich auch unglaublich schmierig. Leichenflüssigkeit besteht nicht nur aus Wasser, sie besteht zu einem hohen Prozentsatz aus Fett, und bei einem übergewichtigen Herrn wie dem Verstorbenen ist der Fettanteil sogar besonders hoch, weil das Fett – anders als das Wasser – praktisch nicht verdunstet oder versickert. Ich habe den Fettanteil nie nachgemessen, aber es sollte mich wundern, wenn die Flüssigkeit im Teppich wesentlich weniger Fett enthielte als, sagen wir, 25 oder 30 Prozent; das ist etwa derselbe Prozentsatz wie in einem Becher Schlagsahne. Das macht unseren Leichenteppichbodenfetzen so glitschig wie einen Aal. Man versucht verzweifelt, ihn zu greifen, ihn zu bugsieren, und das möglichst weit weg vom Körper, nur durch den Druck der Finger, und dabei rutscht er einem natürlich millimeterweise durch die Fingerkuppen, ein schmieriger, wirklich widerlicher Kasten Bier in den ausgestreckten Armen, die schon nach einer halben Minute wehtun, er glitscht nach unten weg, weshalb man noch verkrampfter die Finger zusammenpresst, man versucht es mit den Fingernägeln durch die Handschuhe hindurch, um wenigstens etwas Grip zu bekommen, und man bewegt sich mit diesem sperrigen Glitschmonster auf seine geliebte Frau zu, die gequält einen Müllbeutel aufhält, den sie möglichst weg weit von ihrem Körper hält, und man will es nicht glauben, während einem die Arme halb abfallen, während einem jeder Muskel wehtut mit dem tonnenschweren Teppichschmodder in den Fingern, sieht man doch tatsächlich auch noch entsetzt, wie die eigene Frau einem nicht nur keinen einzigen kleinen Schritt entgegenkommt, sondern sich angewidert sogar rückwärts wegbewegt.

Da müsste man sich schon sehr zusammenreißen, um freundlich zu bleiben. Und ich kann mich zwar nicht erinnern, was genau ich in jenem Moment zu Petra gesagt habe, aber ich fürchte, ich war gar nicht freundlich. Und irgendwie freundlich dreingeblickt habe ich mit Sicherheit auch nicht.

Wir haben den Raum so weit wie möglich gereinigt, wir haben die Insekten bekämpft, wir haben ihn auch einmal mit Chlorbleichlauge behandelt, aber man hat sofort gesehen: Die Arbeit hier musste weitergehen. Die flüssigen Bestandteile des Toten waren noch immer hier. Sie waren selbstverständlich in den kaum behandelten Estrich gesickert, und das in einer so großen Menge, dass sich die beiden Wände der Ecke dahinter ebenfalls noch großzügig hatten bedienen können, obwohl die Leiche gar nicht mit den Wänden in Berührung gekommen war. Sie hatten die Flüssigkeit gut kniehoch nach oben gesaugt, aufgrund des Kapillareffekts.

Ich glaube, wir haben ihn mal in der Schule durchgenommen, besonders viel davon habe ich nicht behalten, es hätte mir damals eben ein Physiklehrer sagen sollen: »Pass auf, Anders, jetzt kommt der Kapillareffekt, den wirst du später mal brauchen, wenn du wissen willst, warum 14 Tage alte Leichenflüssigkeit wie von selbst die Wände hochkriecht.« Also hab ich's mir später wieder zusammenlesen müssen. Der Effekt tritt immer auf, wenn Flüssigkeiten mit festen Hohlräumen zusammenkommen. Stellt man in ein Glas Wasser ein Glasröhrchen hinein, dann steigt das Wasser in dem Röhrchen ein bisschen höher als das außerhalb des Röhrchens. Und das gilt nicht nur für Glasröhrchen, sondern für jeden Hohlraum, und letztlich ist eine verputzte Wand im Grunde genommen genau das: eine große Menge kleiner Hohlräume, die die Leichenflüssigkeit millimeterweise nach oben saugen. Hier war das Ende dessen erreicht, was wir zu zweit machen konnten. Nun brauchten wir einen neuen Auftrag. Wir beriefen die Geschwister ein, sie besahen sich die Angelegenheit und stellten fest, dass es tatsächlich noch immer so stank, wie wir es ihnen schon vorher gesagt hatten. Also: Wohnung normal behandeln, komplett entsorgen. Die nötige Müllfirma, so versprach die Schwester des Toten, würde sie organisieren.

Wir rückten drei Tage später wieder an. Tatsächlich war eine Müllfirma vor Ort, bestand aber auf sortenrein getrenntem Abfall. Ich rollte mit den Augen, rief wieder die Schwester an, sagte ihr, dass wir ihr für 89 Euro pro Stunde auch den Abfall sortieren würden, schlug aber vor, dass sie lieber eine andere Firma beauftragen sollte, die den Abfall komplett wegbrachte und ihn dann auf ihrem Firmengelände sortieren würde, aber nicht für 89 Euro pro Stunde, sondern vielleicht für zehn. Es reichte schließlich, dass wir für dieses Geld das ganze Zeug aus der Wohnung in die Müllmulde schleppen mussten.

Beim Erschließen des Grundstücks und des Hauses hatte nämlich auch das Geld für eine ordentliche Zufahrt gefehlt, was bedeutete, dass die Müllfirma uns die Mulde nicht vor die Tür stellen konnte, sondern nur etwa hundert Meter entfernt direkt an den Straßenrand. Es war Frühsommer, einer dieser modernen Frühsommer, die einen mit hochsommerlichen Temperaturen überraschen, 35 Grad im Mai, und wir schleppten schwitzend alles Stück für Stück zur Mulde, die gesamte Einrichtung der Wohnung plus einen toten Spatz. Den hatten wir in der Mitte des Wohnzimmers gefunden.

Wir hatten das Fenster offen gelassen, um die Wohnung etwas von der Insektenbehandlung und dem Leichengeruch auszulüften, und dabei war ein Spatz reingekommen. Er hatte drei Tage im Paradies gelebt, Maden ohne Ende, alle auf einem Fleck, und nach diesen drei Tagen war er an einer Sekundärvergiftung gestorben, an den gesammelten Insektiziden in den Maden. Es ist schon erstaunlich, wann einem immer wieder auffällt, dass man eben nicht gerade mit Brennnesselsud hantiert.

Wir leerten zuerst das Wohnzimmer, dann trennten wir uns, und ich begann mit dem Bohrmeißel den Estrich herauszustemmen, wieder mal eine unangenehm stabile Form von Beton, diesmal mit Flusskieseln drin, vielleicht war's so billiger. Er war am Fenster gestorben, neben sich die Heizung, die wir abmontiert hatten, um den Estrich darunter besser entfernen zu können. Als wir am späten Nachmittag grade so fertig damit waren, die Einrichtung in der Mulde hatten und Bad und die Küche so gereinigt waren, dass man beim Kochen nicht geahnt hätte, dass hier jemals so etwas wie Maden waren, kam der Nachbar. Der in der anderen Haushälfte wohnte.

Ich weiß nicht genau, warum es ihm erst jetzt auffiel, es kann auch sein, dass der Geruch erst deshalb bemerkbar wurde, weil er nicht mehr aus dem Wohnbereich des Hausbesitzers kommen konnte, jedenfalls bat er uns in den Keller. Und dann nahm ich das Telefon und rief erneut die Geschwister an.

Offenbar war die Heizung weder sachgerecht noch fachgerecht eingebaut worden, sondern vor allem billig. Jedenfalls waren die Zuleitungen im Boden, die das Wasser in den Heizkörper führen sollten, außen nicht abgedichtet worden. Und die Leichenflüssigkeit hatte diesen Weg bereitwillig eingeschlagen. Im Kellerraum darunter war die Wand von der Decke bis zum Boden auf eine Breite von etwa einem halben Meter dunkel, feucht, vollgesogen, und es roch nach Leiche wie am ersten Tag im Wohnzimmer.

»Ich glaube, wir haben ein Problem«, sagte ich ins Telefon, und die beiden Geschwister waren nicht begeistert. Aber andererseits: Wer hätte das ahnen können? So was war mir schließlich auch noch nicht untergekommen.

Wir rückten also auch noch ein drittes Mal an. Diesmal wieder zu zweit, weil ich das Problem noch immer unterschätzte. Ich dachte, die Leichenflüssigkeit sei wohl in den Verputz eingedrungen. Damit lag ich weit daneben.

Wer Betonhohlblocksteine kennt, weiß, dass man damit günstig bauen kann, weil man sie nicht so gut verfugen muss. Über der Erde gilt das natürlich nicht, da sind das Steine wie Ziegel mit viel Luft drin, die auch gut isoliert. Aber unter der Erde kann man damit ganz praktisch Fundamente bauen, indem man sie einfach mehr oder weniger übereinanderstapelt. Den nötigen Halt bekommt die Konstruktion dann durch den Beton, den man oben hineingießt. Diese Hohlblocksteine sind anschließend natürlich nicht mehr hohl. Die sind massiv, lückenlos voll Beton. Und daraus hatte der Häuslebauer seinen Keller errichtet. Sehr stabil und sehr saugfähig, was Leichenflüssigkeit angeht. Sobald ich an einigen Stellen den Verputz entfernt hatte, merkte ich, dass das nicht reichen würde. Ich musste eine deckenhohe, 15 Zentimeter tiefe Nische aus der Wand hauen, um die ganze Leichenflüssigkeit loszuwerden.

Technisch ist das nicht anspruchsvoll: Man nimmt einen Elektrobohrhammer, dann geht das schon. Man hat anfangs – je nach Betonzusammensetzung – einige Schwierigkeiten, weil der Hammer immer an der Oberfläche abgleitet. Aber das Problem kann man mit einem Trennschleifer lösen: Man schneidet alle zwei oder drei Zentimeter eine senkrechte Ritze in den Beton, von der Decke bis zum Boden. An dieser Ritze kann man den Bohrhammer auch dann ansetzen, wenn man kein gelernter Maurer ist. Das Anspruchsvolle daran ist etwas anderes.

Ein Bohrhammer, mit dem man gegen diese Art Beton etwas ausrichten will, wiegt etwa elf Kilo. Das ist wieder ein Kasten Bier. Und diesen Kasten stemmt man zuerst mal in Deckenhöhe. Dann meißelt man los. Millimeterweise. Für fünf Zentimeter braucht man ewig, und die ganze Zeit stemmt man elf Kilo. Erst mit den Schultern – rattttatttattattat – dann, wenn man tiefer kommt, mit dem Brustbein – rattattattata. Und das sind noch die eher schönen Stellen zum Arbeiten. Weil man da das Gewicht noch halbwegs ergonomisch stützen kann, von unten. Was wirklich schlimm ist, zum Kotzen ekelhaft, wo man am liebsten weinen möchte, weil einem schon alles so wehtut, das ist in Hüfthöhe. Man kann sich nicht richtig dagegen stützen, man hat eigentlich gar keinen Halt, man muss den idiotischen Hammer mit seinen elf Kilo alleine halten, und zwar fest, weil man immer Angst davor haben muss, dass er aus der Wand wegrutscht, und elf Kilo Bohrhammer sollten nicht unkontrolliert durch die Gegend rauschen. Ich garantiere jedem, sobald er sich langsam auf Kniehöhe vorgearbeitet hat, dankt er seinem Herrgott in jeder Sekunde für die wundervolle, wohltuende Kniehöhe, und am Boden, der an den Raumleisten entlang auch wieder vollgesogen war, fühlt man sich fast erlöst, wenn man da hämmert, weil man sich endlich mit seinem Gewicht richtig gut reinstemmen kann.

Die ganze Zeit über versanken wir in Betonstaub, vor allem, weil in diesem Fall kein Fenster im Keller war. Wir haben von 10 bis 16 Uhr gemeißelt, und wir haben in dieser Zeit zweimal die Luftfilter unserer Atemschutzmasken wechseln müssen, weil wir sonst im gefilterten Staub erstickt wären. Aber dann hatten wir's erledigt. Ich war so fertig, ich hätte heulen können. Ich hatte jede Berechtigung dazu, aber mir war das noch nicht klar, weil ich noch nicht wusste, wie sich mein Körper am nächsten Tag anfühlen würde. Dass ich mir vorkommen würde wie ein verprügelter Hundertjähriger. Im Moment war ich nur kaputt und hatte einen irrsinnigen Hunger. »Nagend« trifft's schon nicht mehr, das war schon ein wühlender Hunger. Und dann sind wir zu McDonald's gefahren.

An den Drive-in-Schalter.

Der besteht ja immer aus zwei Teilen: der Bestellungsaufnahme und dem Schalter, wo's das Essen dann gibt. Aber an der Bestellungsaufnahme ging niemand ran, also fuhren wir gleich vor, wo mich irgendeine Bedienung anpampte, wieso ich meine Bestellung nicht vorne aufgegeben hätte und so ginge es ja nun nicht und ich sollte jetzt noch mal zum anderen Schalter fahren. Ich bin ausgestiegen, zu ihr an den Schalter gegangen und habe ganz ruhig gesagt:

»Wenn Sie mir jetzt nicht gleich was zu essen geben, dann passiert was.«

So schnell bin ich bei McDonald's noch nie bedient worden.

Ich war so sauer, ich muss ausgesehen haben wie die Mongolen nach dem Niederbrennen von Kiew. Aber vielleicht habe ich auch nur so gerochen.

3. VERFLUCHTES ALTÖTTING

Ich habe nichts gegen sinnlose Arbeit. Gut, bezahlt soll sie schon sein. Aber wenn jemand unbedingt darauf besteht, dass ich ihm seine sieben Silberfischchen entferne, obwohl ich ihm dreimal sage, dass es reicht, wenn er zweimal am Tag das Fenster aufmacht, bitte, dann tue ich das. Ich brauche nicht jedes Mal den ganz großen Fall, ich brauche auch nicht immer trauernde Angehörige um mich herum, und ich brauche auch nicht bei jedem Einsatz das Gefühl, dass ich hier jemandem eine Riesenlast von den Schultern nehme. Und selbstverständlich mache ich auch den Job, wenn wieder irgendeinem Gastwirt die Schaben zu Dutzenden aus der Küche in den Gastraum krabbeln, obwohl ich manchmal ganz genau weiß: Die Schaben werden im nächsten Jahr wieder da sein, weil Schaben in einem Lokal nur dann zu einem größeren Problem werden, wenn man ein paar einfache Regeln aus der Gastronomie missachtet. Wie zum Beispiel ein Überwachungssystem mit Fallen von einem Schädlingsbekämpfer installieren zu lassen, das einen rechtzeitig warnt. Oder so schwierige Dinge zu tun wie, sagen wir, täglich die Küche zu putzen. Eine Schabenplage bedeutet schlicht: Der Wirt hat seinen Laden nicht im Griff. Und wenn der Wirt nicht ganz jung und ganz dumm ist, heißt das auch, dass er seinen Laden in einem Jahr immer noch nicht im Griff haben wird. Und trotzdem nehme ich den Job an. Meine Aufgabe ist es nicht, die Leute zu erziehen. Ich bin in dem Fall Schädlingsbekämpfer, und alles was sonst passiert, ist, dass ich da halt nicht mehr essen gehe. Ich suche ja nicht immer einen tieferen Sinn in meiner Arbeit. Nur einmal hab' ich mich doch geärgert. Und wenn ich heute dran denke, geht mir immer noch der Hut hoch. Aber vielleicht liegt's ja auch nur an Altötting, und daran, dass man von Altötting unwillkürlich ein bisschen mehr erwartet.

Altötting ist ein Wallfahrtsort, von München etwa eine Stunde entfernt, es ist wohl der Wallfahrtsort schlechthin in Bayern, wenn nicht in Deutschland. 1489 soll ein wundertätiges Bild dort einen kleinen ertrunkenen Buben wieder zum Leben erweckt haben, seither pilgern die Menschen in Millionen zu der kleinen Kapelle. Die Gänge rund um die Gnadenkapelle sind bis zur Decke voller Votivtafeln, das sind diese kleinen Bildchen, mit denen sich die Menschen bedanken, wenn ihnen Maria wieder mal geholfen hat. Und wenn man abends in einem der Lokale am großen Platz rund um diese Kapelle essen geht, dann kann es passieren, dass plötzlich Hunderte Menschen auf den Platz strömen, »Ave Maria« singen, mit Laternen, mit Kerzen, und dass diese Menschen dann dreimal um die Kirche herumziehen, sodass man ganz automatisch denkt: Das ist ja nun wirklich mal eine ganze Stadt voller guter Menschen. Was gut passte, denn wir waren ja auch wegen eines besonders guten Menschen gerufen worden.

Eine 54-jährige Dame hatte sich in letzter Zeit etwas zu sehr um Kaninchen gekümmert. Verbotenerweise, jedenfalls in ihrem Fall. Es ist zwar nicht verboten, Kaninchen zu halten, aber die Dame war ein Sozialfall, und wenn einem die Wohnung vom Staat bezahlt wird und man – wie diese Dame – bereits einmal eine Wohnung mit vielen, vielen Kaninchen verwüstet hat, kann einem das Amt ein Tierhalteverbot zur Auflage machen. Dieses Verbot hatte sie missachtet. Das Sozialamt hatte uns aber nicht deswegen gerufen, sondern weil die 54-Jährige ins Krankenhaus gekommen war. Wir sollten während ihres Klinikaufenthalts die Wohnung herrichten, damit sie möglichst rasch wieder einziehen konnte.

Ein bisschen merkwürdig kam mir die Sache gleich vor. Der Fachbegriff heißt »Animal Hoarding«, zu Deutsch »Tierhortung«, und das ist eine Form der Suchterkrankung. Wenn also jemand bereits einmal wegen so was aufgefallen ist, muss man ihm eigentlich auf die Finger sehen, vor allem, wenn man ihm eine Wohnung bezahlt. Und wenn man solchen Menschen regelmäßig auf die Finger sieht, kann es eigentlich nicht passieren, dass jemand wie ich nötig wird. Aber bitte: Vielleicht war ich ja auch nur übermisstrauisch, vielleicht waren die beim Amt besonders pingelig mit ihren Wohnungen, und vielleicht war deren Zustand gar nicht so schlimm.

Wir kamen zu dritt dort an, Hardy, Klaus und ich. Das Haus befand sich im Stadtzentrum, neben einem Friedhof und einer Kirche, in Sichtweite einer weiteren Kirche, keine drei Minuten zu Fuß von der berühmten Gnadenkapelle entfernt – man hätte annehmen sollen, dass für geistlichen Beistand und christliche Nächstenliebe gesorgt war. Aber sobald man den kleinen Vorraum der Wohnung durchquert hatte, fand man nur noch Zimmer, die von allen guten Geistern verlassen waren.

Es roch muffig, wie in einem schlecht gelüfteten Hasenstall, aber das war ja zu erwarten gewesen. Der Grundriss der Wohnung war ein dunkler, lang gezogener Schlauch. Das Licht fiel nur durch ein Fenster an der Schmalseite und eine merkwürdige waagerechte Fensterkonstruktion in der flachen Decke. Die Wohnung bestand im Grunde aus zwei langen, rechtwinkligen, fast gleich großen Zimmern hintereinander. Im zweiten, hinteren Raum zweigte seitlich ein Badezimmer ab, in der Längsrichtung konnte man noch in einen dahinter liegenden Lagerraum gehen – wenn man sich zum Gehen überwinden konnte. Schon der erste Schritt fühlte sich merkwürdig an. Leicht klebrig, wie in einem Kino, in dem zu viel Popcorn auf dem Boden liegt. Und so, als ginge man gar nicht auf dem Boden selbst, sondern auf einem irgendwie gedämmten Boden. Leicht, kompakt, es fühlte sich an wie lauter dunkle Korkplatten oder wie das Material, aus dem man Pinnwände macht. Sobald die Sonne hervorkam und das Licht besser wurde, ließ sich das Material rasch identifizieren: festgetretener kugeliger Kaninchenkot. Der Raum war voll davon. An den Zimmerwänden etwa knöchelhoch, in den trampelpfadartigen Gehkanälen flach und verpresst. Dass wir das nicht sofort gesehen hatten, lag auch daran, dass zu viel anderer Müll auf den Kaninchenkötteln lag, die sich darunter am Boden sammelten. Leere Plastikflaschen, Papierverpackungen und überall, wirklich überall etwas, das aussah wie kleine aprikosengroße Wattebäusche. Hier hatten Kaninchen nicht nur gehaust, sondern auch geworfen: Sobald Kaninchen Junge bekommen, rupfen sie sich Flusen aus dem Bauchfell, um das Nest auszupolstern. Es mussten viele Kaninchen hier Nester gebaut haben, es gab praktisch keinen Platz in der Wohnung, der flusenfrei war. Sie hatten sich erst die geschützteren Winkel der Wohnung ausgesucht, dann die Winkel zwischen den Winkeln, und zum Schluss hatte es offenbar keinen Ort mehr gegeben, an dem sich die

Kaninchen nicht wohlfühlten. Im Gegenzug fiel es bereits im ersten Raum schwer, einen Platz zu finden, an dem man sich die menschliche Bewohnerin hätte vorstellen können.

Konzipiert war er – wenn man in dieser seltsamen Wohnung von einem Konzept reden konnte – als Wohnküche. Für das Wohnen waren irgendwann einmal zwei Sofas mit grauem Stoffbezug zuständig gewesen. Diese Sofas waren inzwischen von Müll umgeben und über und über mit Kaninchenfellbäuschen übersät. Wenn die Dame hier noch hätte sitzen wollen, hätte sie sich mitten in die Nester setzen müssen. Schwer vorstellbar, man versucht sich doch nicht als fürsorgliche Kaninchenmutti, um anschließend auf den Tieren draufzuhocken. Andererseits gab es im Raum keine anderen Möbel. Im Kochbereich konnte sie auch nicht zugange gewesen sein. Den Kühlschrank, der nicht mehr funktionierte, hatte schon seit Monaten niemand mehr geöffnet. Wozu auch? Drin stand nichts außer einem großen Topf. Irgendwann hatte sich die Dame was gekocht und gedacht, sie könnte die Reste am nächsten Tag aufwärmen. Das war schätzungsweise vor einem Jahr gewesen. Was wiederum ganz gut zu den Spinnweben passte, die wie Vorhänge von der Decke zur Kochzeile hinunter hingen. Nur der Herd selbst war frei von ihnen. Aber benutzt wurde auch der schon lange nicht mehr. Es gab keinen Strom. Andererseits war das wohl auch ganz gut so, denn auf den Kochplatten lagen tote Kaninchen.

Das wirkte zunächst noch halbwegs normal, offenbar hatte nicht die 54-Jährige selbst die Tiere dort hingelegt, sondern Mitarbeiter des Tierschutzvereins beim Retten der unversorgten Kaninchen: Die Kaninchenleichen auf dem Herd konnten noch nicht lange tot sein. Möglicherweise hatte man zwischen der Einlieferung der Dame ins Krankenhaus und dem Alarmieren des Tierschutzvereins zu viel Zeit verstreichen lassen, und die Tiere waren gerade erst verdurstet. Nachdem wir allerdings die ersten Kadaver in Tüten gesammelt hatten, wurde klar, warum die Tierretter ausgerechnet den Herd als Endlagerstätte gewählt hatten – der Platz hatte sich bereits bewährt: Unter der oberen Kaninchenschicht war eine zweite, ältere Schicht aus bereits stark verwesten Kaninchen.

Ich sah mich um. Es gab keinen Hinweis, wovon die Mieterin zuletzt gelebt hatte. Keine Pizzaschachteln, keine Bäckertüten. Vielleicht hatte sie überhaupt nicht mehr daheim gegessen. Das war nachvollziehbar. Weniger nachvollziehbar war, wieso sie überhaupt immer wieder in dieses furchtbare Zuhause zurückgekommen war. Denn das nächste Zimmer sah nicht besser aus. Der Boden war genauso kugelverpresst und fellbauschübersät wie der Raum davor. Ein Bett stand in der Ecke, ein Lattenrost ohne Matratze. Davor das vertrocknete Skelett eines Weihnachtsbaums. Es gab zwei kommodenartige Schränke, aus zwei verschiedenen Schlafzimmergarnituren zusammengestückelt. Ihre Türen standen offen, da drin waren weitere Kaninchennester gewesen. Es gab einen wackligen Schrank ohne Kleidung. Dahinter begann der seltsame Abstellraum – eine Art Scheune, von der Fläche her nicht größer als die beiden Zimmer davor, aber dafür auf einmal zwei Stockwerke hoch. Die Deckenbalken fehlten. Das hintere Drittel war mit großen 120-Liter-Mülltüten gefüllt. In den Tüten war Stroh und Kaninchenkot. So musste das Chaos angefangen haben.

Ich rief im Sozialamt an und meldete meine Einschätzung. Den Umfang der Entsorgung, Reinigung, Desinfektion und dass man den kompletten Fußboden würde sanieren müssen.

»Oh«, sagte die Dame am Telefon, »das ist aber ungünstig. Können Sie nicht den Linoleumboden erhalten?«

Ich war baff: »So wie das aussieht, haben sich hier etwa 50 Kaninchen mindestens ein Jahr lang überall auf den Boden erleichtert«, sagte ich, »was wollen Sie denn da erhalten?«

»Es ist ja auch eine Zeitfrage«, sagte die Dame. »Der Mieterin und uns ist sehr an ihrer Selbstständigkeit gelegen. Es ist in unser aller Interesse, dass sie schnellstmöglich wieder einziehen kann.«

»Hier?«

»Ja, natürlich. Deswegen wäre es gut, wenn man den Boden erhalten könnte.«

»Gute Frau«, sagte ich, »Sie können hier drin entweder diesen fäkalienverseuchten Boden haben oder einen Mieter. Aber nicht beides.«

»Also gut«, seufzte sie, »wenn's sein muss, dann kommt er eben raus.«

Wir machten uns ans Ausräumen. Und je mehr wir räumten, desto mehr ärgerte ich mich. Nicht über die Arbeit, die war weitgehend unproblematisch. Es fiel sogar das anfängliche Desinfizieren weg – in einem Kot-Chaos wie diesem macht das wenig Sinn, da ist es wichtiger, dass die Schutzkleidung und die Atemmasken dicht sind. Und dann musste man eben nach Plan vorgehen. Erst die toten Kaninchen einsammeln. Dann die Möbel zerlegen und dicht in Plastik verpacken, damit man sie ohne Gefahr für die Umwelt zur Müllentsorgung bringen konnte.

Man musste den Presskotboden Stück für Stück herausbrechen, was aber nicht anstrengender war als Styroporplatten zu zerbröseln. Das ging mit den mitgebrachten Aluminium-Schneeschaufeln sogar richtig zügig von der Hand. Und man musste den geschätzten Linoleum- und den Teppichboden abschaben, der sich stellenweise noch darüber befand, aber dank einer gewissen Grundfeuchtigkeit war all das keine Knochenarbeit. Es gab zwar einige unangenehme Überraschungen, wie das ursprünglich besonders kuschlige Stoffschaf hinter den beiden Sofas, in dem die Kaninchen wohl die allerersten Nester gebaut hatten und in denen sich jetzt mehrere tote Kaninchenbabys fanden. Oder die schwierige Stromversorgung, weil sämtliche Sicherungen rausgesprungen waren, nachdem die Kaninchen alle elektrischen Leitungen in Reichweite angenagt hatten. Aber all das war nichts zum Ärgern. Zum Ärgern war, je mehr man darüber nachdachte, die Wohnung selbst.

Man muss es sich noch einmal vor Augen halten: Diese Wohnung war für jemanden vorgesehen worden, der ohnehin schon eine Verhaltensstörung hatte, jemanden, der ohnehin mit den Anforderungen eines normalen Lebens nur eingeschränkt zurechtkam. Für so einen Menschen wären schon die uralten feuchten Mauern ein kaum lösbares Problem gewesen. Wenige Fenster, dazu die feuchte Friedhofserde, die unablässig Nässe in die Mauern schleuste, ohne umfassende Isolierungsmaßnahmen war das von einer verhaltensgestörten Frau unmöglich zu beheben. Schon gar nicht ohne Zentralheizung: Es gab nur zwei Kanonenöfen in den Ecken der Räume, das bedeutete, dass das Sozialamt davon ausging, die 54-Jährige würde regelmäßig Holz besorgen oder Kohle, sie würde gleichmäßig heizen, natürlich auch den Ofen reinigen und den Abzug, denn die Asche entfernt sich ja nicht von selbst, kurz gesagt: Die mental reichlich angeschlagene Dame sollte Dinge tun, die schon in der gesunden oder wenigstens verhaltensunauffälligen Bevölkerung heutzutage kaum noch jemand kennt. Geschweige denn beherrscht. Die 54-Jährige hatte natürlich nichts davon gekonnt und daher auch nichts davon gemacht – deswegen lag sie ja auch, wie wir es verstanden hatten, mit einer Unterkühlung im Krankenhaus.

Um es mal deutlich zu formulieren: Diese Wohnung hätte in Deutschland kein normaler Mensch gemietet. Aber das alles, die Feuchtigkeit, die idiotische Heizmethode, das waren lediglich Unannehmlichkeiten verglichen mit dem Badezimmer. Das Badezimmer war schlichtweg eine Frechheit.

Wer die Tür zum Badezimmer öffnete, musste zunächst aufpassen, dass er sich den Kopf nicht anschlug, weil dahinter, in etwa 1,30 Metern Höhe, etwas quer verlief, was ich zuerst für einen Balken hielt. Doch es war kein Balken, es war die Zimmerdecke. An der Wand des schmalen Verschlags war ein Waschbecken an einer gefliesten Wand. Vor dem Waschbecken konnte ein normaler Mensch nur in gebückter Haltung stehen. Über dem Waschbecken hing an einem Draht eine Fassung mit der einzigen noch funktionierenden elektrischen Lampe der Wohnung. Der Raum war so niedrig, dass es über dem Waschbecken keinen Platz mehr gab für einen Spiegel. Aber was hätte man da auch schon sehen sollen außer jemandem in einer völlig verkrümmten Haltung? In einer Mauernische neben dem Waschbecken stand eine kaputte Waschmaschine, und dass sie kaputt war, konnte man noch für einen Segen halten – denn jedes Mal, sobald man versucht hätte, in dieser verkrümmt-gebeugten Haltung eine Maschinenladung mit nasser Wäsche rauszutragen, hätte man einen Bandscheibenvorfall riskiert. Die 54-Jährige hatte das Waschen konsequenterweise völlig aufgegeben. In den Müllsäcken waren Berge von Schmutzwäsche, sie war dazu übergegangen, statt zu waschen in größeren Abständen von ihrem wenigen Geld neue Kleidung zu kaufen.

Irgendein Zyniker hatte es auch noch fertiggebracht, in den Winkel gegenüber der Toilette eine Duschkabine zu basteln. Stehen konnte in dieser Dusche allenfalls ein Erstklässler. Wenn man die ganze Konstruktion ansah, wurde man derart sauer, dass man sich gar nicht entscheiden konnte, wen man als Erstes eine Woche in diese Zumutung von einer Dusche einsperren wollte, den Vermieter, der sich das ausgedacht hatte, oder den Beamten, der dreist genug war, diese raumgewordene Körperverletzung für eine bewohnbare Unterkunft zu halten. Aber letzten Endes war das auch nicht weiter überraschend.

Denn wer diese Wohnung betrachtete, dem musste klar sein, dass dieses Chaos aus Dreck und Kot nicht erst in den letzten 14 Tagen entstanden war. Was mich anging, was jeder geistig halbwegs gesunde Mensch auf den ersten Blick gesehen hätte: Die 54-Jährige war ein Fall fürs betreute Wohnen oder aber für einen 14-täglichen oder allermindestens monatlichen Besuch durch einen Betreuer. Und so, wie die Lage stattdessen aussah, gab es dafür nur zwei Erklärungen: Entweder war hier niemand vorbeigekommen – oder es war ihm völlig gleichgültig gewesen, was er hier sah.

»Der Mieterin und uns ist an ihrer Selbständigkeit gelegen. … Können Sie nicht den Linoleumboden retten?«

Diese Sätze kreisten mir ständig durch den Kopf, während ich noch die Holzverkleidung desinfizierte, die einen Teil der feuchten, schimmelfleckigen Wände bedeckte.

Am Nachmittag kam die Dame vom Amt vorbei, um die Wohnung abzunehmen. Die Wohnung war jetzt ein sauberes, aber feuchtes Loch. Sie wirkte zufrieden.

»Ich bin mir nicht sicher, ob Sie's wissen«, sagte ich, »aber ich möchte Ihnen schon noch mal sagen: Wir haben in dieser Wohnung nichts gefunden, was auch nur ansatzweise nach einem selbstständigen Leben aussieht.«

Sie nickte beiläufig und inspizierte weiter die Ecken.

»Die Frau, die hier gewohnt hat«, sagte ich, »also, ich bin kein Experte, aber für mich ist die ein Fall für eine betreute Einrichtung. Das ist keine Frau, die mit einem Holzofen heizt. Es wundert mich ja sowieso, dass die mit dem Ding nicht das ganze Haus abgefackelt hat. Die können Sie unmöglich hier wieder allein wohnen lassen. Das sieht dann in einem halben Jahr wieder genauso aus. Und das ist noch der günstigste Fall.«

Sie nickte und stellte fest, dass in der Wohnung alles zu ihrer Zufriedenheit gereinigt worden war. Und das war's dann.

Wir haben unsere Rechnung gestellt und bezahlt bekommen. Ein weiterer Auftrag aus Altötting ist seither nicht mehr erfolgt. Vielleicht hat man dort Angst, dass wir merken, welche Wohnungen die dort sonst noch so für ihre Schützlinge anmieten.

4. UNGEFUNDEN

In den allermeisten Fällen, in denen wir gerufen werden, ist unsere Arbeit deshalb nötig, weil jemand vereinsamt gestorben ist. Ist ja logisch: Stirbt ein Mensch im Freundeskreis oder während einer Skatrunde, kommt recht schnell der Bestatter – und fertig. Kennt der Tote aber kaum noch jemanden, der ihn besucht, spricht er niemanden mehr an, dann fällt sein Fehlen erst mal nicht auf. Und hat es aus der Wohnung der alten Frau Huber oder des alten Herrn Obermaier schon immer etwas seltsam herausgerochen, dauert es eben oft vier oder sechs Wochen, bis den anderen Hausbewohnern auffällt, dass der Geruch inzwischen eine ganz neuartige Qualität aufweist. Und dass das vielleicht mit den Maden am Türstock zusammenhängen könnte. Im Winter kann man wegen der langsameren Verwesung noch mal weitere zwei, drei Wochen dazurechnen, desgleichen, wenn der Tote allein in einem kleinen entlegenen Häuschen wohnt, wenn er selten bis nie Post bekommt und und und …

Ein zweiter häufiger Fall sind Selbstmörder, die sich extra an einen entlegenen Ort zurückziehen. Damit man sie nicht rettet, damit sie niemanden stören, oder auch weil man vielleicht bei der Selbsttötung generell lieber allein ist. Es ist uns bisher nur in einem einzigen Fall passiert, dass jemand sich umgebracht hat und nicht gefunden wurde, obwohl er sogar alle nötigen Vorkehrungen getroffen hatte, damit man ihn sofort findet. Und das war der Fall des Herrn Lombardo.

Der Herr Lombardo war ein ruhiger, alleinstehender Herr Mitte 50, der in einer schönen, gepflegten Altbauwohnung lebte. Deswegen hat man ihn überhaupt schon nach zwei Wochen gefunden. Weil Altbauten häufig einen Fehlboden haben.

Fehlböden kommen in modernen Mietshäusern kaum noch vor. Nicht, weil sie nicht funktionieren würden oder unsicher wären, aber ein Massivboden aus Stahlbeton ist einfach schneller fertig. Stahlträger verlegen, Holzverschalung bauen, Zement rein, trocknen lassen – so macht man das heute. Früher war das anders. Da hat man den Boden noch über Trägern verlegt. Damit es aber nicht jedes Mal, wenn ein Mieter durch ein Zimmer läuft, für den Mieter der Wohnung darunter klingt wie ein Schlagzeugsolo, hat man den Raum zwischen den Trägern mit Kies oder Schotter oder zerkleinertem Bauschutt aufgefüllt. Leben kann man mit beiden Böden normalerweise gleich gut. Sterben nicht unbedingt. Das wiederum liegt an den Fliegen.

Es ist bei jedem Toten so, dass als Erstes die Fliegen kommen, wegen der Futtersuche und der Eiablage. Beides geht Hand in Hand, denn Fliegenmaden ernähren sich vorzugsweise von totem Gewebe. Deswegen kann man sie übrigens auch in der Medizin einsetzen: Es gab schon im vorletzten Jahrhundert richtige Madentherapien zur Wundsäuberung, inzwischen setzt man sie wieder ein, und sie funktionieren deshalb so gut, weil die Maden eben nicht alles fressen, was ihnen vor die Mundöffnung kommt, sondern gezielt das abgestorbene Gewebe zuerst.

Irgendwann, wenn sie groß genug sind, hören sie zu fressen auf und verpuppen sich. Da wollen sie dann eher ihre Ruhe haben. Sie suchen nicht mehr die ständig leicht verfügbare Nahrung in Form des toten Herrn Lombardo, sie suchen den Schutz unterhalb des toten Herrn Lombardo, und wenn da Fliesen sind oder ein Estrich, dann sind sie schon ganz zufrieden, aber wenn sie stattdessen sogar einen Spalt finden, der sie in lockeres Füllmaterial führt, dann sind sie richtig begeistert.

In den zwei Wohnungen direkt darunter begann es daraufhin, etwas seltsam zu riechen. Vor allem aber setzte eine Fliegenplage ein, weil die Maden unablässig als nun fertige Fliegen aus der Decke schlüpften. Man klingelte beim toten Herrn Lombardo, aber der machte natürlich nicht auf. Weshalb die Vermieter die Feuerwehr riefen, um die Wohnung zu öffnen.

Die Wohnung war tadellos aufgeräumt, auch noch einen Tag später, als wir eintrafen. Sie war liebevoll möbliert, mit antiken Holzmöbeln, ein wenig plüschigen Sessel- und Sitzgarnituren. Und so, wie die Wohnung aussah, war einem sofort klar, dass der Herr Lombardo ganz sicher nicht geplant hatte, dass er mehrere Wochen lang im Badezimmer hängen würde. Im Gegenteil, er hatte sogar alles getan, was man nur tun konnte, damit das nicht passierte: Er hatte noch am Donnerstag vor seinem Tod mit seiner Schwester in Italien telefoniert und über ihren bevorstehenden Besuch bei ihm gesprochen. Sie hatten sich für den Samstag verabredet, sie hatte ihm noch einmal bestätigt, dass sie um die Mittagszeit eintreffen würde, und ungefähr zwei Stunden vorher nahm sich der Herr Lombardo ein Kunststoffseil und erhängte sich an der Türklinke.

Das ist eine der ausgefalleneren Varianten, denn oft fragt sich der Normalmensch, der davon hört, wie man sich an einer Türklinke in einem Meter Höhe aufhängen soll. Manche raten dann noch, dass man dazu wohl die Schnur nach oben auf die andere Türseite lenken muss – aber dem ist nicht so. Es genügt, wenn man sich einfach hinsetzt, weil man nämlich offenbar nicht mehr aufstehen kann. Ich habe mal mit jemandem gesprochen, der diese Methode ausprobiert hat und in letzter Minute gerettet werden konnte – der hat mir Stein und Bein geschworen, dass er einfach nicht mehr hochkam, obwohl er es wollte. Und ob der Herr Lombardo es sich nun zum Schluss noch anders überlegt hatte oder nicht – als die Feuerwehr kam, war die Badezimmertür verschlossen, und der Herr Lombardo hing von innen im Sitzen an der Klinke, und das seit vier Wochen. Denn seine Schwester war zwar tatsächlich zu ihm gekommen. Aber nachdem sie lange genug an seiner Tür geläutet hatte, war sie unverrichteter Dinge wieder zurück nach Italien gefahren.

Wir haben uns beim Putzen öfter gefragt, was das für eine merkwürdige Reaktion ist. Klar, wenn man in Obergiesing wohnt und ist in Untergiesing mit wem verabredet, und der ist nicht da, da geht man freilich wieder heim. Aber wenn man extra aus Italien kommt, sogar wenn's nur aus dem näheren Norditalien ist, und man hat noch drei Tage vorher telefoniert, und der Besuchte macht nicht auf, da wartet man doch wenigstens ein bisschen, und dann macht man sich Sorgen. Aber vielleicht war das auch generell ein Teil der Ursache für seinen Selbstmord: nämlich, dass es im gesamten Umfeld von Herrn Lombardo ein wenig an Herzenswärme gefehlt hat.

Seine Schwester hat uns mit der Reinigung der Wohnung beauftragt. Sie wirkte nicht sehr erschüttert, am wichtigsten war ihr jedenfalls, dass man die Möbel retten könnte. Ich konnte ihr nichts versprechen. In vier Wochen haben Geruchsmoleküle nun einmal viel, viel Zeit, sich in durchlässigen Oberflächen einzunisten, und dazu gehört auf jeden Fall natürlich auch Holz. In diesem Fall allerdings bestand eine gute Erfolgschance: Die antiken Schränke und Kommoden waren durchweg sorgfältig lackiert, mit ein wenig Glück hatte sich so der schlimmste Geruch abhalten lassen.

Um aber nicht doppelt und dreifach zu arbeiten, begann ich zunächst mit dem Badezimmer. Die Tür war definitiv nicht mehr zu retten, die musste man einfach aushängen und wegwerfen. Und nachdem der tote Körper von Herrn Lombardo an den Türstock gesackt war, musste auch der Türstock weg – er war, klar, altbautypisch, nicht aus Stahl, sondern aus Holz. Dann machte ich mich ans Öffnen des gefliesten Badezimmerbodens.

Manche Gesetze bewahrheiten sich immer wieder. Natürlich fragen einen die Auftraggeber jedes Mal von Neuem: Was soll das Theater, das sind doch Fliesen. Noch dazu im Badezimmer. Das ist doch das Material, mit dem man in den 1960er- und 1970er-Jahren im zoologischen Garten die pflegeleichten Affenkäfige ausgestattet hat, bevor alles auf artgerecht getrimmt worden ist, was soll denn da hindurchgehen? Und die Antwort ist immer wieder dieselbe: mit Glück nichts. Aber nach vier Wochen sollten wir lieber nachsehen. Nachdem ich die ersten kleinen Fliesen losgehebelt hatte, zeigte sich auch hier wieder das vertraute Karomuster im Estrich: Die Leichenflüssigkeit war durch die Fugen gesickert und zeichnete sich schön akkurat ab, dunkelgrau auf hellgrau. Wenn man das drinlässt, wird der nächste Mieter seines Lebens nicht mehr froh.

Die Hauptmenge der Leichenflüssigkeit war natürlich neben den Fliesen durchgesickert, rund um die Türschwelle. Die Türschwelle konnten wir genauso wenig retten wie den Estrich darunter und das Parkett im Flur. Aber das Material unterm Flur war nur wenig bis kaum verunreinigt. Mit etwas Geduld hätte man hier nach einer abschließenden Behandlung mit Chlorbleichlauge schon aufhören können. Die Geduld braucht man deshalb, weil sich das Fliegenproblem, das es ja noch immer gab, mit der Zeit von selbst erledigt hätte: kein Futter mehr, das bedeutet keine Fliegen und dann auch keine Maden mehr. Man hätte halt 14 Tage abwarten müssen, bis die letzten Puppen geschlüpft waren. Diese Geduld hatten die Vermieter allerdings nicht. Wir sind in den nächsten zwei Wochen jeden Tag eine halbe Stunde gekommen und haben Fliegen beseitigt. Warum auch nicht? Irgendwann endet schließlich auch meine Zuständigkeit als Berater: Ich sage dem Kunden ein Mal, was nötig ist, ich sag's ihm auch zwei Mal, aber ich mache ihm natürlich keine Vorschriften – und wenn er drauf besteht und es bezahlt, kann er selbstverständlich auch solche Extrawürste haben.

Danach haben wir uns an die Wohnungsauflösung gemacht. Herrn Lombardos Schwester war da, deren Tochter und ihr Freund. Das war nicht richtig arbeitsintensiv, aber trotzdem anstrengend, weil diese drei Personen zu jedem Möbelstück etwa vier Meinungen hatten. Ob man es behalten sollte, wer es dann bekäme oder wer sich dann drum kümmern würde. Uns wäre es ja egal gewesen, es ging ja nur um die Reinigungskosten. Wegwerfen ist vom Leichenfundort-Reiniger-Standpunkt für den Kunden immer günstiger, und ich will mir hinterher nicht vorwerfen lassen müssen, ich hätte unnötige Putzstunden berechnet. Was etwas unerwartet kam, war, dass wir möglicherweise auf das Motiv für den Selbstmord gestoßen sind.

Dass der ruhige Herr Lombardo auch im Nicht-Wortsinne sehr an seiner Wohnung gehangen hatte, war leicht zu erkennen gewesen. Er hatte schon recht lange dort gelebt – und das war das Problem: Er wohnte zu billig. Aus seinem alten Vertrag war für die Vermieter nicht mehr herauszuholen, aber wenn man die Wohnung richtig flott hätte sanieren können, hätte man eine der begehrten Drei-Zimmer-Altbauwohnungen gehabt, mitten in München, eine echte Goldgrube. Also hatten die Vermieter Herrn Lombardo rausgedrängt. Nicht bösartig, aber sie hatten ihn einfach nicht in Ruhe gelassen und ihm gezeigt, dass er im Haus nicht mehr erwünscht war. Ihren letzten Versuch hatte er bereits nicht mehr erleben müssen, denn der fand sich auf seinem alten Anrufbeantworter. Wir hörten ihn ab, aus Ratlosigkeit, während die Familie über die schwierige Entscheidung diskutierte, ob man das Gerät denn nun behalten sollte oder nicht oder wer es verwenden könnte und wer schon einen Anrufbeantworter hatte und daher doch keinen weiteren brauchte. Auf jeden Fall hörten wir plötzlich die Stimme des Vermieters, nicht drohend, nicht unhöflich, aber eben sehr kühl und sachlich, und sie sagte, es würde ihm jetzt allmählich zu langwierig, und wenn Herr Lombardo sich jetzt bitteschön zu einem raschen Auszug entschließen würde, dann würde er, der Vermieter, seinerseits noch 10 000 Euro drauflegen und fertig.

Rein sachlich gesehen war das ein Geschäftsangebot wie hundert andere auch, aber so hatte das Herr Lombardo wohl nicht empfunden. Und andere wären vielleicht sogar liebend gern auf das Angebot eingestiegen, 10 000 Euro fürs Ausziehen, das ist doch immerhin mal ein Angebot, das man nicht alle Tage bekommt, zumal Herr Lombardo vielleicht nicht gerade reich war, aber Geldsorgen hatte er sicher nicht, da hätte sich schon noch eine andere Wohnung finden lassen. Doch solche Dinge sind halt nicht immer nur reine Kopfsache, und man weiß vorher nie, welcher Tropfen das mentale Fass eines Selbstmordkandidaten dann zum Überlaufen bringt.

Wir haben uns angesehen, etwas irritiert, etwas ratlos, mit einem »Da kann man halt nichts machen«-Gesicht, und dann haben wir uns an die Reinigung der Möbel gemacht. Das klappte tatsächlich ziemlich gut, mit Wasserstoffperoxid einmal drüber und sofort mit einem Lappen mit Wasser hinterher, damit man das Zeug sofort neutralisiert. Sonst hätten die hübschen dunklen Möbel womöglich hinterher alle ausgesehen wie Billy-Regale von Ikea, Kiefer unbehandelt. Und während wir in den folgenden Tagen immer wieder vorbeifuhren und eine Etage tiefer die Fliegen beseitigten, fragte ich mich, ob eigentlich der Herr Lombardo oder besser: seine Familie im Nachhinein die 10 000 Euro bekommen hat.

Die Reinigungskosten hätte man ja davon bezahlen können, und ausgezogen ist schließlich ausgezogen, oder?

Ich glaub's aber nicht.

5. DIE BONNIE-SITUATION

Es gibt nicht viele Fälle, bei denen wir alles stehen und liegen lassen. Der Fall im Supermarkt (siehe »Ladenschluss«) war einer davon, aber sogar bei dem hätten wir uns etwas mehr Zeit lassen können, da waren wir ja schon am Einsatzort, noch bevor die Leiche abtransportiert war, also bevor wir überhaupt hätten anfangen können. Aber in einem Fall kam es tatsächlich auf jede Sekunde an. Das war durchaus so etwas wie die »Bonnie-Situation«.

Die »Bonnie-Situation« stammt aus dem Film *Pulp Fiction*. Zwei dumme Gangster haben irrtümlich einen dritten auf dem Rücksitz ihres Autos erschossen. Der ganze Wagen ist voll Blut, und in ihrer Not fliehen sie in die Garage eines Freundes. Der ist stinksauer, weil in Kürze seine Frau heimkommen wird und er weiß: Wenn die in der Garage eine blutige Leiche in einem blutigen Auto findet, dann lässt sie sich scheiden, und das ist noch das Mindeste. Also: Die Uhr tickt, und so war es auch in diesem Fall. Die Uhr tickte ab dem Moment, in dem uns das KIT angerufen hatte, etwa 10 Uhr vormittags. Eine Frau hatte einen Selbstmordversuch unternommen, ihr Mann hatte sie entdeckt, gerade noch rechtzeitig. Sie war ins Krankenhaus gekommen, und wir sollten die Blutspuren beseitigen, bis um 13 Uhr. Denn dann würde der Sohn der beiden aus der Schule nach Hause kommen. Und der Vater traute sich zwar zu, dem Jungen das mit dem Selbstmordversuch zu erklären, aber nicht die Art und Weise.

Im Nachhinein muss ich ihm absolut recht geben. Das Erste, was Helga und ich in dem Haus sahen, waren Blutspuren. Es war ein hübsches altes Haus, Jugendstil, mit einer schönen Steintreppe. Und genau in der Mitte der Stufen dieser Steintreppe waren Blutstropfen. Nicht hier mal einer und da mal einer, sondern großzügig verteilt, so, als hätte man Konfetti gestreut. Man folgte den Spuren bis zum ersten Treppenabsatz und traf auf die Hausmeisterin, die eifrig mit irgendwelchen Mitteln daran herumschrubbte. Ich bat sie, das bleiben zu lassen.

Die Tropfen führten weiter bis zur mit Parkett belegten Holztreppe. In der Mitte der Treppe verlief ein knallroter Veloursläufer, jeweils aufwendig mit Messingstangen am Fuß jeder Stufe befestigt. Das war ein richtig gediegenes, gutbürgerliches Haus, und wir brauchten nur den Blutstropfen zu folgen, die sich manchmal dick auf dem Läufer befanden, manchmal genau daneben auf dem Holz. Man folgte diesen Tropfen und Klecksen wie Hänsel und Gretel ihrer Steinspur, man konnte einfach nicht falsch gehen, bis zur Wohnung im zweiten Stock.

Der lange Holzflur sah hier ziemlich genauso aus, die Tropfen waren allerdings dichter. Sie führten zu einer dieser Altbautoiletten: ein langer Schlauch, und ganz hinten direkt unter dem Fenster befindet sich die Toilettenschüssel. Eine sehr moderne Schüssel in einer sehr geschmackvollen Toilette, ganz in Schwarz und Weiß, die Wände weiß gefliest mit einem schmalen Absetzstreifen, der Boden mit schwarzen, glänzenden Fliesen ausgelegt, die alten Abwasserrohre, die über der Wand verliefen, waren nicht verkleidet, sondern schön weiß gestrichen und passten auch gut zu dem kleinen weißen Waschbecken an der Wand. Theoretisch.

Normalerweise.

Heute wirkte all das seltsam unsinnig, wegen des Blutes. Hier lagen keine einzelnen Tropfen mehr. Die gesamte Toilette war großflächig zugeblutet. Das Waschbecken dick verschmiert, das Abwasserrohr daneben, die Wand an den Fliesen. Es sah aus, hätte sich jemand eine Messerstecherei mit sich selbst geliefert. Und so ziemlich genau das war passiert.

Dass die Frau depressiv war, hatte ihr Mann gewusst. Er war etwa 50 Jahre alt, er war in der Wohnung, er stand erschüttert dabei. Sie war auf die Toilette gegangen, ganz normal. »Ich muss mal«, hatte sie ihm noch gesagt, und war gegangen, wie an tausend anderen Tagen auch. Sie hatte sogar ihre Kaffeetasse mitgenommen, ein Feuerzeug, vielleicht rauchte sie öfter auf der Toilette. Jedenfalls hatte er dort noch ihr Stöhnen gehört, nun gut, das kommt auch mal vor, Krämpfe, Verstopfung, was weiß ich.

»Alles in Ordnung?«, hatte er noch besorgt gefragt.

»Ja.«

Die Toilette ist privatester Intimbereich. Da dauert es doppelt lange, bis man es wagt, den Partner zu stören. Aber das Stöhnen hörte nicht auf und wurde immer irrsinniger. Und sie öffnete ihm nicht. Dann trat er die Türe ein.

Sie lag auf dem Boden, neben sich ein Messer. Sie hatte sich die Bauchdecke aufgeschlitzt. Von links nach rechts, von rechts nach links, immer und immer wieder. Dazwischen hatte sie sich an dem senkrechten Wasserleitungsrohr neben dem Waschbecken hochgezogen, das Rohr war voller Handabdrücke, sie musste kurz so dagestanden haben, die blutigen Hände links und rechts auf das kleine Waschbecken gestützt, denn nur so waren die vielen kleinen Blutspritzer in Fußhöhe zu erklären, durch Blut, das aus einer gewissen Höhe herausperlte, auf dem Boden aufspritzte, so lange, bis sie sich nicht mehr aufrecht halten konnte und wieder zusammensank. So fand er sie. Der Bauchraum war offen gewesen, man konnte es jetzt noch erkennen, es lag auch Fettgewebe auf dem Boden, glibbrig, körnig, gelblich, ein bisschen so wie Kaviar. Und wenn er etwas genauer hingesehen hätte, hätte er wohl auch ihre Organe im Bauchraum sehen können, aber er sah natürlich nicht genauer hin, Gott sei Dank, sondern er machte alles richtig und rief den Notarzt.

Im Flur, neben der Toilettentür, lag ein Messer.

»Ist das das Messer, mit dem …?«, fragte ich.

Der Beamte vom KIT nickte.

20 Zentimeter Klinge. Wellenschliff. Das ideale Brotmesser. Unglaublich, was kranke Menschen mit sich anstellen. In der Blutsuppe auf dem Boden lag zudem die umgekippte Kaffeetasse, das Feuerzeug und ein Schlüsselbund. Und vorne, an der Schwelle zum Flur, ein Haarteil, vollgesogen mit einem großen länglichen Blutklumpen daran.

Ich stellte Helga sofort zum Wischen im Bad ab. Ich konnte mich darauf verlassen, dass sie das makellos hinbekommen würde. Ich selbst übernahm in der Zwischenzeit den Flur und die Wand. Das war knifflig genug, weil nur wenig Zeit zum Trocknen der Farbe bleiben würde. Den Geruch feuchter Farbe würde man dem Sohn wohl kaum ersparen können. Dazwischen rollten wir die Teppiche ein und verpackten sie. Wir hätten sie natürlich auch reinigen können, aber diesmal zählte vor allem die Zeit: Einpacken geht schneller, später konnte sich dann eine Reinigung mit den Teppichen befassen. Und dazwischen, während des Streichens, Putzens und Überprüfens, schaffte ich es gerade noch so eben, die Blutstropfen und die Spuren im Treppenhaus zu beseitigen. Die Frau hatte wohl beim Abtransport verwirrt ihre Hände bewegt, daher hatten auch einige Fliesen an der Wand einen ordentlichen Wischer abbekommen. Wir wurden so richtig Spitz auf Knopf fertig, mit einer Ausnahme: Das Blut auf dem Veloursläufer im Treppenhaus schafften wir nicht. Und wir konnten ihn auch nicht in die Reinigung bringen: Der Läufer war mit dem Boden verklebt, aufwendig festgeschraubt und zudem jeweils an den Ecken vernäht, der Läufer zog sich sozusagen in einem Stück vom Erdgeschoss bis unters Dach.

Andererseits war er per se schon mal rot, insofern konnte es der Sohn wohl verkraften, wenn er nicht zu genau hinsah. Und wenn er erst mal in der Wohnung war, hatten wir wieder mehr Zeit. So kam es auch. Ich konnte dem Vater gerade eben die saubere Toilette übergeben, er war reichlich paralysiert, aber dennoch sah er so verdutzt in den blitzblanken Schlauch, als könnte er es kaum glauben, was am Vormittag tatsächlich passiert war. Die Wände waren sauber und unauffällig übermalt, von der Wohnung her hätte die Mutter ihren Suizid auch mit Schlaftabletten probiert haben können.

Dann schickte ich Helga nach Hause und machte mich an den Teppich im Treppenhaus.

Es war eine Heidenarbeit, und sie funktionierte überhaupt nicht. Ich kroch im Flur herum, tupfte mich dumm und dusslig, nach der Methode hätte ich eine ganze Woche da herumkrabbeln können. In meiner Not rief ich meinen Großhändler für Reinigungsmittel und -bedarf an, ob er nichts Wirksameres hätte. Er empfahl mir ein Sprühextraktionsgerät. Er könnte mir sofort eines zum Probieren geben.

Um es kurz zu machen: Das Ding war sensationell.

Ich hatte bisher noch nie eines verwendet. Für alle Nichtreiniger: Diese Wunderkiste, die es von mehreren Herstellern gibt, ist genau genommen so etwas wie Eimer, Schrubber und Aufnehmer in einem. Man kann es sich vorstellen wie einen Staubsauger mit zwei Wassertanks, einem leeren und einem vollen. Im vollen Tank ist sauberes Wasser, das man mit Reinigungsmittel versetzen kann. Der andere Tank ist leer. Während man den Saugkopf am Boden herumschiebt wie beim Staubsaugen, sprüht eine kleine Düse das Reinigungswasser dazu, das dann sofort mit dem Dreck vom Boden weggeschlürft wird. Mit Teppichen geht das nicht ganz so glatt, die nehmen mehr Flüssigkeit auf, aber das Prinzip ist dasselbe. Und im Vergleich zu meiner Tupferei war das ein Unterschied wie Tag und Nacht. Ich arbeitete auf Knien weiter, mit der Handdüse, man musste an dem leicht eingetrockneten Blut ja auch noch etwas reiben, um es zu lösen – trotzdem: Man sah sofort Fortschritte. Das war sagenhaft.

Aber die Schrubberei auf den Knien hat mich trotzdem kaputt gemacht. Nachdem ich fertig war und das letzte Mal nach unten gegangen bin, hat's mich auf dem letzten Treppenabsatz richtig umgehauen, so weiche Knie hatte ich. Ich bin den Absatz runtergeflogen, mit dem Kreuz knallte ich auf diese Holzschnecke am Ende des Treppengeländers, dass mir die Luft weggeblieben ist. Ich lag mindestens eine Minute da unten im Hausflur wie ein Maikäfer auf dem Rücken, alles tat mir weh – was auch wieder beruhigend ist, vom Standpunkt des Rettungsassistenten aus: Wenn alles weh tut, sind wenigstens auch noch alle Nerven in Ordnung.

Am Tag nach diesem Einsatz habe ich sofort eines dieser Sprühextraktionsgeräte gekauft. Wenn wir's schon vorher gekannt hätten, hätten wir wohl die ganze »Bonnie-Situation« noch pünktlicher hinbekommen. Ganz wie im Film.

6. GLEICHGÜLTIG

Schwachsinn kann vor Gericht ein mildernder Umstand sein. Ob erworben oder angeboren, in jedem Fall sagt das Gericht häufig, dass jemand nicht die ganze Verantwortung für seine Tat übernehmen kann, wenn er weder die Tat noch seine Verantwortung völlig begreifen konnte. Das ist absolut in Ordnung, ich halte das auch für eine Errungenschaft unseres Rechtsstaats, selbst wenn es manchmal schwerfällt, so was zu akzeptieren.

Es gibt aber, wie ich inzwischen feststellen musste, noch einer weitere, ziemlich spezielle Form von Schwachsinn – oder Dummheit –, die sich in gleichgültigem Umgang mit den Opfern ausdrückt. Nicht aus Hass, nicht aus Grausamkeit, sondern aus schierer Blödheit und Stümperei, so, als wäre das Ermorden eines Menschen eine Sache, die nicht mehr Sorgfalt erfordert als das Schmieren eines Butterbrots.

Auch ein blöder Satz: Das Ermorden eines Menschen erfordert Sorgfalt. Aber dieser Satz ergibt schon einen gewissen Sinn, wenn man sich mal die Tat von Notzing vor Augen hält. Erst das, und dann ist es auch noch hilfreich, wenn man sich – so wie ich – hinterher den Tatort ansehen konnte.

Der Sohn des ermordeten Ehepaares hatte uns angerufen, noch immer unter Schock, obwohl die Tat immerhin vier Wochen zurücklag. Die Polizei hatte den Tatort freigegeben, jetzt suchte er jemanden, der das Haus wieder in Ordnung brachte. Ich vereinbarte mit ihm einen Ortstermin und machte mich in der Zwischenzeit schlau, was vorgefallen war. Dazu hatte ich zunächst auch nur den Einsatzbericht und das, was man in den Zeitungen lesen konnte. Allein das war schon irrsinnig genug.

Ausgangspunkt war der 21-jährige Freund der Tochter des Hauses, also der Schwester des 24-Jährigen, der uns beauftragt hatte. Die Eltern waren mit dem Freund nicht einverstanden gewesen, und sie hatten sich offenbar mit ihren Argumenten so weit durchgesetzt, dass die 17-Jährige tatsächlich die Beziehung zu dem jungen Mann abgebrochen hatte. Den wiederum hatte das offenbar maßlos geärgert. Also schritt er eines Freitags zur Tat.

Den Freitag wählte er deshalb, weil er wusste, dass da das Haus vormittags leer war. Der Vater, gerade erst vor 14 Tagen in den Ruhestand gegangen, brachte morgens üblicherweise mit dem Auto seine Tochter in die Berufsschule. Und die Mutter ging zu ihrem Nebenjob als Reinigungskraft. Der 21-Jährige hatte abgewartet, bis alle weg waren, dann hatte er ein Kellerfenster eingeschlagen und war ins Haus gestiegen. Dort hatte er wieder gewartet. Der Vater war, so las ich, als Erster nach Hause gekommen. Der Täter ließ sich Zeit, so lange, bis der Vater weit genug von der Eingangstür weg war, um nicht sofort wieder fliehen zu können. Dann erstach er ihn. Das Messer dazu hatte er wohl aus der Küche genommen. Anschließend schleifte er die Leiche in den Keller, setzte sich in aller Seelenruhe wieder hin und wartete auf die Mutter.

Die 54-Jährige kam am Vormittag nach Hause. Er hatte gewartet, bis sie im Haus war, dann hatte er sie ebenfalls erstochen, aber allen Berichten nach wie besessen auf sie eingestochen. Dann schleifte er sie ebenfalls in den Keller, setzte sich wieder hin und wartete auf die Heimkunft seiner Ex-Freundin. Die kam gegen Nachmittag ins Haus ihrer Eltern, fand dort ihren Ex-Freund samt den Leichen ihrer Eltern, und ab diesem Zeitpunkt gehen die Schilderungen etwas auseinander. Sie sagt, er habe sie gezwungen. Er sagt, sie hätte freiwillig mitgemacht. Nämlich bei der stümperhaftesten Leichenbeseitigung, von der ich je gehört habe. Erst fuhren die beiden nach Freising, um dort an einer Tankstelle Benzin zu holen. Dann luden sie die Leichen der Eltern in den Wagen des Vaters und fuhren damit zum Rohbau einer Doppelhaushälfte, die dem 21-Jährigen gehörte. Dort wuchteten sie zuerst die Leiche des Vaters in einen Kellerschacht, holten das Benzin, kippten es über die Leiche und zündeten sie an.

Wie viel Benzin kann man an einer Tankstelle unauffällig kaufen? Fünf Liter? Zehn? Und wie kann man damit ernsthaft versuchen wollen, eine Leiche zu verbrennen? Über eine Stunde dauert es in einem Krematorium, samt Sarg, und dabei werden im gesamten Verbrennungsraum durchgehend Temperaturen von 800 Grad erreicht. Fünf Liter Benzin, die sind in zehn Minuten weg, und wenn man sie schlecht verteilt, ist die Leiche an manchen Stellen noch nicht einmal handwarm Um das zu wissen, muss ich kein Bestatter sein, dazu reicht die ganz normale Erfahrung eines Wochenend-Grillers. Wer trotzdem so vorgeht, der macht letztlich nichts anderes, als sehenden Auges einfach mal die Leiche anzukohlen, ohne jeden Sinn und Verstand, einfach nur, weil es zu mühsam ist, sich was Schlaueres auszudenken. Und genau so ging es dann ja auch weiter. Die Leiche verbrannte natürlich nicht, also sammelten sie sie einfach wieder ein, wie einen Gegenstand, die Tochter immer mit dabei, und dann fuhren sie mit den Leichen zu einem Weiher, um sie zu vergraben. Das war ihnen aber schnell zu mühsam: Rund um den Weiher wuchsen jede Menge Fichten, und Fichten sind Flachwurzler. Das heißt, wenn man hier graben will, stößt man nicht auf Erde, sondern auf ein dichtes Wurzelnetz, das man mit Schaufel oder Spaten kaum durchstechen kann. Also nahmen sie die Leichen und fuhren wieder nach Hause, zum Tat-Haus.

Dort drängte allmählich die Zeit. Der Bruder des Mädchens hatte angerufen, er konnte jeden Augenblick auf die Idee kommen, die Eltern zu besuchen, und noch waren die Spuren nicht beseitigt. Also verscharrten sie die Leichen im hauseigenen Gemüsebeet. Nicht besonders tief, praktisch schon am hellen Tag, es war nämlich bereits fünf oder halb sechs Uhr morgens. Der Briefträger hat sie sogar schaufeln sehen. Anschließend hatten sie den sensationellen Einfall, das Auto der Eltern beim nächsten S-Bahnhof abzustellen und zu behaupten, die beiden wären weggefahren. Wohin? Warum? Egal.

Vielleicht geht es ja nur mir so, aber mir kommt diese Schlamperei so vor, als hätte man die Toten hinterher noch besonders schäbig behandelt. Ich weiß, das klingt seltsam, denn kann man jemanden schäbiger behandeln, als ihn zu ermorden? Aber in diesem Fall, mit dieser schlampigen Wurschtigkeit, kann ich es einfach nicht anders bezeichnen. Und die Schlampigkeit kann man auch nicht anders nennen: Gebracht hat das Ganze nämlich überhaupt nichts – als der Bruder irgendwann ins Haus kam, hat er sofort die Polizei alarmiert. Und als ich mich dort umsah, wusste ich auch, wieso.

Das hat mich erst so richtig wütend gemacht. Im Garten war noch das geöffnete Gemüsebeet, notdürftig mit Planen abgedeckt. Viel Mühe können sie sich nicht gemacht haben, viel tiefer als einen halben Meter ging da nichts. Da ist niemand vergraben worden, hier, im Gemüsebeet, wurden zwei Menschen hastig verscharrt. Und genauso sah das Haus von innen aus. Als wären die Leichen, als wären die Spuren des Mordes nicht mal der Beseitigung wert.

Das Erste, was mir auffiel, gleich innen an der Wand, waren die seltsamen dunklen Flecken. Ich habe sie nicht gleich erkannt, weil sie nicht aussahen wie die Blutflecken, die ich gewöhnlich sehe. Sie waren verwischt und mit einem milchigen Schleier überzogen. Sie befanden sich gleich innen, hinter der Diele, an der Türeinfassung, zwischen Türrahmen und dem Telefontischchen, dick, dunkel, eingetrübt, aber gut handbreit sichtbar. Sie waren an der Wand, dicke, trübe Spritzer. Und sie waren auf Anhieb an der Wendeltreppe zu erkennen, sie zogen sich an der Wand die Treppe entlang nach unten in den Keller und an der Wand entlang nach oben in den ersten Stock. Und ich stutzte noch immer, als Helga unten aus dem Keller hochschrie:

»Wie hast du denn die Farbe schon hergebracht? Warst du schon mal hier?«

Unten im Keller stand ein Fünf-Liter-Eimer Wandfarbe. Das dämliche Duo hatte tatsächlich die Wände bereits neu gestrichen, das heißt: natürlich nicht die Wände, sondern halt mal so übers Blut drüber. Erst notdürftig abgewischt und dann mit der Farbe drübergekleckst wie zwei Fünfjährige. Sie vertuschten diesen Doppelmord nicht besser als eine abgeschriebene Hausaufgabe. Dabei hatte sich der 21-Jährige beim Morden deutlich mehr Mühe gegeben, wie wir jetzt an den Spuren erkennen konnten.

Er hatte den Vater wohl im Eingangsbereich erwischt, er hatte den Ausweg durch die Wohnungstür versperrt und mit dem Messer auf ihn eingestochen. Dann war der Vater in den ersten Stock geflohen. Es hatte ihn nicht gerettet. Die Wände waren voller Blutspritzer, richtig dicke Spritzer, wie sie aus einem Eimer herausschwappen. In Knöchelhöhe. Als hätte jemand auf einen Menschen eingestochen, der sich ohnehin nur noch auf Knien oder kriechend die Treppe hoch kämpft. Den Toten hatte er dann nach unten geschleift, das Blut führte vom Erdgeschoss in den Keller, ein einziges schmieriges Wischen durchs Treppenhaus hindurch, nicht innen an den Geländerstangen, sondern immer außen an der Wand entlang. Das erklärte aber nur einen Teil der Blutspuren an den Wänden des Kellers.

Sicher, manches war von den Treppenstufen oben heruntergetropft. Manches vielleicht auch von der Wand oben. Auf die Bilder von Trucks und Motorrädern, die der Vater so gemocht hatte. Aber hier im Keller klebte zu viel Blut, und zu viel davon an Stellen, wo es nie von oben hätte hintropfen können. Zum Beispiel in den Regalen mit den kleinen Modellautos. Oder mitten auf dem meterhohen Fotopuzzle von Schloss Neuschwanstein. Dieses Blut konnte nur von der Mutter stammen. Denn dazu genügte kein Messer, dazu brauchte man Wut.

Wut und Wucht.

Sie hatte noch gelebt, als er sie in den Keller schleifte, sie war schwer verletzt durch die ersten Messerstiche, aber sie hatte noch gelebt. Geändert hatte das nichts. Die

Spritzer an der Wand sahen so aus, wie sie entstehen, wenn man mit etwas Schwerem auf einen menschlichen Körper einschlägt. Eben mit einem Schürhaken. Oder mit einem Beil. Wenn man über jemandem steht, der schon längst nicht mehr laufen kann, der hilflos am Boden liegt. Wenn man mit dem Schürhaken ausholt, richtig Schwung holt. Wenn man das Opfer dann am Kopf erwischt, so hart, dass das Blut bis an die Wand auf der anderen Seite des Kopfes spritzt. Von unten nach oben. Nicht nur ein paar Zentimeter weit. Sondern bis zu den Spitzen der Türme von Schloss Neuschwanstein.

Und noch mal.

Und noch mal.

Dicke Spritzer, auch Klumpen klebten überall. Klumpen, die zu entfernen sich niemand die Mühe gemacht hatte. Genauso wenig wie vom Telefon, unten. Der ganze Tatort sah aus, als hätte jemand gesagt: »Wir haben zwei Menschen umgebracht, na und? Essen wir jetzt Pizza?« Das hatten sie dann ja den Zeitungen zufolge auch getan. Ich schüttelte den Kopf und begann, mein Team einzuteilen.

Dieser Tatort war etwas völlig Neues für uns. Wir kannten Fundorte lange liegender Leichen, bei denen andere Firmen oder Hausmeister einfach mal drauflos gebastelt hatten. Was wir nicht kannten, war ein Tatort, bei dem schon jemand dilettantisch vorgewurschtelt hatte. Wiederum eher üblich war das überall klebende Grafitpulver. Da kennen die bei der Polizei nix, logisch, die sparen damit nicht, und so hilfreich das Zeug zur Spurensuche ist, so widerspenstig ist es beim Entfernen. Das ist nicht wie Mehl, da hilft einem kein Staubsauger, das Material ist unglaublich fein und zugleich ölig-schmierig, als hätte man die Mine von einem Bleistift fein gemahlen, aber nicht die harten Bleistifte der Sorte HB oder gar H, sondern 9B, das ist beinahe schon lippenstiftweich. Die Wände waren voll und sämtliche Teppichböden, mal mit, mal ohne Blut.

Hardy übertrug ich die Aufgabe, die Teppiche zu reinigen und wegzuwerfen, was nicht mehr zu retten war. Wir setzen uns ja selbstverständlich nicht hin, nehmen das 3000-Teile-Neuschwanstein-Puzzle auseinander, wischen alles ab und setzen es wieder zusammen – für das Geld, das so was kostet, kann man sich zehn nagelneue Neuschwanstein-Puzzles kaufen und dazu einen Professor für Kunstgeschichte, der sie für einen zusammensetzt. Ich kümmerte mich um das Blut an den Wänden und ging schon mal mit unserer Spezialfarbe drüber, damit man anschließend die Wände neu streichen konnte.

Hardy kam erstaunlich gut voran, das Sprühextraktionsgerät bewährte sich wieder einmal hervorragend. Das war super, weil er dann relativ schnell damit anfangen konnte, alles abzukleben, was beim Streichen geschützt werden musste. Wir bauen ganz professionell vorher die Abdeckungen von Steckdosen und Lichtschaltern ab, hier ließen sich sogar die Türrahmen ganz einfach abziehen. Ich will schließlich nicht, dass meine Arbeit so aussieht wie der geschlampte Mist, den der Amateurmörder hinterlassen hatte. Großzügige Farbfahrer unten über die Leisten hinaus – nicht mit mir!

Helga hatte ich mit dem Putzen betraut. Dass das Paar schon mal grob vorgewischt hatte, ersparte ihr überhaupt nichts. Wenn man die Wände ansah, dann mussten die Treppe und die Kellerfliesen genauso blutverschmiert ausgesehen haben, gut, dieses Blut war auf den ersten Eindruck weg. Aber auf den zweiten Blick war alles noch da, an den Stellen, wo man das Blut eben findet, an den Ritzen zwischen Fußbodenleiste und Fußboden, seitlich an den Stellfüßen der Möbel, am Treppengeländer, an den Treppenstufen auf der Seite: überall da, wo dem gar nicht sauberen Pärchen die Mühe zu groß gewesen war. Helga hat das Haus gewienert wie eine Besessene. Wir begannen um 9 Uhr morgens, und als ich um 21 Uhr das Malerwerkzeug weglegte, war sie noch immer nicht fertig, sie hat eine halbe Stunde länger gewischt, perfektionistisch, akribisch, unermüdlich. Wir haben inzwischen unten den Kühlschrank geleert. Das hätte natürlich auch der Sohn selbst machen können, aber letztlich gehört das für uns zum Rundum-Service. Soll ich für jemanden das Blut seiner ermordeten Eltern entfernen, um ihm hinterher zu sagen: »Also, wir sind mit unserer Arbeit jetzt fertig. Das, was da so seltsam riecht, ist nur der Kühlschrank Ihrer Eltern, den müssen Sie halt noch selbst sauber machen, aber das packen Sie schon, nicht wahr?« Das trifft die Hinterbliebenen doch genauso wie das Blut an der Wand.

Ich sah mich im Haus um. Ich war richtig stolz auf meine Malkünste. Akkurat, so, wie sich's gehört. Und plötzlich kam ich ins Grübeln. An diesem Tatort fiel mir zum ersten Mal ein, dass mich genauso gut die beiden hätten engagieren können. Eine halbwegs glaubwürdige Geschichte vom Doppelselbstmord, eine brauchbare Erklärung für die Blutspritzer in Schulterhöhe, und schon hätte ich den beiden womöglich noch die Morde weggeputzt. Ich hatte bisher nie irgendeine Unbedenklichkeitsbescheinigung verlangt. Ich beschloss, das künftig etwas sorgfältiger zu handhaben.

Kurz vor dem Gehen machte ich noch einen kleinen abschließenden Rundgang durchs Haus. Erst da fiel mir der Aufkleber auf.

Er war im Keller, an der Tür zum Hobbyraum, und zeigte einen Mann und eine Frau, als Piktogramm, so wie auf Verkehrszeichen, ein Aufkleber, wie ihn Kinder befestigen für ihre Eltern.

Auf dem Aufkleber stand: »Wir müssen leider draußen bleiben.«

7. AMTLICH

Es lohnt sich, seine Prüfungen alle regelmäßig zu machen. Und ich mach' das gern. Denn nur dann kann man auch die Aufträge übernehmen, die vom Amt kommen. Wir waren eigentlich schon unterwegs zur Besichtigung eines Leichenfundorts, als der Anruf eines griechischen Gastwirts aus dem Münchner Umland kam: Ob wir noch am selben Abend kommen könnten, das gesamte Lokal müsse dringend desinfiziert werden. Die Lebensmittelüberwachung hatte dort das Norovirus festgestellt.

So was ist eine ernste Sache. Nicht lebensgefährlich, aber unangenehm: Wer sich mit dem Virus infiziert, fährt gut gelaunt vom Lokal nach Hause, bekommt aber in der Nacht einen derartigen Brechdurchfall, dass es schauerlich ist. Ich weiß das, ich habe selbst mal was von einem Lokalbesuch mitgebracht, und man muss nicht wehleidig sein, wenn man da den Notarzt ruft, man fühlt sich schlichtweg sterbenselend. Aber wenn, wie in diesem Fall, die Lebensmittelüberwachung anrückt, dann war die Angelegenheit schon etwas dramatischer.

Das Restaurant war ein beliebtes Ausflugslokal, ideal für größere Reisegruppen und Feiern. 26 Personen waren innerhalb weniger Tage erkrankt, und dann kommt die Lebensmittelüberwachung natürlich ziemlich schnell vorbei. Die gehen da systematisch vor, und sie fanden auch rasch eine Gemeinsamkeit bei allen Personen: Sie hatten den Salat mit Joghurtdressing gehabt und den

Nachtisch aus Eis, Joghurt und Obst. Kein Wunder, den Nachtisch gab's nämlich für jeden Besucher gratis.

Parallel dazu hatten sie dem Lokal einen Besuch abgestattet und mal hinter die Kulissen gesehen. Und mit dem, was sie da gefunden hatten, waren sie nicht einverstanden gewesen. Wer mal so eine Mängelliste durchliest, dem kann ganz anders werden. Und meine Frau sagt heute noch, das sei ein Unterschied wie Tag und Nacht gewesen, was sie in dem Lokal gesehen hat: der Gastraum geschmackvoll, picobello, richtig hui, hinter den Kulissen jedoch das absolute Chaos. Aber man muss die Kirche im Dorf lassen: Denn die Lebensmittelüberwachung hat dem Wirt zwar viele Vorschriften gemacht, sie hat ihm aber den Laden ganz bewusst nicht geschlossen – falls er sich an die Vorschriften halten würde. Dazu gehörte eine rasche Sanierung verschiedener Küchenutensilien, er durfte auch keinen Joghurt mehr servieren, aber ansonsten durfte er vorerst weitergrillen und -kochen, wenn er die Räume sofort gründlich desinfizierte, mit einem Mittel, das sich gegen Noroviren eignet. Und dafür hatte er uns angerufen.

So was wird natürlich nachts gemacht. Denn das Lokal zusperren, kostet Geld. Vor allem über Ostern, wenn die Familien feiertags essen gehen. Wir sind nachts um 22 Uhr angerückt, zu fünft, meine Frau, meine beiden Töchter, Hardy und ich. Bis dahin hatten die Restaurantangestellten bereits zwei Tage lang jeweils nach Feierabend geputzt wie die Teufel. Wir waren diejenigen, die anschließend für Viren- und Keimfreiheit zu sorgen hatten, per Wischdesinfektion. Das ist nicht so ein Stress, als würde man Wände mit Chlorbleichlauge abschrubben, aber es ist trotzdem eine ziemliche Plackerei. Einer sprüht, und vier wischen, und die wischen ohne Ende. Abgewischt werden muss jede Stelle, die jemand vom Personal angefasst haben könnte und die auch ein Gast anfassen könnte. Klinken, Speisekarten, jedes Gewürzfass, alle Tische, Sitzmöbel, Kanten in den Innen- und Außenbereichen, denn so ein Virus ist ja außen nicht beseitigt, nur weil's vielleicht mal regnet. Sanitäre Anlagen, Toiletten für Gäste und Personal, und im Küchenbereich hörte die Wischerei dann überhaupt nicht mehr auf. Schränke innen und außen, Böden, Regale. Und die ganze Arbeit ist doppelt schweißtreibend, weil man ja auch wieder Overall und Mundschutz trägt. Eigentlich paradox, weil die Restaurantmitarbeiter natürlich völlig ungeschützt durchs Lokal liefen, aber andererseits – das Virus war nun mal keine Einbildung, das war amtlich nachgewiesen, und keiner von uns war scharf drauf, es mit nach Hause zu nehmen.

Die Frage ist allerdings erlaubt: Hätten das nicht auch die Restaurantangestellten machen können? Und die Antwort ist: Nein – aber nicht, weil wir so expertenhafte Wischlappen haben, sondern weil wir wissen, wie und was gewischt werden muss, und dafür habe ich auch die Zulassung. Um solche Desinfektionen durchzuführen, muss man jedes Jahr eine bestimmte Mindestmenge von durchgeführten Desinfektionsmaßnahmen vorweisen können, und selbst wenn man zu denjenigen gehört, die unserer Gastronomie alles, aber auch wirklich alles zutrauen – so viele Desinfektionsaufträge gegen Noroviren gibt es nun auch wieder nicht. Was tut man also, wenn's nicht genug Einsätze gibt, damit man auch künftig solche Einsätze anbieten darf? Man geht regelmäßig zu Lehrgängen, bei denen man unter Aufsicht reinigt, im militärischen Sinne quasi eine Art »Virenmanöver« macht, und ich mach' da regelmäßig mit. Um neue Entwicklungen mitzubekommen, denn wenn sich irgendein Virus plötzlich gegen irgendwelche Standardmittel als resistent erweist, dann steht so was üblicherweise nicht in der Tageszeitung. Und auch, um Kollegen zu treffen und Kriegsgeschichten aus dem Desinfektionsalltag auszutauschen, der bei den meisten auch ein Schädlingsbekämpfungsalltag ist.

Wir haben dem Wirt dann noch die notwendigen Utensilien installiert, die das Amt gefordert hatte, gut zugängliche Handdesinfektionsgeräte, wie man sie in Krankenhäusern sieht, wir haben sogar ein Schädlingsbekämpfungsmonitoring installiert – nicht dass Schädlinge da gewesen wären, aber das Amt hatte es verlangt, vorsorglich, damit man rechtzeitig gewarnt ist.

Im Nachhinein muss ich sagen: eine Schweinearbeit zu nachtschlafender Zeit und alles für die Katz. Obwohl wir sogar noch ein zweites Mal angerückt sind und eine Nachbehandlung durchgeführt haben. Es sind weitere Fälle aufgetreten, und diesmal haben sie auch die wirkliche Ursache herausgefunden: Es war schlichtweg eine infizierte Mitarbeiterin. Eben die, die am Joghurt gearbeitet hat.

Tja, was lernt man jetzt daraus?

Soll man marode Toiletten, rissige Arbeitsplatten, Fleischwölfe mit Rostspuren einfach hinnehmen? Soll man nicht mehr essen gehen?

Für mich sieht die Sache so aus: Der Mensch verträgt eine ganz erstaunliche Menge. Letztlich ist das auch der Grund, weshalb er überhaupt noch auf der Erde ist. Und auch wenn Petra gerne die Maßstäbe unserer Küche zu

Hause anlegt, ich fürchte, in Restaurants ab einer gewissen Größe und vor allem ab einer gewissen Frittierfreudigkeit wird man immer mit einem Fettfilm rechnen müssen. Ich erinnere mich, hinter der Filiale einer namhaften Schnellrestaurantkette anlässlich eines Rattenbekämpfungseinsatzes mehrfach fast auf dem glatten, extra auswischfreundlichen Boden ausgerutscht zu sein. Das war nicht schön, das war aber auch nicht eklig, das war kein ranziges Fett, das da gelblich und bräunlich überall lag, aber es war eben ein Schmierfilm vorhanden, und auch wenn Petra davon ausgeht, dass die den Film nach Feierabend bestimmt beseitigt haben – ich hab' da meine Zweifel. Und ich habe immer größere Zweifel, je größer das Schnitzel und je gewaltiger die Beilagen sind, die man da für 5,90 Euro mit einem kleinen Getränk kriegt. Putzen kostet Zeit, und Zeit kostet Geld, und je weniger Geld man fürs Essen auf den Tisch legt, desto größer ist die Wahrscheinlichkeit, dass anschließend auch niemand anständig fürs Putzen bezahlt wird. Das bleibt dann am ungelernten kenianischen oder pakistanischen Hilfsarbeiter hängen, am Ende seiner nicht ganz regulären 14-Stunden-Schicht. Darüber muss man sich klar sein, wenn man am Schnitzel spart.

Aber andererseits: Es muss offenbar wirklich viel passieren, bis man sich tatsächlich ein Norovirus einfängt.

8. FLUT

Eine Dame rief uns an: Ob wir ihr helfen könnten – sie müsse eine Wohnung übergeben, in der ihr Schwiegervater gestorben sei, auf der Couch, beim Fernsehen offenbar, jedenfalls sei der Fernseher noch gelaufen, und der Schwiegervater hatte davor gesessen, vier Wochen lang, es könnten auch sechs gewesen sein. Die Entrümpelungsfirma sei auch schon da gewesen, die Wohnung sei leer, es sei nichts mehr drin – bis auf den Geruch. Der sei so unerträglich wie am Tag der Wohnungsöffnung, und ob wir da nicht vielleicht was machen könnten …?

Ich sagte, wir könnten uns schon drum kümmern, man müsste sich die Wohnung eben mal ansehen. Was denn die Firma bereits gemacht? »Aufgeräumt«, sagte sie, »ausgeräumt und aufgeräumt, und zum Schluss haben sie so ein Gerät ins Zimmer gestellt.«

»Aha«, sagte ich, und fühlte mich wieder mal bestätigt. Ich meine, ich hab's inzwischen mit »diesen Geräten« aufgegeben. Ich weiß schon, um welche Apparate es sich da handelt, es sind diese elektrischen Ozonreiniger, und ich wäre wirklich froh, wenn die Dinger funktionieren würden. Ehrlich wahr, wir schrubben schließlich im Leichengeruchsfall jedes Mal die Wände mit Chlorbleichlauge ab, ich hab's schon im letzten Buch geschildert, das ist eine höllische Schweinearbeit. Wer mal mit einem Schrubber an einer senkrechten Wand in Schulterhöhe gebürstet hat, in Kopfhöhe, an der Decke, der ist hinterher fertig wie sonst was. Und wenn es möglich wäre, diese Arbeit einem Apparat aufzudrücken, den man einfach in ein Zimmer rollt und an die Steckdose anschließt, also ich wäre der Erste, der das täte. Für drei Tage Apparat kann man sicher auch nicht weniger berechnen als für drei Stunden schrubben. Aber meine Erfahrung ist: Das klappt nicht. Und das ist für mich auch ziemlich logisch. Denn hier geht's ja wieder um den Sauerstoff.

Sauerstoff ist eigentlich eine hervorragende Sache, um Schmutz zu bekämpfen oder auch Gerüche, da haben die Ozonreinigerfans schon recht. Gerüche, Geruchsmoleküle sind wie eine Fußballmannschaft, elf Jungs, die zusammenhalten wollen. Und Sauerstoff ist wie eine Supertraumfrau, die vorbeigeht. Plötzlich sehen die ganzen Jungs nur noch die Frau, und ssst – schnappt sie sich einen von den elfen und nimmt ihn mit. Zurück bleiben zehn Jungs, und zehn Jungs sind keine Fußballmannschaft mehr und kein Geruchsmolekül.

Alle Sauerstoffreiniger arbeiten so, der einzige Unterschied ist die Art von Sauerstoff, die freigesetzt wird. Wer Ozon einsetzt, sagen die Ozonreinigerbenutzer, verwendet dabei die schärfste aller Traumfrauen, die absolute Oberübergranate: Sauerstoff kommt normalerweise als O_2 vor, als Pärchen, aber Ozon, O_3, besteht sogar aus drei Sauerstoffatomen. Die werden extra mit Strom erzeugt, deshalb braucht das Gerät ja auch den Stecker in der Steckdose, damit es dieses unheimlich instabile O_3-Ozonmolekül erzeugen kann. Und bei dieser Drei-Atom-Sauerstoffüberfrau, so behaupten die Ozonreiniger-ins-Zimmer-Schieber, da rasten die Fußballmannschaften komplett aus. Vielleicht stimmt das sogar, aber trotzdem passt das Ergebnis häufig nicht. Ich glaube, ich weiß auch, wo der Denkfehler liegt.

Sauerstoff ist irrsinnig reaktionsfreudig. Das heißt, unsere Superfrau, um im Bild zu bleiben, wirkt nicht nur auf Fußballmannschaften attraktiv. Sie wirkt auch bei Baseballmannschaften, bei Basketballmannschaften, bei U-Boot-Besatzungen, schlichtweg bei fast allem, was ihr in die Quere kommt. Und wenn sich die Traumfrau vor ihrem Besuch auf dem Fußballplatz schon einen Basketballspieler geangelt hat, will sie niemanden sonst mehr. Soll heißen: Sauerstoff reagiert eben nicht nur mit Gerüchen, sondern auch mit Bakterien, mit Materialien, mit allem. Und Sauerstoff ist nicht wählerisch: Wer zuerst kommt, auf dem wird zuerst reagiert, und damit ist die Reinigungswirkung erledigt.

Wenn man nun so ein Gerät ins Zimmer schiebt, erzeugt es sicher Ozon, und es setzt bestimmt reaktionsfreudigen Sauerstoff frei, vielleicht sogar besonders reaktionsfreudigen Sauerstoff. Aber im Zimmer stinkt ja nicht die Luft in der Mitte. Im Zimmer stinkt die Wand, da stinkt der Boden, da stinkt vielleicht auch der Fensterrahmen. Und bis der Sauerstoff von der Zimmermitte an die Wand kommt, da kann viel passieren, da können ihm jede Menge andere Moleküle begegnen. Wir hingegen mit unserer altmodisch-brachialen Bürstmethode bringen die Chlorbleichlauge direkt auf die Wand. Dort setzt sie ebenfalls Sauerstoff frei. Der ist für die Gerüche vielleicht nicht ganz so attraktiv wie der Germany's-Next-Topmodel-Sauerstoff aus der Ozonkiste. Aber dafür kriegen sie unseren Sauerstoff direkt vor die Nase, so dicht davor, dass sie gar nicht dran vorbeisehen können.

Ich hab's zweimal versucht, einmal ganz am Anfang, und einmal im letzten Jahr, als mir ein Anbieter versprach, er hätte jetzt mit einer neuen Technik die Schwierigkeit behoben. Er hatte es nicht. Und so wie bei unseren Versuchen mit diesem Apparat roch auch die Wohnung der Dame, als ich sie betrat. In den meisten Zimmern unangenehm, im Wohnzimmer schwer erträglich. Was auch daran lag, dass der wunderbare Ozonapparat einem nicht die Aufgabe abnimmt, die Leichenflüssigkeit aus dem Parkett zu entfernen, wo sie einen noch immer deutlich sichtbaren dunklen Fleck hinterlassen hatten.

Aber letzten Endes war das das geringere Problem. Als wir die Wohnung betraten, fanden wir sie komplett überschwemmt vor. In der Küche befand sich ein riesiger dunkler Fleck am Fenster.

»Vielleicht hat's reingeregnet«, vermutete die unfreiwillige neue Mieterin.

»Da hat's nicht reingeregnet«, stellte ich fest. »So wie ich das hier sehe, kommt das Wasser aus Ihrem Abwasseranschluss in der Küche.«

»Aber das Wasser ist doch abgestellt.«

»Bei Ihnen schon, aber ich vermute, beim Nachbarn drüber nicht.«

Der Fehler lag in der Hauptabwasserleitung, nicht in der Zuleitung der Wohnung. Aus irgendeinem Grund war die Hauptabwasserleitung verstopft. Und normalerweise hätten das die Mieter der anderen Wohnungen darüber ziemlich schnell merken müssen. Aber nachdem in der Wohnung des Verstorbenen die gesamte Küchenzeile fehlte, die Abwasserleitung offen war und niemand täglich nach dem Wasser gesehen hatte, war einfach alles, was die Nachbarn von oben in ihre Spüle kippten, das gesamte Wasser von Waschmaschinen und Spülmaschinen widerstandslos hier in die Leichenwohnung geflossen. Die Wände hatten sich bereits bis auf Kniehöhe vollgesogen, und mein neuer Kollege Hotti, der sich bemühte, den Leichenfleck aus dem Parkett zu stemmen, kapitulierte: Durch das Wasser war der gesamte Holzboden aufgequollen und die Einzelteile derart ineinander verkeilt, dass man mit normalem Gerät nicht durchkam.

»Ist das irgendwie schlimm?«, fragte die Mieterin verwirrt.

»Schon«, sagte ich, »weil wir jetzt erst mal gar nichts machen können.«

Das Knifflige an der Situation war der neue Schaden. Es war nicht mehr eindeutig zu sagen, was der Todesfall angerichtet hatte und was vom Wasserschaden stammte, der den Leichengeruch mit der Flüssigkeit weiter verbreitet hatte. Und wir konnten natürlich der Mieterin nichts von dem auf die Rechnung schreiben, was das Wasser angerichtet hatte. Umgekehrt konnten wir ohne Auftrag der Wohnungsverwaltung überhaupt nichts tun. Also bekam mein Job hier wieder eine ganz neue Facette: Leichenfundortreinigungs-Diplomatie.

Ich vereinbarte rasch einen Termin mit der Wohnungsverwaltung und handelte mit der Vermieterin einen kleinen Deal aus. Unsere Kundin würde den Boden komplett übernehmen, wenn sich die Vermieterin dafür bereit erklärte, die Wände und restliche Sanierung zu finanzieren.

Letzten Endes hat unsere Erstkundin durch den Wasserschaden ein bisschen Geld gespart. Ganz legal, das ist so, als ob man bei einem Unfall den hinteren Kotflügel von einem Auto leicht geschrammt hätte. Und fünf Minuten, nachdem man sich bereit erklärt hat, ihn neu lackieren zu lassen, knallt ein Laster schwungvoll genau in denselben Kotflügel und verbeult ihn total. Natürlich kriegt der Besitzer des beschädigten Autos nun einen neuen Kotflügel, und damit ist man fein raus. Wir haben den Parkettboden komplett entfernt, die Wohnung gründlich mit Chlorbleichlauge behandelt und zwei Tage später vor der Übergabe noch mal mit Perform.

Der letzte Performgang ist neu im Programm. Wir haben nämlich festgestellt, dass die Chlorbleichlauge zwar anfangs nach Hallenbad riecht, nach zwei Tagen aber ein wenig nach ungewaschenen Füßen. Nicht schön, doch dieser Geruch ist längst nicht so hartnäckig wie der Leichengeruch selbst, er verfliegt in wenigen Tagen, und wenn uns das nicht schnell genug ist, genügt es, die behandelten Flächen noch mal mit Perform abzuwischen.

Ulkig war nur, dass – während wir die Räume mit Chlorbleichlauge behandelten – der Rohrreiniger kam und das verstopfte Abwasserrohr säubern wollte. Er fragte, ob wir was dagegen hätten, wir sagten, nein, wenn er mit der Chlorbleichlauge im Raum klarkäme, die wir mit Atemschutz auftrugen. Das sei kein Problem, sagte er, und fing an, mit seiner Spiralfeder das Rohr zu reinigen. Und währenddessen unterhielten wir uns und bestätigten uns herzlich, dass wir den Job des jeweils anderen keinesfalls ausüben könnten.

»Immer die Leichen wegwischen«, sagte er, »das würde ich nicht packen.«

»Na ja«, sagte Hotti, »immer die Scheiße aus den Rohren rausholen, das wäre auch nicht grade meins.«

Wir einigten uns auf ein Unentschieden.

9. DER GANZ NORMALE KOPFSCHUSS

Es kann natürlich Zufall sein. Ich meine, es gibt in Deutschland anderthalb Millionen Sportschützen, es gibt 400 000 Jäger, es gibt 300 000 angemeldete Waffensammler und rund eine Million Menschen, die eine Feuerwaffe geerbt haben, und das sind nur die offiziell registrierten Waffenbesitzer. Das sind gar nicht so wenige, wie man sich manchmal denkt, und wer nachzählt und meint, das wären dann ja wohl etwa 3,2 Millionen Feuerwaffen, der hat sich ein bisschen verschätzt, so ziemlich genau um den Faktor 6: 20 Millionen Feuerwaffen sind bei uns im Umlauf, nein, nicht europaweit, nur deutschlandweit, Revolver, Automatikpistolen, Büchsen, Flinten. Das schätzt jedenfalls das Bundesinnenministerium. Was ich sagen will: Waffen gibt es genug. Und dennoch fällt es mir jetzt, im Sommer 2012, auf, dass das Jahr noch nicht mal zur Hälfte vorbei ist und wir trotzdem schon vier Selbstmord-Orte mit Schusswaffengebrauch in München gereinigt haben. Seit ich bei der Feuerwehr bin, seit nun auch schon immerhin fast 25 Jahren, sind mir noch nicht so viele untergekommen, und, wie gesagt, das sind nur die, die ich gereinigt habe. Alles Männer. Natürlich.

Das kann man tatsächlich so sagen, weil es kein Zufall ist. Männer erschießen sich deutlich öfter, im Fachjargon heißt das: Sie greifen zu den harten Suizidmethoden, zu denen auch das Erhängen gehört. Frauen nehmen lieber Medikamente oder – und so viel zur angemessenen Begrifflichkeit – sie springen aus dem Fenster, was offenbar als »weichere« Suizidmethode gilt. Ich weiß nicht, wer sich so was ausdenkt, wir haben erst kürzlich eine Dame vom Bürgersteig entfernt, die aus dem sechsten Stock eines Münchner Rundfunkgebäudes gesprungen ist, sie ist frontal aufgekommen, mit einem »Bauchplatscher«, wie man im Schwimmbad sagen würde, und schon im Schwimmbecken ist das alles andere als angenehm – in diesem Fall war das einzig Weiche daran das, was anschließend auf dem Bürgersteig übrig blieb. Was nicht selbstverständlich ist, denn wie im Schwimmbad gibt es auch hier zahlreiche Kandidaten, die – tja, wie soll man das nennen? – sozusagen vorsichtig springen, also mit den Füßen zuerst. Tödlich ist das natürlich genauso, aber das Ergebnis sieht anders aus, wenn es einem mit 70 Sachen die Beine in den Rumpf rammt, also ohne ins Detail gehen zu wollen: auf jeden Fall ganz anders als flach auf den Bordstein.

»Welche Variante würde ich wählen?«, geht mir in solchen Fällen immer durch den Kopf. »Und was verrät das über mich?« Letzten Endes wahrscheinlich nur meine Herkunft. Beim Selbstmord gibt es regionale Unterschiede: Im katholischen Bayern bringen sich mehr um als in Niedersachsen. Österreicherinnen hängen sich leichter auf als deutsche Frauen, Männer kapitulieren vor dem Leben generell öfter als Frauen. Und je älter man wird, desto höher ist die Wahrscheinlichkeit, dass man sich das Leben nimmt – was auch damit zusammenhängt, dass viele Menschen ähnlich wie der ewige Playboy Gunter Sachs Selbstmord begehen, sobald sie von ihrem Arzt erfahren, dass sie eine tödliche Krankheit haben, deren Verlauf sie sich mehr oder weniger schrecklich vorstellen. Auch Sachs hat, nebenbei, die Pistole gewählt.

Jetzt kann ich, angesichts meiner Fälle, natürlich keine aussagekräftige Statistik erstellen, aber es ist schon auffallend, wie unterschiedlich man dabei vorgehen kann, als Laie und als Schusswaffenfachmann. Verblüffend ist, dass sich die meisten, so wie ich es sehe, nicht in die Schläfe schießen, wie man klischeehaft meistens denkt. Das ist nicht immer so gewesen, ich habe eine knapp 20 Jahre alte Studie der Münchner Rechtsmedizin im Internet gefunden, da landete die Kugel noch bei knapp der Hälfte aller untersuchten Selbstmorde in der rechten Schläfe. Der moderne Selbstmörder hingegen schießt sich, wenn es nach den Fällen geht, die ich gesehen habe, mehrheitlich in den Mund. Das Ergebnis ist immer dasselbe, aber man kann schon mehr oder weniger umsichtig vorgehen. Und bei Laien relativ beliebt ist die Kombination mit Wasser.

Ich habe keine Ahnung, wer sich die Methode ausgedacht hat, sie ist auch kein großes Geheimnis mehr, seit es im Internet die absonderlichsten Seiten zu den absonderlichsten Themen gibt – wie ich überhaupt glaube, dass dank der zweifelhaften Hilfe des Internets Selbstmorde heute sachkundiger ausgeführt werden. Die Methode besteht darin, dass man den Mund voll Wasser nimmt und sich dann in den Mund schießt. Das scheint zunächst nicht besonders viel auszumachen, die Folge ist allerdings, dass man hinterher keinen Kopf mehr auf den Schultern hat.

Vorausgesetzt, man hat den Mund getroffen.

Der Trick dahinter ist schlichte Physik. In einem leeren Mund verdrängt die Kugel Luft und sonst nichts. In einem Mund voll Wasser verdrängt sie Wasser. Das änderte nicht viel, würde sich die Kugel so langsam durch den

Mund bewegen wie ein Dauerlutscher, aber wenn sie das mit einer Mündungsgeschwindigkeit von 400 bis 500 Metern pro Sekunde tut, was schon sehr deutlich jenseits der Schallgeschwindigkeit ist, dann verdrängt sie das Wasser im Mund mit einer derartigen Energie, dass das Wasser nicht ein bisschen vorne zwischen den Lippen rausspritzt, sondern gleichmäßig zu allen Seiten, als bestünde der Kopf aus nassem Zeitungspapier. Und ob da nun die Backen im Weg sind oder die Zähne oder der Kieferknochen oder der Gaumen und die Schädeldecke, das ist dem Wasser alles grad wurscht. Die Selbstmörder, die mir in diesem Jahr bisher untergekommen sind, haben diese Methode nicht gewählt. Das kann damit zusammenhängen, dass es alles Jäger oder Sportschützen waren.

Ich gebe zu, man unterhält sich mit den Hinterbliebenen über die Hintergründe einer Tat, aber nicht über die Technik, insofern ist es eine Vermutung: Ich glaube aber, dass die Waffenfachleute die Wasser-im-Mund-Methode seltener anwenden, weil sie sich zutrauen, auch mit herkömmlichen Mitteln die Stelle zu treffen, die für sie am wünschenswertesten ist. Vielleicht können sie sich aber auch eher vorstellen, wie bei der Wassermethode die Umgebung hinterher aussieht. Der Rentner vom Frühjahr hat es sehr genau gewusst.

Er war etwa 80 Jahre alt und einer von denen, die plötzlich von einer tödlichen Erkrankung erfahren hatten. Er war nach einem chronischen Husten beim Arzt gewesen, und der hatte bei ihm eine Krebsform festgestellt, entweder Lungenkrebs oder aber eine Unterart, die Metastasen in der Lunge bildet. Das wollte er sich und seiner Familie nicht zumuten. Also hat er an einem Freitagmorgen gewartet, bis seine Frau zum Einkaufen gegangen war, gewartet, bis seine Tochter, die auch im Haus lebte, im Garten war. Dann hat er ein dickes Handtuch genommen und ist in den ersten Stock gegangen, zu seinem Schreibtisch. Er hat seinen Abschiedsbrief auf den Tisch gelegt, dann hat er sich das Handtuch sorgsam um den Kopf gewickelt, seine alte Pistole in die Hand genommen und sich damit in den Mund geschossen. Und so sah das Zimmer dann auch aus: Es gab einige Blutspritzer am Heizkörper und einen kleineren Fleck auf dem Teppich, aber im Grunde war sonst kaum etwas zu reinigen. Und genau so hatte er sich das auch gedacht. Mit dem Mund voll Wasser hingegen hätte er sich den Aufwand mit dem Handtuch schenken können.

Ganz ähnlich ist es bei einem 82-jährigen früheren Jäger gewesen. Er lebte in Allach, er war alleinstehend, seine Frau war vor ihm gestorben, er hatte nur noch einen Sohn, und er fand eines Tages, er hätte jetzt lange genug gelebt. Der Mann ist allerdings noch gründlicher vorgegangen: Er hat nicht nur seinen Kopf mit einem Handtuch umwickelt, er hat auch vorher das ganze Bett gründlich mit Handtüchern abgedeckt, und so, wie er das gemacht hat, kann man fast davon ausgehen, dass er dabei auch noch darauf geachtet hat, dass es nicht die guten Handtücher waren. Er legte sich ins Bett und drückte ab. Und wenn das KIT dann vor Ort eintrifft und den Hinterbliebenen rät, dass sie sich vielleicht beim Reinigen helfen lassen sollten, dann ist in diesem Fall der Todesort derart leicht zu reinigen, dass unsereinem im ersten Moment fast rausrutschen könnte: »Ach, das bisschen, das können Sie doch ganz leicht selber machen.«

Das sagt man natürlich nicht.

Obwohl, in einem Fall hätte man es fast sagen können,

der Fall war wirklich einzigartig. Auch wegen des Toten, aber vor allem wegen der Reaktion der Angehörigen, in erster Linie der Ehefrau.

Der Mann war Anfang 70 gewesen und hatte seit Jahren unter Depressionen gelitten. Er war Jäger, wie seine Frau, er hatte seine Pistole genommen und sich den Lauf im Schlafzimmer in den Mund geschoben. Dann drückte er ab und fiel erst auf und dann neben das Bett. Und das Seltsame daran war: Anders als die allerallermeisten Selbstmörder hatte er nicht abgewartet, bis er allein war. Seine Frau hatte im Zimmer nebenan gesessen. Er hatte nur einen Zettel an die Tür gehängt mit der Aufschrift: »Bitte nicht reinkommen«. So wie es Kinder manchmal machen, wenn sie sich für ihre Eltern eine Überraschung ausdenken. Der Zettel hing noch an der Tür, als wir kamen.

Die Ehefrau war mit ihrem Sohn in der Wohnung, er blieb im Hintergrund, sie empfing uns nett, aber kühl, sachlich. Das ist schon bemerkenswert, weil die meisten Angehörigen völlig verstört sind, wenn wir kommen. Die wissen weder, was sie von uns erwarten können, noch wo wir anfangen sollen oder was ihnen am liebsten wäre, diese Menschen muss man normalerweise ein wenig an die Hand nehmen, im übertragenen Sinn. Bei dieser Dame war das anders: Es war, als wäre man der Klempner, der Dachdecker, der Malermeister, die Putzfrau, sie wusste genau, was sie wollte. Und sie gab bei uns ihre Bestellung auf. Das Schlafzimmer wieder herrichten, einen neuen Teppichboden, bitte in derselben oder doch wenigstens in einer ähnlichen Farbe, und die blutbeschmierte Matratze sollte raus. Und wenn wir uns noch um das Loch in der Decke kümmern könnten …?

Das Loch in der Decke war das Loch, das die Kugel hinterlassen hatte. Nicht weit daneben war noch ein kleineres Loch, in das sich ein Stück Schädeldecke gebohrt hatte. Wir entfernten die verformte Kugel und das kleine Kopfstück aus dem Putz, wir spachtelten die Decke mit Gips wieder zu und deckten die Stelle farblich unauffällig ab. Wir wischten die vielen kleinen Blutspritzer von der cremefarbenen Schlafzimmerschrankwand. Wir entfernten die Matratze, auf der er immer gelegen hatte, wir reinigten das Doppelbett. Wir entfernten den Teppichboden und sprühten das durchgesickerte Blut mit Desinfektionsmittel ein. Und während das Mittel einwirkte, holten wir einen neuen Teppichboden in einer sehr, sehr ähnlichen Farbe. Wir hätten auch eine Ersatzmatratze für seine Seite des Ehebetts besorgen können, aber das wollte die Witwe nicht.

Irgendwie wirkte sie – nicht gerade zufrieden, aber gefasst. Und uns beschlich der Verdacht, dass sie geahnt hatte, was er im Schlafzimmer vorhatte. Dass sie beide das vielleicht sogar mehr oder weniger abgesprochen hatten, stillschweigend. Depressionen können furchtbar sein, sie sind auch für die Angehörigen belastend, und sie wirkte eigentlich inzwischen beinahe beruhigt. So, als müsste sie sich keine Sorgen mehr machen, als sei er jetzt auf jeden Fall besser aufgehoben als vorher – nicht so, als sei sie jetzt eine Sorge los, sondern vor allem so, als habe er nun das gefunden, was er lange gesucht hatte, wahrscheinlich vor allem Ruhe. Wir packten unsere Geräte wieder ein wie ganz normale Handwerker, sie bezahlte uns, und wir gingen. Es war ein ganz merkwürdiges Gefühl. Obwohl man doch eigentlich beruhigter hätte sein können als sonst.

Alle Selbstmordfälle haben eines gemeinsam. Man denkt unwillkürlich darüber nach, was es wohl für ein Gefühl ist, wenn man sich selbst umbringt. Und man bekommt eine Ahnung davon, wie groß die Furcht vor dem gewesen sein muss, was den Menschen als Alternative bevorgestanden hatte, die Furcht vor dem Weiterleben. Bei Depressionen, bei Einsamkeit, bei Teenagerherzschmerz oder wirtschaftlichen Sorgen kann ich da keinen Tipp geben, aber in einem sehr häufigen Fall ist mir tatsächlich inzwischen etwas Hilfreiches untergekommen – im Fall des Selbstmords wegen einer unheilbaren Krankheit, die sehr oft schlichtweg »Krebs« heißt.

Ich möchte bei der Gelegenheit auf ein Buch hinweisen, das ich vor Kurzem in die Finger bekommen habe: Es heißt *Über das Sterben* und stammt von dem renommierten Palliativmediziner Gian Domenico Borasio, und »Palliativmedizin« bedeutet dabei schlicht, todkranke Menschen so zu behandeln, dass das Lebensende nicht zum Horrortrip wird, sondern zu einem mindestens erträglichen, wenn nicht sogar guten Abschied. Ich habe selten zuvor etwas Sachlicheres und in bestimmter Hinsicht auch Beruhigenderes zum Thema »Sterben« gelesen, und ich kann eigentlich jedem nur dazu raten, mal mindestens einen Blick in dieses Buch zu werfen, ganz besonders jenen, die aus Furcht vor einem qualvollen Tod mit Schmerzen und Angst ernstlich überlegen, sich im Fall der Fälle umzubringen. Professor Borasio, der sich in München einen Namen gemacht hat und inzwischen an der Universität Lausanne arbeitet, belegt deutlich, dass in der modernen Palliativmedizin sowohl Schmerzen als auch Angst oder Atemnot bis zum tatsächlichen Sterben hin beherrschbar sind, sodass bei qualifizierter Betreuung ein Ende ohne Leiden möglich ist. Und er verrät, was man tun muss, um eine solche Behandlung auch zu erhalten – denn die ist in Deutschland nach wie vor nicht selbstverständlich.

Vielleicht hilft das dem einen oder anderen Todkranken, sich unnötige Angst und seiner Familie unseren Einsatz zu ersparen.

10. PETRAS ERSTES MAL

Es stimmt: Meine Frau putzt inzwischen mit. Nicht immer, aber immer öfter. Anfangs wäre das noch unvorstellbar gewesen. Aber ehrlicherweise muss ich sagen, dass ich an dem Tag, an dem ich sie das erste Mal eingesetzt habe, überhaupt nicht drüber nachgedacht habe.

Eine Hausverwaltung hatte angerufen, sie hatten in einem Mietshaus eine lange liegende Leiche entdeckt. Und mit lange liegenden Leichen hat es eine besondere Bewandtnis: Solange niemand weiß, was im Haus derart riecht, können die Bewohner da irgendwie drüber wegsehen. Aber sobald man die Wohnung einmal geöffnet und den Geruch damit auch erstmals ein wenig verteilt hat (was man ja nicht vermeiden kann, wenn man Türen auf- und zumacht und dadurch alles schön durch die Gegend wirbelt), dann wird der Geruch sehr rasch für die Hausbewohner nicht mehr zumutbar. Dann muss es schnell gehen, gerade im Hochsommer. Aber im Hochsommer haben auch die Wespen Hochsaison, und die Leute, die wegen der Wespen anrufen, bei denen gerade der ganze Rollokasten summt und vibriert, die sagen am Telefon auch nicht zu Ihnen: »Ach, wissen Sie was? Das ist nicht so eilig, kommen Sie doch irgendwann in der nächsten Woche.« Die sind meistens richtig panisch und hätten den Schädlingsbekämpfer am liebsten sofort an Ort und Stelle, wenn nicht schon gestern. Wir hatten also alle Hände voll zu tun. Und dann hab' ich zu Petra gesagt: »Du kommst mit! Du musst mit!«

Ich glaube, ich habe sie nicht mal gefragt. Und ich habe mich auch nicht gewundert, dass sie mitgegangen ist, ich habe das einfach für selbstverständlich gehalten. Aber damit war ich wohl so ziemlich der Einzige. Denn jeder andere Mensch, der Petra auch nur 14 Tage kennt, hätte den Kopf geschüttelt. Eigentlich kann es keinen größeren Gegensatz geben zwischen Petras Vorstellung von einer schönen Wohnung und einem Leichenfundort.

Wenn es nach mir ginge, würde unser Haus ja anders aussehen. Im Prinzip so wie unser Einsatzfahrzeug: absolut funktional, blitzblank geputzt, kein Schnickschnack. Wo nichts sein muss, da würde ich nichts hinstellen. Petra hingegen richtet gerne ein. Viele Dekorationsgegenstände, und alles hat seinen Platz, nichts steht zufällig irgendwo irgendwie herum, alles soll so sein und korrespondiert mit irgendwas anderem. Und gerade deshalb fällt auf, dass Petra noch penibler ist als ich. Denn trotz der vielen Deko-Details sieht die Wohnung genauso blitzblank aus wie mein Einsatzwagen. Da findet man kein Stäubchen. Trotz zweier kleiner Hunde. Wenn man deren zwei Spielsachen aufhebt, sieht die Wohnung aus wie geleckt, wie aus der Meister-Proper-Werbung, da kann jemand kommen, wann immer er will. Und dabei hört's nicht auf.

Petra hatte damals noch ihr eigenes Sonnenstudio, und sie ist damals so aufgetreten wie heute auch, nämlich wie jemand, der sein Geld mit Kosmetik verdient: tipptopp, da wird nichts dem Zufall überlassen, keine Wimper bleibt ungerichtet. Akkurat. Gepflegt. Also so ungefähr das komplette Gegenteil von dem, was man in einer Leichenwohnung erwarten kann. Und trotzdem habe ich sie an diesem Tag einfach ungefragt mitgenommen. Es hat wahrscheinlich geholfen, dass ich den Job zu diesem Zeitpunkt seit ungefähr fünf Jahren machte.

Als ich sie das erste Mal gefragt habe, ob ich den Auftrag des KIT annehmen sollte, ob ich diesen Leichenputzdienst richtig anbieten sollte, hat sie mich noch sehr skeptisch angesehen und gesagt, das müsste ich selber wissen. Aber richtig begeistert hat sie damals nicht ausgesehen. Doch man gewöhnt sich an viel, und Petra sagt, sie hat sich in diesen fünf Jahren an eine Menge gewöhnt. Gewöhnt nicht in dem Sinne, dass man es toll findet, aber in dem Sinne, dass es einem normal vorkommt.

Ich habe den Leichengeruch nicht in dicken Schwaden mit mir herumgezogen. Aber gelegentlich bringe ich Dinge mit heim, sagen wir: einen Flachbildfernseher. Nicht, weil ich die Leichenfundorte ausplündere, sondern weil die Erben erklären, sie möchten ihn nicht. Er riecht nämlich so übel. Ich sage ihnen natürlich, dass der Leichengeruch in einem halben oder Dreivierteljahr weg ist. Aber sie möchten ihn trotzdem nicht. Wenn das ein brandneuer Fernseher ist, dann tut's mir einfach leid, den wegzuschmeißen, also frage ich, ob sie was dagegen haben, wenn ich ihn mitnehme. Haben sie meistens nicht. Und ich nehme dann den Fernseher und stelle ihn bei uns ein halbes Jahr in den Lagerraum mit den Reinigungsmitteln. Da riecht er ein bisschen vor sich hin, immer weniger. Aber so kam natürlich auch Petra hin und wieder mit dem Geruch in Berührung. Und weil das wirklich nur so eine ganz leichte eklige Note ist, wirft das auch den Laien nicht um. Und es kommt einem allmählich irgendwie normal vor.

Es gab noch einen zweiten Aspekt, der Petras Berührungsängste reduziert hat. Das waren die Geschichten, die man mit heimbringt, und zwar vor allem die Geschichten, in denen sich jemand gefreut hat, dass es eine Firma wie unsere gibt. Und das ist ja wirklich so: Sicher sind viele Menschen erleichtert, dass sie unseren Job nicht machen müssen, aber ganz besonders erleichtert sind eben diejenigen, auf die diese Arbeit sonst zugekommen wäre. Diese Erleichterung fand Petra immer gut. Ich bin ja mehr der Problemlöser und Bastler, aber sie fand dieses fürsorgliche Element immer besonders berührend und hilfreich. Und es kann gut sein, dass an dem Tag, an dem ich sie einfach mitgeschleift habe, auch durch ihren Kopf geblitzt ist, dass das sonst irgendwelche armen Leute das selber machen müssen. Vielleicht hab' ich auch irgendwas in dieser Richtung gesagt, mit meiner üblichen Neugier und dem Satz: »Komm, das wird spannend!«, hätte ich jedenfalls nichts erreicht. Was aber wichtig war: Jenny war mit dabei.

Inzwischen sind ja meine beiden Töchter immer mal wieder mitgefahren, und Jenny sowieso, praktisch routiniert, die ist fast schon ein ausgewachsenes Feuerwehrrettungssanitäterleichenfundkind, sensationell. Und die Einzige, die bis dahin noch nie mitgearbeitet hatte, war eben Petra gewesen. Der Mann putzt, die Tochter putzt, dann putzt die andere Tochter auch noch, klaglos, und wenn sie heimkommen, dann erzählen sie dauernd die Einsatzgeschichten, und Mama sitzt daneben und nickt. Als Außenseiterin sei sie sich nicht vorgekommen, sagt sie heute, aber irgendwie schon immer als das Weichei der Familie. Und letztlich ist es dann so eine Mischung aus allem gewesen: Sie wollte die Familie nicht im Stich lassen, sie wollte zeigen, dass sie das auch kann, sie wollte den Hinterbliebenen helfen, und so absurd wie vor zwei

Jahren war der Gedanke auch nicht mehr, und dann stieg sie eben ein.

Der Fall war auch nichts Besonderes. Es war eine lange liegende Leiche in einer ganz normalen Wohnung. Kein monatelang eingetrocknetes Blut, nur Leichenflüssigkeit. Wir standen vor der Wohnung, Hardy, Jenny, ich – und Petra als Neuling, in unseren Overalls, aber ohne Masken, und wir machten uns bereit, reinzugehen. Den ganz normalen ersten Schritt in die Wohnung, um festzustellen, ob wir ohne Masken arbeiten könnten, was ja immer angenehmer ist. Und in diesem Moment, das hat mir Petra später erzählt, hat sie sich etwas vorgenommen. Sie würde auf jeden Fall durch das Zimmer gehen, bis zum Fenster, und das Fenster aufmachen. Wenn's furchtbar war, könnte sie noch immer aufhören, aber das mit dem Fenster im Zimmer, das wollte sie unbedingt durchziehen. Sie hat sich sozusagen die Aufgabe in einzelne Abschnitte unterteilt. Und sie hat sich dazu das Zimmer ausgesucht, in dem die Leiche gelegen hatte.

Interessante Herangehensweise.

Sie hat es natürlich geschafft, das geht schon, so was kriegt man irgendwie hin. Aber als ich sie dann wiedergesehen habe, hat sie reichlich grün im Gesicht gewirkt. Der Anblick war wohl nicht schlimm, letztlich ist es, wenn man nicht gründlicher drüber nachdenkt, ein dunkler Fleck im Zimmer, in diesem Fall rund um einen Fernsehsessel, in dem der Tote gefunden worden war. Aber Petra hatte beschlossen, durch die Nase zu atmen.

Schon erstaunlich, wie Menschen gestrickt sind.

Durch den Mund zu atmen ist ja zunächst mal der einfachste Trick, um Gerüchen zu entgehen. Die Riechschleimhaut ist in der Nase, und wenn man die Luft nicht an ihr vorbeileitet, dann riecht man auch nichts oder doch deutlich weniger. Aber die Vorstellung, diese Luft durch den Mund einzuatmen, meinte Petra hinterher, sei ihr noch viel schlimmer vorgekommen. Also hätte sie beschlossen, flach durch die Nase zu atmen. Im Prinzip nicht vollkommen verkehrt, denn die Riechschleimhaut ist tatsächlich ganz oben in der Nase, und man kann versuchen, sozusagen ganz sachte unter ihr durchzuatmen, aber Luft verwirbelt sich eben immer ein bisschen, und wenn sie durch und durch mit Leichengeruch gesättigt ist, dann hilft flach atmen ungefähr so viel, als steckte man im Hochsommer den Kopf nur in eine kleinere Mülltonne. In jedem Fall, meinte Petra, sei es eine denkwürdige Erfahrung gewesen, wie es einem blitzartig den Magen umdrehen könne, ohne dass es einem vorher auch nur ansatzweise schlecht gewesen sei. Wie mit einem Fingerschnippen, das ganze Frühstück im körpereigenen Turbolift nach oben, aber die Blöße wollte sie sich natürlich auch nicht geben, also hat sie den Würgereiz tapfer unterdrückt und den Kopf japsend aus dem Fenster gehalten. Aber grün im Gesicht war sie trotzdem.

Es war dann natürlich klar, dass wir die Masken aufsetzten – das ist zwar schweißtreibend und stickig, aber die Geruchsbelastung sinkt auf ein Minimum. Und Petra hat dann auch tapfer geschaufelt und gesammelt. Ich glaube, sie hat sich sogar extra in den Leichenfundraum begeben, einfach, damit es hinterher nicht hieße, sie hätte nur an den harmlosen Stellen gewischt. Als ob wir da intern einen Wettbewerb laufen gehabt hätten, wer die furchtbarsten Dinge entfernt. Das war vielleicht anfangs ein Teil des Kitzels, das gebe ich gerne zu, aber mit der

Zeit spielt sich das ein, das ist wohl so ähnlich wie bei Umzugshelfern. Zuerst denkt man noch: »Her mit dem Klavier!«, und »Weicheier, den Schrank hier, den schlepp' ich allein, damit ihr mal seht, wie das geht!«. Aber irgendwann merkt man: Nach dem Umzug kommt der nächste Umzug, und hier geht es nicht um einen Sprint, sondern hier geht es um Kondition, ums Durchhalten, darum, dass man in vier Wochen auch noch arbeiten kann, genauso wie am ersten Tag. Dass man im Team arbeitet, einander hilft. Und dabei ist es viel wichtiger, dass man sich nicht drückt, als dass man immer die dicksten Brocken beseitigt. Das klingt vielleicht nicht danach, als wäre es ein großer Unterschied, aber es ist einer, wirklich.

Es war interessant, auch mal zuzusehen. Die kleinen Probleme zu beobachten, die einem schon gar nicht mehr auffallen. Der Tote war in seinem Fernsehsessel gestorben. Und die Leichenflüssigkeit war nach und nach unter ihm in den Sessel gesickert und in die Tagesdecke. Petra mühte sich, diese schwere, vollgesogene Decke in einen Müllsack zu bugsieren. Dabei kann man halb wahnsinnig werden, weil man trotz Schutzkleidung nicht richtig zupacken mag. Man versucht einen Zipfel Decke in den Sack zu bringen, und jedes Mal drückt die schwere, sperrige, steife Decke den leichten Müllsack durch ihr Gewicht zur Seite, man hantiert hilflos, man muss minutenlang mit dem widerlichen Ding kämpfen, das man doch allerhöchstens für Sekunden anfassen möchte – es sind wirklich oft die Details, die die Arbeit so schwer erträglich machen.

Plötzlich hörte Petra auf. Ich sah, wie ihr Blick zum Boden ging, die Augen hinter der Maske wurden fragend größer, sie bückte sich.

»Sag mal, Peter«, sagte sie tonlos, »das da – ist das ein Finger?«

Ich bückte mich auch, nahm das Teil hoch und betrachtete es. Es war ein Finger, also, ein Teil des Fingers.

»Ja«, sagte ich, »ist es.«

Und ab diesem Moment gab es eigentlich nichts mehr, was Petra noch großartig überraschen konnte. Sie kannte die Geschichten, sie stellte fest, dass sie stimmten. Es waren Hautreste und Haarbüschel oben an der Rückenlehne des Sessels, dort, wo die Leiche nach unten weggesackt war. Es gab Maden und Madenreste. Es war nicht so, dass ich viel erklären musste, Petra hatte ja alles schon gehört und jetzt, vor Ort, rasteten immer wieder Teile der Erzählungen ein, klick, in die Wirklichkeit. Sie hat versucht, es sich hinterher nicht anmerken zu lassen, aber sie war stolz auf sich, und das zu Recht. Und ab diesem Augenblick plante ich sie immer wieder fast schon ohne nachzudenken ein. Bis zu einem Fall mit einem besonders unappetitlichen Messie. Da haben wir dann ein Abkommen getroffen:

1. Petra fährt nur dann mit, wenn Not am Mann ist.
2. Petra übernimmt lieber Einsätze mit eher frischem Blut.
3. Keine Messie-Wohnungen mehr.

Weil für sie der Ekel in Messie-Wohnungen größer ist. Da kann sie richtig wütend werden, was auch daran liegt, dass sie den Messies mehr Schuld am Chaos gibt als den Toten. Ich weiß, sie weiß, wir alle wissen: Das ist nicht fair, weil die Toten nichts für ihren Tod können und die Messies meistens nichts fürs Chaos, weil sie eben krank sind, krank im Kopf. Und trotzdem ist Petra da oft stinksauer. Diese Messies sehen halt oft nicht krank aus. Und nach diesen Regeln schicke ich Petra dann los. Manchmal sogar allein, wie zu dem schwulen Selbstmörder.

Eine rührende Geschichte, über ein Pärchen, das in München in einer Wohnung zusammenlebte, ein älterer Mittfünfziger und ein jüngerer Mittdreißiger und ein riesiger Rottweiler, der Petra am meisten Sorgen bereitet hatte. Weil das nicht beruhigend ist, an einem Rottweiler vorbeizugehen, wenn man gerade nach dem Blut vom Herrchen riecht. Der Hund war aber brav.

Die beiden Herren waren schon lange zusammen, und sie hatten sich einen kleinen Brauch zugelegt. Wer zuerst nach Hause kam, der machte eine Flasche Sekt auf. Jeden Tag. Und als der ältere Herr eines Tages nach Hause kommt, denkt er sich auch nichts, als tatsächlich sein Sektglas schon eingeschenkt auf dem Tisch steht. Sonst ist niemand da, außer dem Hund. »Vielleicht ist ja der jüngere noch was einkaufen gegangen«, denkt er. »Oder er telefoniert grade in einem anderen Zimmer – nein, das würde man hören.« Also setzt er sich, trinkt einen Schluck Sekt und würde langsam anfangen, sich zu wundern, wo der andere bleibt, wenn der Hund nicht so unruhig wäre und ständig zur Badezimmertür rennen würde. Und da hat er ihn dann gefunden.

Das Waschbecken war blutverschmiert. Und in dem Blut war eine gut lesbare Namensliste. Sie war deshalb so gut lesbar, weil der jüngere Mann sie mit einem fetthaltigen Abdeckstift auf das Waschbecken geschrieben hatte. Dann hatte er sich vor dem Waschbecken auf einen Polsterstuhl gesetzt und die Schlagadern am Arm geöffnet. Das Blut verteilte sich auf dem Waschbecken, haftete aber nicht an dem Fettstift, weshalb jeden Buchstaben immer eine Art »blutfreier Aura« umgab. Die Liste erstreckte sich auf beiden Seiten des Waschbeckens. Und mit demselben Abdeckstift hatte er auf den Spiegel »Danke« geschrieben, und ganz groß den Namen des Älteren. Im Waschbecken selbst war Blut, der Polsterstuhl war komplett vollgesogen, weil er bewusstlos darauf zusammengesunken war. Dann war er nach hinten weggekippt, in die offene Dusche. Oben, neben ihm, auf der Abstellfläche eines kleinen antiken Schränkchens, stand die Sektflasche, noch mit dem Korken und dem Sicherungsdraht dazu daneben. Und das zweite Sektglas.

Es war sicher nicht die schlechteste Idee, Petra dorthin zu schicken.

11. ZIMMER MIT AUFWISCH

Wir haben bei unserer Arbeit viel mit Gerüchen zu tun. Allerdings sind sie nicht alle gleich unangenehm. Manche sind eklig, manche abstoßend, einer hingegen ist – ich weiß nicht recht – nur makaber, fast ein wenig gespenstisch. Denn diesen Geruch können wir nicht beseitigen. Und wer ihn kennt, weiß sofort, was passiert ist: Es ist der Geruch von Blut.

Wir waren gerade unterwegs zu einer Schabenbekämpfung bei der Polizei und blödelten ein bisschen, dass wir ja immer gewusst hätten, dass es bei der Polizei Wanzen gibt, aber Schaben … Ist natürlich Unfug, wo es eine Behörde gibt, gibt es eine Kantine, und wo eine Kantine ist, da können auch Schaben sein, und das heißt zu guter Letzt auch nicht, dass bei der Behörde alle gschlamperte Dreckbären sind, die noch nie einen Putzlappen gesehen haben, sondern es heißt einfach, dass da jemand rechtzeitig Bescheid gesagt hat und uns ruft, damit wir die paar Schaben beseitigen und damit keine Plage draus wird. Das ist kein Skandal, sondern so etwas kann jedem passieren, der ein Restaurant oder ein Lokal leitet, das gehört einfach zum Berufsrisiko, und in diesem Fall gleich doppelt: Denn der Schabenbefall kam nicht von irgendwelchen Hygienemängeln in der Kantine, sondern deshalb, weil im selben Gebäude auch die Beweis- und Spurensicherung untergebracht war. Und die Schaben waren nicht mit Lebensmitteln ins Haus gelangt, sondern, soweit ich das mitbekommen habe, mit gesicherten Beweismitteln für irgendwelche Fälle. Ist ja logisch: Wenn man Spuren sichern will, kann man die natürlich nicht polieren, bis kein Fingerabdruck mehr drauf zu sehen ist. Der Anruf, der uns auf dem Weg zum Polizeirevier erreichte, gehörte auch zu einem Berufsrisiko, aber zu einer anderen Sorte.

Der Manager eines Münchner Vier-Sterne-Hotels war am Apparat, und als Allererstes bat er uns um Diskretion (die hiermit auch gewahrt bleibt, weil es in der wunderbaren Hotel- und Urlaubsstadt München, der herrlichen Weltstadt mit Herz, einen Haufen Vier-Sterne-Hotels gibt und demnächst garantiert noch mehr, denn sobald man zu irgendeinem hübschen Anlass in einem dieser Vier-Sterne-Hotels ein Zimmer möchte, kann man getrost davon ausgehen, dass sie alle ausgebucht sind). Irgendwie war ihm das alles nicht so recht angenehm, obwohl ich fast angenommen hätte, dass in so einem großen Haus derlei Dinge häufiger vorkommen.

Die Rezeption hatte am frühen Vormittag einen Anruf bekommen, aus einem Krankenhaus. Von dort meldete sich ein Herr, der sich als jener Herr aus Zimmer 745 zu erkennen gab, der vorher, in den frühen Morgenstunden, ausgecheckt hätte. Und dann sagte er sehr zerknirscht, er rufe wegen des Zimmers an, also, das Hotelpersonal möge bitte nicht erschrecken, er habe da wohl eine ziemliche Sauerei hinterlassen, und dafür würde er sich gerne entschuldigen. Woraufhin sich das Hotelpersonal das Zimmer ansah. Es war sofort einsichtig: Eine Entschuldigung war tatsächlich angebracht, aber mit einer Entschuldigung war es hier längst nicht getan.

Münchner Hotelmanager sind einiges gewohnt. Vor allem zur Oktoberfestzeit finden sie morgens Zimmer vor, bei denen man sich wundert, dass der Gast noch drinbleiben wollte. Nach wie vor passiert es, dass Rockstars oder solche, die es noch werden wollen, Hotelzimmer zerlegen, und manchmal ist es außerdem auch ganz gut, wenn die Putzfrau rasch das Zimmer reinigt, bevor die Drogenfahndung hereinschneit. Dieses Zimmer hingegen sah aus wie nach einem Blutbad, bei dem die Leiche fehlte. Mit gutem Grund: Sie hatte ja gerade aus dem Krankenhaus angerufen.

Der nicht mehr ganz junge Mann hatte das Zimmer genommen, um sich umzubringen, und das nicht gerade fachmännisch. Was schon mit der Tatvorbereitung begonnen hatte: Nach dem Einchecken hatte er sich zuerst die Minibar vorgenommen und alles geschluckt, was Alkohol beinhaltete: Bier, Piccolos, diverse Schnäpse. An der Reihenfolge – erst Alkohol, dann Suizid – gibt es keine Zweifel: Die Minibar war nämlich so ziemlich die einzige Ecke im Raum, die nicht vollgeblutet war.

Anschließend ging er ins Badezimmer und öffnete sich die Blutgefäße an den Handgelenken. Die Venen.

Der Laie fragt da natürlich: Ausgerechnet die Venen, die Arterien aber nicht – woher will der Anders das wissen? Als Rettungsassistent tut man sich da sicherlich leichter, aber mit ein bisschen logischem Denken kann man selbst drauf kommen. Auch wenn man nicht weiß, dass die Arterien deutlich schlechter zu erreichen sind als die Venen, weil sie tiefer im Arm liegen. Die Frage ist: Was unterscheidet Venen und Arterien?

Venen transportieren verbrauchtes Blut zum Herzen zurück, daher auch der leicht violett-bläuliche Farbton. Arterien hingegen kommen vom Herzen, dem Muskel, der den Kreislauf in Schwung hält. Wenn man sich nun mit etwas Mühe die Arterien öffnet, dann muss man aufpassen, dass man kein Blut ins Auge kriegt, weil in den Arterien ordentlich Druck herrscht. Öffnet sich also jemand die Arterien, findet man das Blut überall: an der Decke, an den Wänden, an den Fenstern. Beim Öffnen der Venen dagegen tropft das Blut nur heraus, mit dieser eigenartigen Konsistenz, die dick- und dünnflüssig zugleich ist.

Ich verrate natürlich kein Geheimnis, wenn ich sage, dass es für das Gelingen eines Selbstmords völlig egal ist, ob man sich Arterien oder Venen öffnet. Es gibt, ich wiederhole mich da gerne, keinen Selbstmordtipp, der nicht schon tausendmal bei Hunderten von ziemlich kranken Adressen im Internet erschienen ist. Entscheidend ist bei Venen und Arterien nur, dass man sie weit genug öffnet. Einem ist jedoch nicht egal, ob Arterie oder Vene geöffnet wurde: dem Tatortreiniger. Denn die Vene macht normalerweise weniger Arbeit.

Ein rücksichtsvoller Selbstmörder könnte sich zum Beispiel in einen Sessel setzen und die Arme baumeln lassen, dann hätte man halt am Boden zwei Blutlachen. Besonders rücksichtsvolle Selbstmörder könnten sich auch zwei Eimerchen mitbringen und dort die Arme reinbaumeln lassen. Unser Kandidat gehörte allerdings nicht dazu.

Zunächst mal hatte er die Venen nicht besonders weit geöffnet. Das bedeutet, er hatte allerhand Zeit, zuzusehen, wie das Blut aus seinen Handgelenken rann. Es war Blut auf dem Waschtisch im Bad, am Badewannenrand, am Waschbecken, überall, aber nicht so viel wie am Boden des ganzen Zimmers und des Flurs. Woraus man schließen muss, dass der Herr dann aufgestanden und zum Bett gegangen sein muss.

So sah auch der kurze Flur aus: links Blutstropfen, rechts Blutstropfen, dazwischen der Holzboden. Und wir reden nicht von ein paar Tropfen hier, ein paar Tropfen da, als wäre man mit einer Haushaltskerze herummarschiert, wir reden hier vom Modell »Tropfkerze«. Der Mann war unablässig auf und ab gewandert, hatte die Hände links und rechts baumeln lassen, tropf, tropf, tropf.

Er muss ein wenig unentschieden gewesen sein, was er dann tun sollte. Er hatte vor dem Wasserkocher gestanden und überlegt, ob er sich einen Tee kochen sollte oder einen Kaffee. Vielleicht war ihm auch nach einem Würfelzucker. Jedenfalls muss er zum Wasserkocher gegriffen haben, es waren nämlich einige dicke fette Blutkleckse auf den Kaffeebechern. Dann hatte er die Hand wieder heruntergenommen, die beiden Kaffeebecher daneben blieben umgekehrt stehen, und er nahm seine Kleckspatrouille wieder auf. Tropftropftropf links, tropftropftropf rechts, immer munter auf das dunkle Parkett. Weg von dem Schreibtischchen, auf dem sich der Wasserkocher befand und auf dem noch die Hotelunterlagen und der Hotelnotizblock lagen, wieder den Flur entlang und wieder zurück. Nur eines blieb fast genauso sauber wie die Minibar: der Zinkpapierkorb direkt vor dem Schreibtisch. Wie er den unbekleckst lassen konnte, ist mir heute noch ein Rätsel.

Irgendwann ging er dann ins Bett. Natürlich, denn ab einem Verlust von zwei bis drei Litern Blut macht auch der Kreislauf nicht mehr mit, und man wird müde. Wenn er das allerdings gleich gemacht hätte, hätten wir weniger Arbeit gehabt. Man kann davon ausgehen, dass er sich bedauert hat, betrübt war und in Erwartung seines Todes einschlief. Aber man stirbt gar nicht so leicht, wie man glaubt.

Irgendwann in den frühen Morgenstunden wachte er auf und stellte erstaunt fest, dass es im Himmel offenbar aussah wie in einem blutigen Hotelzimmer. Dann dämmerte ihm allmählich, dass er wohl doch nicht tot war. Die Blutung schien nachgelassen zu haben, und um den Selbstmord jetzt fortzusetzen, hätte er noch mal mit der Säbelei anfangen müssen. Aber morgens sieht die Welt immer ein bisschen besser aus als nachts, und irgendwie musste er sich auch eingestehen, dass ihm eigentlich gar nicht mehr so recht nach Selbstmord war. So richtig gut fühlte er sich aber auch nicht, was daran lag, dass sich von seinen sieben Litern Blut etwa zweieinhalb auf dem Flur befanden, ein weiterer Liter im Bett und zwei oder drei Schnapsgläser voll an den dümmstmöglichen Stellen der Zimmerdecke und Wände. Ihm war mulmig, ihm war ein wenig schlecht, und er griff zum Telefon. Der Hörer war blutverschmiert, dazu die Tasten mit der »1« und der »2«. Bevor sich der Notruf meldete, legte er auf. So lebensbedrohlich, fand er, war die Sache ja eigentlich nicht, denn sonst wäre er schließlich schon tot. Er wickelte sich Handtücher um die Armbeuge, zog sich wieder an, ging zur Rezeption, checkte aus und ließ sich ein Taxi rufen. Und damit fuhr er dann ins Krankenhaus.

Es hätte einen auch nicht überrascht, wenn er stattdessen ins Büro gefahren wäre. Es war ja praktisch nichts Erwähnenswertes passiert, außer einer unplanmäßigen Blutspende an die Münchner Hotellerie, nicht wahr?

Wir nahmen den Auftrag natürlich an. Und machten uns nach einer gründlichen Desinfektion ans Putzen. Das tadellos geflieste Bad war noch das kleinste Problem. Obwohl man sich das nicht zu leicht vorstellen soll: Blut wischt man nicht auf wie Milch. Da ist man mit einer Fläche fertig und entdeckt einen Blutfleck, den man übersehen hat, wischt einmal drüber – und sofort hat man wieder einen roten Film quer über dem ganzen Waschbecken oder was immer man gerade reinigt. Im Grunde muss man immer mit zwei Eimern wischen, einer mit sauberer Lösung, einer nur für die verschmutzte Lösung, und bitte nicht verwechseln, sonst kann man wieder von vorne anfangen.

Auch der Parkettboden war nicht so schwierig. Hochklassige Hotels haben hochwertige Parkettböden, die sind gut eingelassen, aufwendig verarbeitet, und nach dieser doch eher kurzen Einwirkzeit kriegt man die ziemlich problemlos wieder hin, vor allem, wenn man doppelt mit dem Dampfreiniger drübergeht. Hotelböden machen so was auch mit. Die Matratze und die Wände hingegen sind die Punkte, auf die ich wirklich stolz bin. Denn der Hotelmanager hatte schon felsenfest damit gerechnet, dass er beides würde austauschen müssen.

Überall da, wo das Blut auf den Boden geplatscht war, war jedes Mal in Knöchelhöhe an der weißen Wand ein kleiner Sprühfilm entstanden. Den ganzen Flur entlang, links, rechts, tropftropftropf, sprühsprühsprüh. Aber zu seinem Glück hatte das Hotel eine extrem stabile Tapete verwendet, das war beinahe schon eine Art Textilbespannung. Und wir hatten Phosphorsäure im Gepäck.

Wenn man das Etikett liest, für welche Anwendungsbereiche Reiniger auf der Basis von Phosphorsäure vorgesehen sind, findet man Sanitärbereiche, Kalkablagerungen, eine Menge Zeug. Bettwäsche und Tapeten findet man da nicht. Und ich bin mir auch ziemlich sicher, dass man seine Betten nicht täglich damit behandeln sollte. Aber ein Mal, nach dem Besuch eines Möchtegern-Selbstmörders, geht das durchaus. Wir haben eine Lösung angesetzt, die betroffenen Bereiche damit getränkt, von Hand. Und dann haben wir die Lösung mit unserem Sauggerät wieder herausgesaugt. Zwei Durchgänge, das Bett sah aus wie neu, die Wandtapete ebenfalls. Das geht natürlich nicht bei normalen Wänden, leider, da wäre hinterher der Putz irreparabel hinüber, aber hier war eben auch etwas Glück mit im Spiel. Dem Hotelmanager sind jedenfalls fast die Augen aus dem Kopf gefallen, als er das Zimmer abgenommen hat. Und ich habe versucht, mir nicht anmerken zu lassen, wie stolz ich auf uns war. Nur eines ist ihm noch aufgefallen, und das war der Bereich, wo wir bislang noch immer an die Grenzen unserer Tricks gestoßen sind.

Er schnupperte in die Luft und sagte: »Also … merken Sie das auch …? Hier riecht's irgendwie … irgendwie so nach Eisen.«

Und er hatte recht. Es roch nach Blut.

Das liegt am Hämoglobin im Blut. Hämoglobin transportiert Sauerstoff mithilfe eines Eisenkomplexes. Sauerstoff ist allerdings auch die Basis vieler gängiger Reinigungsmittel. Der Grund dafür ist, dass Sauerstoffatome nichts lieber machen als sich an andere Atome zu heften. So was wie McDonald's für Kinder: Man kann einem Kind jedes Restaurant der Welt vorschlagen, aber sobald man »McDonald's« sagt, pfeift das Kind auf das Fünf-Sterne-Lokal, auf den Dönerspieß, auf den Italiener. Und so attraktiv wie McDonald's für Kinder ist Sauerstoff für andere Atome: Sauerstoff breitet die Arme aus, und sofort springt ein Teil der Molekülkette vom Leichengeruch in diese offenen Arme. Zurück bleibt ein kaputtes Geruchsmolekül, das nicht mehr stinkt – wie bereits geschrieben: als hätte man aus dem Wort »stinken« das »t« entfernt. Das klappt nicht nur bei Gerüchen, das funktioniert auch bei Flecken, bei Desinfektionsmitteln, weil Sauerstoff einfach alles kaputtmacht, indem es ein Atom aus jedem Molekül herauslockt. Blut ist allerdings ein besonderer Fall. Das Hämoglobin im Blut ist eine Art »Sauerstofftaxi«, und anders als viele anderen Moleküle lässt sich das Hämoglobin nicht vom Sauerstoff knacken: Es hat praktisch nur auf ihn gewartet und lässt ihn einsteigen. Und dann lässt es nicht mehr los.

Es gibt ein paar Verbindungen auf der Welt, die man einfach nicht aufbrechen kann. Sauerstoffverbindungen gehören dazu. Das O aus dem H_2O des Wassers rauszuholen – irrsinnig schwer, kostet furchtbar viel Energie. Warum ist das Kohlendioxid für die Umwelt so problematisch? Weil man das O aus dem CO_2 so schwer wieder rauskriegt. Und Eisenoxid – der gute alte Rost? Man kann den Prozess mit Rostumwandlern aufhalten, aber den Sauerstoff wieder von dem Eisen loszukriegen – irrsinnig aufwendig.

Jedes Mal, wenn wir also große Mengen von Blut aufwischen, desinfizieren, mit Reinigern behandeln, produzieren wir eine Menge kaum zu knackender Eisenoxid-Verbindungen, die sich auch mit Chlorbleichlauge nicht auflösen lassen. Wie auch: Die Chlorbleichlauge setzt höchstens noch mehr Sauerstoff frei. Da freut sich das Hämoglobin-Taxi entweder über neue Fahrgäste oder es zuckt mit den Schultern und sagt: »Ich bin leider schon besetzt«, aber es löst sich nicht in seine Bestandteile auf.

Das Tröstliche ist, dass dieser Geruch auch nicht unbedingt ekelhaft ist, nicht aufdringlich. Man bemerkt ihn eben einfach, es riecht eisenhaltig, nicht wie in einer

Schlosserwerkstatt, wo die Eisenspäne herumliegen, viel feiner, manche Mineralquellen in Heilbädern riechen auch so. Ein Geruch von Eisen in der Luft. Und er bleibt auch längst nicht so hartnäckig wie Leichengeruch. Er lagert sich nicht an, er verfliegt viel schneller.

Insofern kann ich damit leben. Jedenfalls so lange, bis mir auch dafür noch eine Lösung eingefallen ist.

12. STÜTZEN

Ich habe es nicht gleich gemerkt. Es hat überhaupt etwas gedauert, und anfangs war alles normal. Ich habe mich auf den Einsatz sogar gefreut. Doch, das ist so, auch wenn das vielleicht nicht jeder verstehen kann. Man muss sich klarmachen, dass ich diesen Beruf nicht ausüben könnte, wenn ich jedes Mal mit einem »Oje-oje-oje«-Gesicht zum Putzeinsatz fahren würde. Ich könnte nicht arbeiten, und die Betroffenen wollen natürlich, dass derjenige, der zu ihnen kommt, eine gewisse Zuversicht ausstrahlt. Wenn er dann da ist, wundern sie sich vielleicht, was das für ein seltsamer Kauz ist, der so was macht, aber sie finden es auf jeden Fall gut, dass da jemand nicht die Nerven verliert, und eines Tages, wenn sie mal ein bisschen Zeit zum Nachdenken haben, dann können sie sich wahrscheinlich sogar denken, dass er seine Arbeit nicht gerade langweilig findet.

Gerade bei einem Mord.

Bei Mord ist es ja auch so, dass ich mich manchmal lange auf einen Einsatz freuen kann. Das liegt daran, dass ich bei einem Mord relativ früh benachrichtigt werde. Das KIT ist vor Ort, es sagt den Angehörigen, dass sie sich in dieser Angelegenheit Hilfe holen können, ich werde angerufen und beauftragt, das geht alles sehr schnell – aber nach der Auftragserteilung dauert es ziemlich lange, bis wir tatsächlich kommen dürfen. Wir beseitigen schließlich Spuren, also müssen die Ermittlungen erst komplett abgeschlossen sein – das kann einige Wochen dauern. Bedeutet also: Während all dieser Wochen weiß ich, dass ich da bald diesen spannenden Einsatz haben werde. Und wenn der Mord recht prominent ist, dann habe ich auch in der Zeitung was darüber gelesen oder im Fernsehen gesehen, und das löst dann schon eine Art von Vorfreude aus. Damit man mich nicht für völlig krank hält: Es gibt so was öfter, das ist, sagen wir mal so, als ob man das erste Mal nach New York fliegen würde. Wenn man dann hinfliegt, ist man auch ganz kribbelig, weil man bald all die berühmten Orte und Ecken selbst sehen wird, über die man schon so viel gelesen und gehört hat. Das ist zwar nicht ganz dasselbe, aber ein bisschen ähnlich ist es schon.

Auch bei dem Mord in Ebenhausen haben wir vorher die TV-Bilder gesehen, das Haus von außen, in dem ein Mann seine Frau erstochen hatte. Der Fall war prominent, vor allem, wie ich annehme, weil der Mann Rechtsanwalt war. Das ist immer gut für die Medien, weil »Rechtsanwalt« immer so klingt, als ob da Wunder was für ein Staranwalt in einem Traumhaus gelebt hätte. »Alkoholiker erschlägt Freundin«, so was ist nur eine kleine Meldung, aber »Rechtsanwalt ersticht Frau«, das ist immer eine gute Schlagzeile. Es funktioniert übrigens genauso gut mit »Arzt« oder »Manager«.

Angerufen hat uns in diesem Fall die Mutter des Täters, fast direkt nach der Tat, aber letztlich hat es dann beinahe ein Vierteljahr gedauert, bis wir zur Reinigung kommen konnten.

Das Haus war keine Traumvilla, es war ein ganz normales Haus, ein Doppelhaus, und die Hälfte, in der der Anwalt und seine Familie gewohnt hatten, gehörte auch nicht ihm, sie war lediglich gemietet. Wir klingelten bei den Nachbarn. Eine Dame öffnete uns, nicht alt, aber älter. Sie nahm den Schlüssel, brachte uns nach nebenan zum Tatort und sagte, wir sollten ihr dann später auch die Rechnung schicken. Ich muss sie ein bisschen seltsam angesehen haben, logisch, weil die Rechnung normalerweise nicht einfach die Nachbarn bezahlen. Es dauerte einen kurzen Augenblick, bis sie meinen Blick bemerkt und verstanden hatte, und dann sagte sie eher nüchtern:

»Ich bin seine Mutter.«

Der Täter war ihr Sohn.

Das Ehepaar hatte vier Kinder. Die Nachbarn hatten die Kinder aufgenommen, damit sie einerseits nicht wegziehen, aber andererseits auch nicht unnötig das Tat-Haus betreten mussten. Seit einem Vierteljahr kümmerten sich diese Nachbarn inzwischen um die Kinder, was ich beeindruckend fand. Die sagten zwar, das sei selbstverständlich, aber das ist es nicht und kann es auch nicht sein. Zumal ja auch noch die Oma, die Mutter des Täters, aus Frankfurt dazugekommen war. So, erfuhr ich, sollte die Zukunft aussehen: Die Kinder sollten bald zu der Oma nach Frankfurt ziehen. Sie wurden durch eine psychologische Betreuung auf das Leben miteinander vorbereitet, denn plötzlich eine Großfamilie zu gründen, ist nie einfach, schon gar nicht unter solchen Bedingungen. Und dass die Nachbarn das alles in ihrem Haus mit begleiteten, das geht, finde ich, deutlich über das hinaus, was man normalerweise als »selbstverständlich« bezeichnet.

Von den Eheproblemen habe sie gewusst, sagte die Mutter des Täters, ihr Sohn hatte sie auch noch kurz vor der Tat angerufen. Aber natürlich war sie nie davon ausgegangen, dass ein Mord in der Luft lag. Er war kein Gewalttäter, er war vorher nie aufgefallen, ein ganz normaler Mann mit einer ganz normalen Ehe in einem ganz normalen Haus, vier Kinder, im Zeitraum von acht Jahren das musste offenkundig ein Mann gewesen sein, mit dem es die 35 Jahre alte Frau lange Zeit mindestens gut hatte aushalten können. Wahrscheinlich war sie sogar mit ihm glücklich gewesen – früher. Und was immer sie ihm an jenem Abend sagen wollte, sie ging nicht davon aus, dass er deswegen ausrasten würde. Das sah man an der Unmenge von Fliegen.

Sie kamen aus dem Wohnzimmer, und es waren nicht die üblichen Schmeißfliegen, die wir sonst von Leichenfundorten kennen. Es waren diese kleinen Fruchtfliegen, und sie kamen daher, dass der Esstisch im Wohnzimmer noch immer fürs Abendbrot gedeckt war. Die Teller auf einem Stapel, Butter, Wurst, Gemüse, Obst, Käse, gedeckt für drei Personen, weil drei der Kinder an jenem frühen Abend außer Haus waren. Der Tisch war das Erste, was mir als merkwürdig auffiel.

Das war keine dieser verwahrlosten Messie-Wohnungen. Das war auch kein verbluteter Alkoholiker mit irgendwelchen völlig heruntergekommenen Möbeln. Das war eine ganz normale Familie, die zu Abend aß, genau so, wie ich selber zu Hause mit meiner Familie zu Abend esse.

Was immer sie ihm gesagt hatte, sie hatte es ihm nebenan in der Küche gesagt. Vermutlich beim Tischdecken. Die Küche hatte zwei Schrankzeilen an den Längsseiten, an der Schmalseite dazwischen war das Fenster. Da stand sie, vielleicht wollte sie noch etwas aus dem Kühlschrank holen. Er hatte wohl weiter vorne gestanden, an der anderen Schmalseite, ziemlich genau zwischen der Tür, die zum Flur führte, und der Tür, die zum Wohnzimmer ging. Und dem Messerblock.

Ab dem Moment, an dem er das Messer aus dem Block riss, hatte sie keine Chance mehr. Er stand perfekt zwischen ihr und allen Türen, er hätte sich das Ganze auch mit einem halben Jahr Planungszeit nicht besser ausdenken können. Aber ich glaube nicht, dass er es geplant hatte. Sie hatte vermutlich gesagt, dass es aus war oder endgültig aus war, und dann war er wohl ausgerastet.

Er hatte ihr das Messer in die Brust gerammt, aber keine Schlagader erwischt, das Blut war größtenteils auf dem Boden gelandet, und nicht mal viel davon – sie war wohl innerlich verblutet. Die Blutspritzer, die überall waren, stammten vom schwungvollen Herausreißen der Klinge, bevor er das nächste Mal zugestochen hatte. Neben den Blutspritzern hafteten immer wieder die zollstockartig schwarz-weiß gefärbten Polizeiaufkleber, mit denen die Spurensicherung auf den Fotos die Größenverhältnisse deutlich macht.

Irgendwann kurz darauf muss er wieder zur Besinnung gekommen sein. Er selbst rief die Polizei, forderte einen Einsatzwagen an, weil er seine Frau umgebracht hatte. Da lebte sie noch, nur schwach, aber immerhin. Einer der Polizisten versuchte sogar, sie zu reanimieren, aber erfolglos. Und trotzdem war insgesamt eher wenig Blut zu sehen.

Nicht, dass das wenig Arbeit machen würde. Man stellt immer wieder fest, dass Blut sich einfach gut verteilt. In Küchen zum Beispiel beobachte ich häufig, dass es unweigerlich seinen Weg in die Schubladen findet. Das glaubt man nicht, wenn man's nicht selbst gesehen hat, die Schubladen sind zur Tatzeit normalerweise immer zu, und der Täter füllt da auch nicht gezielt Blut ein, aber es ist einfach so. Es läuft an der Front einer Schublade oder eines Schranks nach unten, bis zur Ritze, und dann immer in die Schublade rein. Ich weiß nicht, ob's Zufall ist oder ob in Einbauküchen die Schubladen immer eine leichte Neigung nach hinten haben, damit sie sich leichter wieder schließen – ich stelle nur fest, dass Blutstropfen und -spritzer so gut wie nie nach außen rinnen. Und noch sicherer finden sie den Weg auf die Sockelleiste.

Das glaubt einem auch keiner, weil die ja meistens rückversetzt ist, da ragen zehn Zentimeter Herd drüber, oder zehn Zentimeter Schrank, aber Blut tropft und spritzt hervorragend, und wenn es vom Schrank auf den Boden tropft, pffffff, nebelt der Aufprall sofort die Sockelleiste dahinter ein. Daher haben wir also die komplette Küche desinfiziert und dann blankgeputzt, mit Eiweißlöser. Wir haben auch die Blumen gegossen, und wir haben das Ess- und Wohnzimmer auf Vordermann gebracht, den Tisch abgedeckt, das Geschirr abgespült. Und dabei habe ich das Bild gesehen.

Das Bild hing im Wohnzimmer, ein Foto, über dem Esstisch, richtig groß gezogen, einen Meter breit vielleicht und 60, 70 Zentimeter hoch. Ein Familienfoto, von einem Profifotografen. Und das Erschreckende war die besondere Art des Fotos.

Denn Familienfotos gibt's ja viele. Und sehr häufig sind die richtig albtraumhaft, gerade die aus dem Fotostudio. Da sitzen sie alle verkrampft beieinander oder superlässig, und es wird auch noch ein Zentner Weichzeichner drübergelegt, dass es richtig grauenvoll aussieht, so zuckersüß, dass man direkt einen Magenbitter haben möchte. Aber das war bei diesem Foto nicht so.

Der Fotograf hatte die Familie einfach in normale Jeans gesteckt, sie trugen jeder ein schlichtes weißes T-Shirt. Und er hatte sich natürlich eine Pose für die Familie ausgedacht, dazu ist er ja Fotograf, aber es war keine zu gekünstelte Pose, es war eine ganz einfache Aufgabe, um die sechs ein bisschen von der Situation des Bildaufnehmens abzulenken: Die Idee war, dass die drei ältesten Kinder sich hintereinander stellen, dass sie sich gegenseitig stützen, und zwar so, dass sie anschließend ihren Papa stützen konnten. Der so gestützte Papa konnte wiederum seine Frau stützen, und die hielt das jüngste der Kinder im Arm. Das war kein weltbewegendes Gleichnis, aber die Aussage war auch nicht so entscheidend: Denn man konnte auf dem Foto vor allem sehen, dass die Familie dabei einen Heidenspaß gehabt hatte. Da zwang sich niemand zu einem Grinsen, die lachten alle. Und der Vater darauf sah nett aus, sympathisch, das war niemand, von dem man annähme, dass er höchstens zwei Jahre später seiner Frau ein Messer in die Brust rammen würde.

Wieder und wieder und wieder.

Und das war das Erschütternde. Diese unvorstellbare, einfach nicht mehr nachvollziehbare Gewalt. Das war nicht irgendein Fundamentalist vom Dorf, dem die Frau wegläuft, und der daraufhin glaubt, er müsse sofort eine Art »Ehrenmord« durchführen. Das war kein Einbrecher, das war ein ganz normaler Mann, 42 Jahre alt, wenn man ihn auf dem Foto sah, hätte man sich gut vorstellen können, wie man ihn bei einem Bier tröstet, weil seine Ehe gerade scheitert, und wie man ihm sagt: »Komm, das ist nicht das Ende der Welt. Du hast doch noch die Kinder, die mögen dich auch dann noch, wenn ihr getrennt seid. Und du findest garantiert bald jemanden für einen Neuanfang.« Der Mann sah aus wie jemand, der kein Problem damit haben konnte, wie jemand, den Frauen einfach gern haben.

Mir ist dieses Bild tagelang nicht aus dem Kopf gegangen. Da habe ich das erste Mal gespürt, dass sich irgendetwas in meinem Leben als Leichenfundortreiniger ändert. Ich konnte es noch nicht genau erfassen. Worum es sich handelte, habe ich es erst zwei Wochen später gemerkt.

13. AUFGEWEICHT

Man lernt einfach nie aus. Man lernt allerdings auch eine Menge Dinge, die man überhaupt nicht lernen möchte, weil sie für das normale tägliche Leben völlig unnütz sind. Und natürlich könnte man mit manchem von dem, was man als Leichenfundortreiniger lernt, sehr interessante 250 000-Euro-Fragen für Günther Jauch ersinnen, aber realistisch gesehen wird Herr Jauch selbstverständlich nie diese Frage stellen:

Welches der folgenden Putzmittel ist eine beliebte Modedroge?

a) Kernseife
b) Felgenreiniger
c) Glasreiniger
d) Waschbenzin

Ich sag's gleich: Mit dem 50/50-Joker wird man hier nicht weit kommen, der Telefonjoker nützt nur, wenn man unter seinen Experten einen Junkie hat. Und beim Publikumsjoker – also da wäre ich wirklich neugierig, ob die Mehrheit weiß, dass es sich um b handelt, den Felgenreiniger. Mir jedenfalls war's neu, und gelernt habe ich es durch eine furchtbar heruntergekommene Wohnung.

Eine 31-jährige Frau rief uns an. Sie stand hörbar unter Schock und wollte wissen, ob wir ihre Wohnung reinigen könnten. Ihr Lebensgefährte hätte einen Unfall gehabt. Ich fragte nach, worum es sich denn bei dem Schmutz in der Wohnung handeln würde. Nicht, dass ich's uns nicht zugetraut hätte, aber man möchte ja wissen, was auf einen zukommt. »Blut«, sagte sie, »im Wesentlichen.« Ich sagte ihr, dass wir so was schon könnten, und dann fuhr ich los, um mir die Wohnung zu betrachten. Als ich vor Ort war, wurde mir einiges klarer. Das musste die Wohnung sein, in die ich am Tag zuvor erst selber den Notarzt dirigiert hatte.

Ich hatte gerade in der Rettungsleitstelle gesessen, als ihr Anruf hereinkam. Von daher wusste ich, dass die junge Frau drei Tage weg gewesen war, bei ihren Eltern, übers Wochenende. Sie hatte festgestellt, dass ihr Lebensgefährte, ein etwa gleichaltriger Computerspiele-Händler, nicht mehr ans Telefon ging. Normalerweise holt man deswegen nicht gleich die Feuerwehr, aber sie ahnte größeres Unheil, denn sie wusste inzwischen, dass er drogenabhängig war.

Sie hatte es erst nach zwei Jahren gemerkt. Ihr war anfangs nur aufgefallen, dass er immer ganz merkwürdige Unfälle hatte. Er hatte sich ständig den Kopf angeschlagen oder sich blaue Flecken geholt, weil er andauernd irgendwo dagegenrannte oder ungeschickt auftrat. Er wollte zum Beispiel die Wohnung verlassen und hatte sich beim ersten Schritt vor die Tür das Bein gebrochen. Wie er das technisch hinbekommen hatte, hatte sie einfach nicht begriffen, also war sie davon ausgegangen, er sei eben ein ganz besonderer Tollpatsch. Seltsam war ihr nur vorgekommen, dass er sie, als er im Krankenhaus lag, bat, ob sie ihm nicht von zu Hause seine Tropfen mitbringen könnte.

Welche Tropfen?

Von zu Hause? In ein Krankenhaus, das ohnehin bis unters Dach voller Medikamente ist?

Sie hatte dann tatsächlich die Tropfen mitgebracht, aber nicht ihm, sondern seinem Arzt. Der sah sich den Fläschcheninhalt an, untersuchte ihn und stellte fest: Gamma-Butyrolacton. Eine Modedroge, die man gemeinhin als »Liquid Ecstasy« kennt. Und wie sie ihren Arzt fassungslos fragt, was das für ein Zeug sei, wo man das herbekomme, ob man dazu in irgendwelche Dealergeschäfte verwickelt sein müsse oder sich irgendwelche chemischen Labors einrichtet, hat er ihr verraten, dass man dieses Zeug in jedem Super- oder Baumarkt bekommt, und zwar als Felgenreiniger. Man muss das Mittel auch nicht irgendwie aufkochen, zubereiten, veredeln – Felgenreiniger bestehen offenbar fast ausschließlich daraus, weil dieses Gamma-Butyrolacton ein ausgezeichnetes und kaum zu ersetzendes Lösungsmittel ist, weshalb es auch nicht verboten wird. Es ist in Nagellackentferner, es dient als Weichmacher, und in der Zusammensetzung des Felgenreinigers scheinen einige Leute es jedenfalls als ideal für Drogenräusche zu halten – obwohl für mich gerade diese Leute eigentlich keinen Weichmacher mehr brauchen.

Jedenfalls nicht für ihre Birne.

Mit dieser Enthüllung war die Variante mit dem tollpatschigen Pechvogel natürlich vom Tisch. Denn »Liquid Ecstasy« hat eine Menge Wirkungen, und eine davon ist die eines Muskelrelaxans, eines Muskelentspanners. Man tritt auf, und da, wo man sein Bein vermutet, ist plötzlich nichts mehr, das Bein sackt unter einem weg wie nichts, und den Sturz abfangen kann man dann auch nicht mehr, weil ja die Muskeln nicht mehr arbeiten, sondern nur noch supermatschig sind. Wenigstens, wenn man zu viel von dem Zeug nimmt, und das tut man, wenn man abhängig geworden ist, weil die Anfangsdosis längst nicht mehr reicht.

Er hatte ihr natürlich versprochen, damit aufzuhören – das war inzwischen auch wieder ein Jahr her. Aber meiner Beobachtung nach ist es mit Abhängigen stets so, dass sie – wenn sie nicht mit einer unglaublichen Disziplin dran arbeiten – immer wieder rückfällig werden. Und das wird nicht weniger wahrscheinlich, wenn's ihre Droge an jeder Tankstelle gibt. In diesem Fall war die junge Frau eben drei Tage nicht zu Hause gewesen, und er hatte sich gedacht: »Ach, machen wir's uns gemütlich, mit allem, was so dazugehört, ein gutes Essen, etwas Wein, etwas Felgenreiniger.« Und dabei hat er wahrscheinlich etwas zu viel davon erwischt. Jedenfalls stand er auf oder er wollte aufstehen, und in die Senkrechte muss er noch gekommen sein, aber dann gaben seine Beine unter ihm nach, aber komplett, denn nur mit der Sturzhöhe von etwa 1,80 Metern ist zu erklären, dass er mit seinem Kopf den stabilen gläsernen Couchtisch durchschlagen hat. Die Glasplatte zersplitterte an der Ecke in mehrere Teile, und eine der dabei entstehenden scharfen Kanten schälte ihm dabei großflächig die Kopfhaut vom Schädel.

Ab hier wird die Reihenfolge schwerer nachzuvollziehen. Man kann davon ausgehen, dass er zunächst benommen, wenn nicht sogar bewusstlos war und dann wieder zu sich kam, blutüberströmt und völlig desorientiert. Denn anstelle einen Arzt zu rufen, rappelte er sich auf und versuchte, ins Badezimmer zu kommen. Das konnte man an den blutigen Handspuren an der Wand sehen. Dabei hatte er auf der Suche nach Halt praktisch sämtliche Kommoden und Regalflächen zwischen Hüft- und Schulterhöhe abgeräumt, weshalb die Wohnung auch aussah wie nach einer Hausdurchsuchung durch Vampir-Polizisten. Im Flur riss er ein Bild von der Wand, es fiel zu Boden, der Glasrahmen zersplitterte. Ins Bad hat er es dann immerhin geschafft, dort betrachtete er offenbar seine noch immer stark blutende Verletzung, vielleicht hat er sich nicht mal erkannt, von Selbstversorgung war in jedem Fall keine Spur zu sehen. Er wird wohl ächzend ein wenig vom Waschbecken zur Badewanne gewankt sein, schnaufend, ratlos, schockiert, einmal hat er nach dem Duschvorhang gegriffen, und wie in dieser berühmten Szene in *Psycho* ist der Vorhang dann abgerissen, tk, tk, tk, eine Öse nach der anderen, wir haben den Vorhang schließlich auf dem Boden gefunden, neben zahlreichen blutigen Handabdrücken, die bezeugten, wie er sich bemüht hatte, wieder hochzukommen. Tatsächlich hat der Mittdreißiger im Badezimmer vor allem jede Menge Blut verloren und verteilt, aber es sah nicht so aus, als ob er versucht oder es gar geschafft hätte, sich irgendwie notdürftig zu verarzten. Letzten Endes kam er dann zu dem nicht ganz unvernünftigen Schluss, dass er sich wohl besser wieder hinlegen sollte. Blutverlust ist anstrengend. Blutverlust macht müde und unkonzentriert.

Also wankte er zurück ins Wohnzimmer, bemusterte auf dem Rückweg erneut die Wände mit blutigen Handabdrücken und brach dann wieder zusammen. Und ab da war er praktisch nicht mehr hochgekommen, was auch daran gelegen haben dürfte, dass er sich bei diesem zweiten Sturz in den Scherben am Boden das Knie zerlegt hatte. Als man ihn fand, war das komplette Kniegelenk noch immer so freigeschält, als hätte man es soeben für eine Operation vorbereitet. Zwei Tage lang kann er nur noch auf dem Sofa gelegen haben und zum Schluss nur auf dem Boden, was man wiederum daran merkte, dass die Flecken auf dem Sofa und auf dem Boden nicht mehr nur aus Blut bestanden, sondern mit jeder Menge Exkremente vermischt waren, schließlich hatte er mit der schweren Verletzung und der tiefen Bewusstlosigkeit auch die Kontrolle über die Körperfunktionen verloren. Letzten Endes war diese unappetitliche Mischung, die genau so roch, wie es sich liest, auch die Hauptursache für den Anruf der jungen Frau.

Zum Telefon war ihr Lebensgefährte dann nicht mehr gekommen, vielleicht war ihm diese Lösung auch nicht eingefallen, im Delirium passieren die merkwürdigsten Dinge. Es ist möglich, dass er dann um Hilfe gerufen hat, gehört hat ihn jedenfalls niemand, nur eine Nachbarin erinnerte sich an ein dumpfes, ständiges Klopfen in der Nacht von Samstag auf Sonntag, das im Nachhinein wohl hätten Signale von der Art sein sollen, mit denen auch Verschüttete auf sich aufmerksam zu machen versuchen. Aber in einem Mietshaus mit Dutzenden von Parteien ist Aufmerksamkeit natürlich schwerer zu bekommen als in einem frisch eingestürzten Stollen. Die Nachbarin hatte angenommen, dass da wohl jemand seine Wohnung renovierte oder irgendetwas bastelte. Und oft klingt vom Empfangspunkt einer Nachbarwohnung aus ein regelmäßiges Klopfsignal auch einfach nur nach Technomusik. Vielleicht hätte er SOS klopfen sollen, dreimal kurz, dreimal lang, dreimal kurz, aber wer weiß schon, ob eine Nachbarin Morsezeichen versteht? Und ob einem dieses Signal überhaupt noch einfällt, wenn einem dauernd die eigene blutige Kopfhaut vor den Augen hängt.

Das Verblüffende daran ist, dass der Mann das Ganze überlebt hat – wenn auch nicht wirklich gut. Sein Knie konnten sie im Klinikum reparieren, aber das mit dem Kopf nicht wirklich. Als ich zuletzt von ihm gehört habe, lag er im Koma, und die Ärzte waren nicht allzu optimistisch.

Zuerst haben Hardy und ich die Wohnung großzügig mit Perform desinfiziert, einem Mittel auf Sauerstoffbasis, das weniger in den Augen brennt als andere Mittel. Abgesehen davon hat es den Vorteil, dass es auf der offiziellen Liste des Robert Koch-Instituts für behördlich angeordnete Desinfektionen steht, für die darf man nämlich nicht jedes beliebige Mittel verwenden. Dann wischten wir zwei Stunden lang das Badezimmer aus. Wir zerlegten und verpackten die völlig unbrauchbar gewordene Couch sowie die Kleidung des Junkies, die der Notarzt ihm ja ausgezogen hatte. Dann machten wir uns an die Blut- und Kotspuren am Boden.

Es ist erstaunlich, was für einen Unterschied es immer noch ausmachen kann, ob Fäkalien leicht angetrocknet sind oder neu mit Feuchtigkeit angelöst. Schon vorher war die Wohnung olfaktorisch keine Blumenwiese gewesen, aber jetzt trieb es uns fast die Tränen in die Augen. Das Unangenehme war, dass der Geruch in den Hausflur zog. Ich habe sofort eine Dose Gute-Laune-Spray im Gang verteilt, einen massiven Geruchsüberdecker, und wir haben schleunigst die Kotbaustelle abgearbeitet, wir haben den Boden zweifach gereinigt, um uns möglichst rasch dem eigentlichen Problem zu widmen: dem Blut an der Wand.

Rein technisch kann man natürlich jede Wand retten, indem man einfach den kompletten Putz entfernt, die Wand neu verputzt und streicht. Aber so was ist teuer, und man möchte das vermeiden, wenn es geht. Es ist keine Kunst, ein Zimmer für einen fünfstelligen Betrag herzurichten, aber letztlich halte ich es auch für meine Aufgabe, dass jemand wie die junge Frau nicht drei oder vier Monatslöhne für etwas bezahlen muss, für das sie nun wirklich nichts kann. Andererseits sollten natürlich die Blutflecken weg.

Wir haben das Problem nun in zwei Teile zerlegt: Erstens geht es um das Blut als möglichen Infektionsherd. Und zweitens geht es um das Blut als sichtbaren Fleck.

Die Desinfektion ist nicht so kompliziert. Man nimmt zum Beispiel Perform und wäscht damit die Wände ab. Damit ist das Blut neutralisiert, potenzielle Keime sind tot. Aber weg ist es damit nicht, und sichtbar ist es auch noch. Fleckförmig, allerdings jetzt bräunlich, wegen des Rosts. Das Hämoglobin färbt ja nicht nur das Blut rot, es transportiert auch den Sauerstoff im Körper und zwar, indem es ihn an einen Eisenkomplex bindet, zu einem Muskel transportiert und wieder abgibt. Hat man nun Hämoglobin in der Wand, und es kommt Luft oder ein sauerstoffhaltiges Mittel hinzu, bindet sich der Sauerstoff an den Eisenkomplex und bleibt da. Das Eisen oxidiert, was nichts anderes bedeutet, als dass es rostet. Darum ist altes Blut rostbraun, und deshalb haben wir noch immer unseren Fleck in der Wand. Also decken wir diesen Fleck mit einer speziellen Farbe ab, die Blut in der Wand isoliert. Und jetzt kommt das eigentliche Geheimnis, denn weiß drübermalen kann ja jeder.

Aber jeder, der schon mal vor dem Auszug eine Wohnung renoviert oder versucht hat, nur die schlimmsten Flecken zu übermalen, der weiß auch, dass man das Ursprungsweiß nie wieder hinkriegt. Man hat vielleicht den Fleck übermalt, aber dann hat man eben eine weiße Wand mit einem Fleck in einem deutlich anderen Weiß. Also hab' ich mir von einem Maler erklären lassen, wie der das macht: Er nimmt eine gute weiße Farbe und verdünnt sie, bis sie ziemlich transparent ist. Und mit diesem Film geht er dann wieder und wieder drüber, und je weiter er sich von dem Fleck entfernt, desto weniger oft.

Er schleicht sozusagen die Farbe aus und – tadaa! – Wunder über Wunder: Niemand sieht mehr, wo der Fleck war.

Bei einer total vergilbten Raucherwohnung funktioniert das natürlich nicht mehr, da decke ich die Flächen dann ab und male halt einen ganzen Wandabschnitt weiß, das ist effizienter. Aber sonst geht das prima. Und darauf bin ich auch ein bisschen stolz, dass wir diese Lösung haben, denn ganz ehrlich: Die meisten Konkurrenzunternehmen sagen hier entweder: »Das war's!«, oder sie schicken einen Subunternehmer-Trupp mit Malern, Stuckateuren oder sonst was. So verrückt, dass er sich die Malertricks abschaut, bloß, weil er vor einem Blutfleck nicht klein beigeben mag, so verrückt ist vermutlich bloß der Anders.

Abschließend haben wir noch mal eine Geruchsbekämpfung durchgeführt, diesmal mit einem biologischen Mittel, das wir einsetzen, sobald es keinen Leichengeruch gibt: Bio-Fresh-Nature. Man muss relativ viel Material aufwenden, aber es hilft und ist schonend fürs Zimmer.

Was mich nachdenklich stimmt, ist, dass es für mich keinen Unterschied ausmachte, dass ich hier die Wohnung von jemandem reinigte, der überlebt hatte. Man hätte ja sagen können, dass es sich leichter wischt, wenn man nicht den traurigen dunklen Schatten des Todes über allem schweben hat oder so. Wenn den Angehörigen noch die Möglichkeit auf ein Happy End bleibt. Letztlich war die Partnerin des jungen Mannes natürlich geschockt, auch ziemlich irritiert und beunruhigt, aber sie hat nun mal nicht getrauert, weil ja auch niemand gestorben war. Und ich habe da beim besten Willen für mich keinen Unterschied entdecken können.

Oder keinen Unterschied mehr – ich weiß nicht, ob das früher anders war.

14. SELBST IST DER MORD

Ich glaube, jeder Mensch hat schon mal über Selbstmord nachgedacht. Nicht ernsthaft, aber spielerisch. Also banal gesagt: Angenommen, ich wollte mich umbringen, wie würde ich es machen – so was in dieser Art. Und wenn man schon grübelt, dann malen sich das die meisten Menschen auch aus, als hausgemachten Gruselfilm im Kopf. Man kann ja jederzeit wieder aufhören, nicht wahr? Und in bestimmten Situationen spielt man das Ganze auch mal so durch. Ich auch.

Ich würde nicht sagen, dass ich einen Selbstmordversuch hinter mir habe, aber – das ist jetzt schon ewig her, 20 Jahre oder so – in einem wirklich üblen Anfall von Liebeskummer bin ich mal zur U-Bahn gefahren. Ich habe im Auto vor dem U-Bahnhof gesessen und mich ganz furchtbar bedauert, weil ich so arm dran war und ungeliebt, und angesichts dieses wirklich unmenschlichen Schicksals dachte ich: »Wer weiß, vielleicht sollte ich mich vor die U-Bahn werfen.« Und für den Fall, dass diese Idee sich als hervorragend entpuppen sollte, bin ich halt hingefahren. Ich bin nicht mal ausgestiegen, ich saß da ungefähr 20 Minuten, und dann habe ich das gemacht, was man normalerweise macht: Man fährt sehr lebendig wieder heim und heult da jemand anders die Ohren voll, in dem Fall meinem Vater. Die Stimme im Kopf, die einem sagt, dass man wahrscheinlich im Auto vor dem U-Bahnhof besser aufgehoben ist als auf den Gleisen und mit einer U-Bahn auf sich drauf, diese Stimme ist das Über-Ich.

Jedenfalls, wenn sie mich bei meinen Schulungen richtig informiert haben.

Das Über-Ich ist eine von drei Instanzen des Bewusstseins, die sich Sigmund Freud ausgedacht hat. Wie der Mensch genau funktioniert, weiß natürlich niemand, auch Sigmund Freud nicht, aber er hat die verschiedenen Empfindungen des Menschen in einem Modell ganz übersichtlich aufgeschlüsselt. Und wenn man's einfach erklären will, dann läuft es auf das hinaus, was in Cartoons immer als der Engel und der Teufel auf der Schulter dargestellt wird. Der Teufel ist das »Es« und steht für alle Reize, die so auf uns einwirken: Sex, Hunger, auch Liebeskummer oder das Gefühl, dass irgendeine Situation so peinlich ist, dass man am liebsten davonlaufen möchte. Man sieht schon, das Bild mit dem Teufel ist nicht ganz richtig, es geht hier nicht nur um böse Sachen, es läuft eher auf den ersten starken Impuls hinaus, der nach der einfachsten oder schnellsten Lösung der jeweiligen Situation schreit:

Hunger – Essen

Erregung – Sex

Der Frau des Bundespräsidenten beim Neujahrsempfang versehentlich ein Glas Rotwein in den Ausschnitt geschüttet – schnell heimlaufen und unterm Bett verkriechen.

All diese Dinge machen wir normalerweise nicht, weil wir vernünftig sind. Wir denken nach, ob bestimmte Sachen erlaubt sind und überlegen die generellen Folgen. Der Feuerwehrmann lässt nicht sofort den Schlauch fallen, wenn er Hunger hat, sondern er wartet freundlicherweise, bis das Feuer gelöscht ist. Man entschuldigt sich bei der Frau Bundespräsident, weil Heimlaufen die Situation eher schlimmer macht als besser. Diese vernünftigen Gedanken sagt uns nach Freud das »Über-Ich«, oder der Engel, aber auch hier sieht man ziemlich schnell, dass der Engel genauso wenig ins Bild passt wie vorher der Teufel, weil der Engel auch nicht nur Güte und ordnungsgemäßes Verhalten predigt, sondern oft schlicht und einfach Vernunft vorschlägt.

Das »Über-Ich« arbeitet nicht immer gleich, aber es arbeitet zuverlässig. Wenn man richtig Liebeskummer hat, so wie ich damals, dann fährt man schon mal zur U-Bahn-Station hin, man nähert sich vielleicht sogar den Gleisen, man schnuppert in die Nähe des Irrsinns, aber man macht's dann doch nicht – weil das »Über-Ich« recht behält: Das mit dem Selbstmord klingt vielleicht ganz reizvoll, aber noch nie hat ein Anwender einen überzeugenden Erfahrungsbericht mit Fünf-Sterne-Empfehlung verfasst. Es gibt aber drei Fälle, in denen das Über-Ich versagt.

Fall eins sind Kinder – denn das »Über-Ich« entwickelt man erst ab etwa sechs Jahren. Das ist auch der Grund, warum Kinder alles sofort haben müssen: Eis, Freibad, Weihnachtsgeschenke. Und das ist der Grund, warum sich Kinder höchstens versehentlich umbringen. Sterben ist etwas, was kein Kind dringend sofort haben muss.

Fall zwei können Drogen sein, Alkohol zum Beispiel: Der schaltet das Über-Ich nicht komplett aus, aber er dimmt die mahnende Stimme weg, stellt sie ganz leise. Dann hat man zum Beispiel Sex, den man hinterher bereut. Oder kriegt mitten in der Diät einen Fressanfall und vernichtet drei Tüten Kartoffelchips.

Ein Spezialfall hingegen ist Fall drei, das sind die Selbstmordkandidaten: Da fällt das Über-Ich aus irgendwelchen Gründen komplett aus. Es stimmt den Selbstmordvorschlägen nicht zu, so weit geht es nicht, aber es bleibt einfach stumm. Und zwar nicht nur einen entscheidenden Moment lang, wie, sagen wir, in dem entscheidenden Augenblick, in dem der Kandidat an den U-Bahn-Gleisen steht, das kann sich auch über einen viel längeren Zeitabschnitt hinziehen, sogar so lange, dass man es einfach nicht fassen kann, wie bei dem Fall in Grünwald.

Wir bekamen den Anruf um die Mittagszeit, auf dem Rückweg von einem Leichenfundort. Eine Geruchsnachbehandlung. Ein Mann war am Apparat, hörbar geschockt, aber zugleich gefasst. Das gibt es öfter, da hat man den Eindruck, dass sich Leute aus dem Schock in eine besondere Sachlichkeit retten, man könnte beinahe denken, die wären total gefühllos – dabei stimmt's natürlich genau anders herum. Er hatte unsere Nummer vom KIT München, er teilte uns mit, dass sich sein Bruder umgebracht habe, und fragte, ob wir kommen könnten. Ich sagte ihm zu, versprach, mir noch am selben Abend den Tatort anzusehen – reinigen würden wir freilich erst können, nachdem die Polizei ihre Routineermittlungen eingestellt haben würde.

Ich fuhr nach Grünwald, das ist, wie auch Bogenhausen, der Ort der Erfolgreichen in und um München, oder jedenfalls der Ort, in dem sich die Erfolgreichen gerne niederlassen – die Grünwalder selbst sind weder reicher noch berühmter als andere Leute. Die Adresse führte mich zu einem ehemaligen Bauernhof, dessen Wirtschaftsgebäude rechtwinklig um einen Hof angeordnet waren. Und in dem Hof, der ja in der Form nicht mehr benötigt wurde, war inzwischen ein kleineres Gebäude errichtet worden, eine Art Garage mit Büro drüber.

Der Mann, der angerufen hatte, hatte dort sein Büro, zusammen mit seinem Bruder. Er konnte es noch immer nicht fassen, dass sich sein Bruder umgebracht hatte. »Der war doch ein Perfektionist«, sagte er kopfschüttelnd, »der war immer so ordentlich.«

Der Bruder war Manager gewesen, in einer Firma, die Seminare anbot. Er war verheiratet, er hatte drei Kinder. Er hatte ein strahlendes, breites Lächeln, er wirkte auf den Fotos selbstbewusst, überzeugend, wie jemand, bei dem nichts schiefgehen konnte. Dann hatte er sich von der Firma getrennt oder die Firma sich von ihm. Er hatte sich als Unternehmensberater selbstständig gemacht, und er war zu seinem Bruder ins Büro gezogen. Ich sah mir noch einmal das Gesicht des Mannes auf dem Foto an. Dann schaute ich mich um: Ich konnte mir nicht vorstellen, dass für ihn eine Bürohälfte über einer Garage im Hinterhof der Inbegriff des Erfolgs war. Und wenn man sich den Ort seines Todes ansah, dann lag der Schluss nahe, dass er sich die Schuld daran gab. Dass er sich regelrecht gehasst hatte. Er hatte sich in diesem Büro umgebracht, genauer: in der kleinen, schmalen Toilette.

Er hatte seinen Bruder am Vorabend angerufen und ihm gesagt, sie müssten sich sehen, morgens um acht Uhr, um irgendetwas zu bereden. Dann war er zwei Stunden vorher ins Büro gefahren und hatte sich die Halsschlagadern geöffnet. Möglicherweise mit viel Glück, aber so, wie ihn sein Bruder beschrieb, wahrscheinlich sogar fachmännisch.

Nötig ist das nicht. Die großen Blutgefäße am Hals kann man sich auch mit einem Fuchsschwanz öffnen, das ist in jedem Fall eine todsichere Sache. Rettung ausgeschlossen. Schließlich versorgt die Halsschlagader das

Gehirn direkt mit Sauerstoff. Wenn ein Retter die Blutung stoppt, folgt der Hirntod mangels Durchblutung. Wenn nicht, verblutet das Opfer. Man müsste blitzschnell eine Umleitung legen, aber so viel Zeit und Blut hat der Selbstmordkandidat nicht zur Verfügung. Dabei ist es ganz egal, wie man die Adern durchtrennt. Aber dem ehemaligen Manager war es offenbar nicht egal gewesen. Das sah man an dem Badezimmer.

Der Raum war klein, vielleicht einen Meter breit und zweieinhalb Meter tief, gefliest vielleicht Anfang der 1980er-Jahre oder Ende der Siebziger, mit diesen beigebraunen Keramikfliesen und den abgerundeten Kunststoffregalen. Es gab eine beigebraune Toilette, ein beigebraunes Waschbecken. Das Waschbecken war mittelmäßig blutverschmiert, einige Blutschmierer waren unten an der Toilettenschüssel. Der Rest seines Blutes befand sich auf dem Boden und zeigte, dass der Estrich nicht ganz sauber verlegt worden war. Das Blut hatte sich an der linken Wand gesammelt. Es war nicht anders möglich: Der Mann hatte sich nur die Venen geöffnet.

Denn Blutgefäß ist nicht gleich Blutgefäß. Die dicke Ader am Hals besteht eigentlich aus drei Teilen, einer Zuleitung zum Gehirn und zwei Ableitungen. Und wer da unbedarft herumsäbelt, erwischt üblicherweise alle drei. Aber dann hätte das Badezimmer anders ausgesehen. Wenn man die Arterie am Hals durchtrennt, knapp 20 Zentimeter über dem Herzen, dann landet das Blut zwar auch am Boden, aber erst, wenn es wieder von der Decke runtergetropft ist. In diesem Bad gab es über Schulterhöhe, eigentlich sogar über Hüfthöhe keine nennenswerten Blutspuren. Und bei einer Halsschlagader könnte das ja noch Zufall sein, aber bei zweien wird das schon sehr unwahrscheinlich. Aber das war es nicht, was ich mit dem beharrlich schweigenden Über-Ich meine.

Sein Über-Ich hätte da sowieso nichts mehr tun können. Ob Arterie oder Vene, tödlich ist beides. Wenn man also schon alle Blutgefäße geöffnet hat, bleibt auch dem Über-Ich nicht mehr viel zu tun, außer zuzusehen, wie das Blut rausrinnt. Sein Über-Ich hätte aber wenigstens dann etwas sagen können, als er die wenige verbliebene Zeit dazu nutzte, sich das Messer in den Brustkorb zu rammen und an seinem Herzmuskel herumzusäbeln. So einen zerlegten Herzmuskel, sagte der Notarzt später, habe er überhaupt noch nie gesehen. Und so was tut doch weh. Verbluten ist vielleicht auch nicht schön, aber Verbluten macht vor allem nur müde. Doch sich im und am Herzen herumzustechen, dazu gehört schon jede Menge Selbsthass. Und eigentlich hätte man in diesem Fall vom Über-Ich keine Wunderdinge erwartet, einfach nur den Satz: »Du, komm, lass gut sein, das braucht's doch gar nicht mehr.«

Aber da hat sein Über-Ich den Mund gehalten.

Das Blut war flächig auf den Fliesen eingetrocknet.

»Kriegen Sie das hin?«, fragte der verbliebene Bruder.

»Sicher«, sagte ich, »das sieht nicht so schwer aus.«

»Ich weiß«, sagte er, »aber die Herrschaften vom KIT, die haben gemeint, ich sollte es diesmal vielleicht nicht selbst machen.«

»Diesmal?«

Und dann erzählte er, dass sich bereits der Vater der beiden Brüder umgebracht hatte. Er hatte sich die Pulsadern geöffnet und war dann in den Swimmingpool gesprungen. Die Reinigung war damals an ihm hängen geblieben. Das Wasser hatte er natürlich ablassen können.

Aber Blut hinterlässt auch in der höchsten Verdünnung einen Film. Er hatte damals das gesamte Becken selbst geschrubbt, von Hand. Und vielleicht hatte ihm das auch den neuen Selbstmord beschert: Sein Bruder hatte bewusst seine eigene Familie nicht mit hineingezogen. Er hatte seinen Freitod dem Bruder anvertraut, weil er wusste, dass der das schon einmal bewältigt hatte, und weil er deshalb hoffte, dass er damit besser klarkäme. Er hatte auch den Abschiedsbrief im Büro deponiert. Eine bittere Abrechnung vor allem mit sich selbst: Er warf sich vor, nicht auf Menschen zugehen zu können, nicht lieben zu können, unehrlich zu sein und sich zu verstellen. Ich hatte ihn ja nicht gekannt, aber so wie die Dinge lagen, war er vermutlich nicht weniger ehrlich als jeder andere ganz normale Mensch. Er hinterließ keine Schulden, nur eine zwei Quadratmeter große, schwarz eingetrocknete Blutlache.

Wir setzten das Sprühextraktionsgerät ein, und wir waren in etwa vier Stunden mit dem Badezimmer fertig, inklusive eines halben Quadratmeters Teppich an der Schwelle. Dem Raum sah man nichts mehr von dem an, was vorgefallen war. Das Einzige, was wir dem Mann nicht ersparen konnten, war der Blick auf den leeren Schreibtisch seines Bruders.

15. SHIT

Ich hoffe, es ist mir mit der einen oder anderen Geschichte inzwischen gelungen, zu verdeutlichen, dass es nicht immer angenehm ist, Leichenfundorte zu reinigen. Und dennoch: Es gibt Kategorien des Chaos und der Unannehmlichkeit, die kriegt ein Toter einfach nicht hin. Vorwiegend deshalb, weil ein Toter nichts mehr anstellt. Welchen Schaden er nach seinem Tod anrichtet, das hängt eben schlicht davon ab, wo er liegt, wie lange und welche Materialien der Bauherr seinerzeit hat verwenden lassen. Das sind dann halt Physik und Chemie, Schwerkraft, Reaktionen von Molekülen, das ist oft nicht schön, aber immerhin halbwegs berechenbar, weil der größte Blödsinnsfaktor ausgeschaltet ist – der Mensch selbst. Deshalb sorgt auch heute noch bei uns ein Fall für das allermeiste Kopfschütteln, bei dem niemand gestorben ist. Über manche Details davon rätseln wir noch immer. Obwohl man sich gerade an die Details gar nicht so gern erinnern möchte.

Schon der erste Anruf war reichlich seltsam. Er kam von einer Dame, die fragte, ob wir auch verwahrloste Wohnungen säubern würden.

»Im Prinzip schon«, sagte ich, »aber was verstehen Sie unter ›verwahrlost?‹«

»Na ja«, erwiderte sie zögerlich, »also im Wesentlichen Müll und, nun ja, Fäkalien.«

Ehrlich gesagt: Ich reiße mich nicht um diese Fälle. Aber wenn gerade keine Leichenfundorte anstehen und wenn die Wespensaison noch nicht angefangen hat, dann sage ich zu. Es wird gut bezahlt, es ist spannender als Nichtstun, und solange ich von diesen Geschichten keine zwei oder drei pro Woche machen muss, bin ich immer noch neugierig auf jeden neuen Fall. Das hat sich seit dem letzten Buch nicht geändert und wird sich wahrscheinlich auch nie mehr ändern. Also sagte ich zu und fragte: »Worum geht's denn?«

»Ich wollte es nur wissen«, sagte die Dame, »dann wird Sie jetzt gleich ein Herr anrufen und Ihnen alles Nähere erklären.«

Na, das war ja schon mal sehr geheimnisvoll. Ich wartete etwa zehn Minuten, dann meldete sich tatsächlich der angekündigte Herr.

Der Herr entpuppte sich als Notar aus Reutlingen. Er hatte einen schwäbischen Dialekt, Typ Häuslebauer, und er sagte, es handle sich um eine Münchner Wohnung, die er vermietet habe. Die Mieterin sei ausgezogen, und er habe diese Wohnung nun schon länger nicht mehr gesehen, aber sie sei – und dann fehlten ihm offenbar die Worte. Also fing er noch mal an, er habe selbst schon mit zwei Freunden versucht sie zu reinigen, aber das sei letztlich aussichtslos gewesen und – murmelmurmelmurmel.

Das passte nicht so ganz. Länger nicht gesehen und gerade noch zwecks Putzversuch dort gewesen, das klang alles reichlich merkwürdig. »Da fehlt irgendwas«, dachte ich mir, »da fehlt ein Detail. Aber es kann nicht mehr lange dauern.«

In jedem Fall, sagte er eindringlich, müsse man den Fall unbedingt diskret* behandeln.

---

* Diskret waren wir auch: Der Mann ist natürlich kein Notar (oder vielleicht doch?). Und er spricht auch nur vielleicht Schwäbisch oder einen anderen Dialekt, je nachdem, wo er in Wirklichkeit herkommt …

Aha. Da hatten wir's. Die Mieterin war nicht irgendeine Mieterin. Die Mieterin war ein Gschpusi, wie man in Garching sagen würde: eine Geliebte, die sich der Herr Notar in einer eigenen Wohnung einquartiert hatte.

»Bitte rufen Sie mich nicht an«, sagte der Notar, »ich rufe Sie an. Und wenn Sie mit mir Kontakt aufnehmen wollen, bitte nur über meine E-Mail-Adresse.«

»Das können wir schon machen«, sagte ich, »aber was ist denn jetzt da genau zu tun?«

»Na ja, da wenden Sie sich wohl besser an die Hausmeisterin«, meinte er hastig.

Ich vereinbarte einen Ortstermin mit der Hausmeisterin, die sich letzten Endes als die Hausbesitzerin herausstellte. Der Notar selbst war Hauptmieter gewesen, er hatte, so erzählte sie mir reichlich aufgelöst, die Wohnung vor einem halben Jahr angemietet, für eine junge Dame, 23 Jahre alt. Anfangs sei er wohl noch öfter da gewesen, aber dann ... Jetzt wurde ich sehr neugierig. Was konnte eine 23-Jährige in ein paar Monaten schon mit einer Wohnung anstellen?

Die Hausmeisterin öffnete die Tür. Es roch zwar nicht nach Leiche, aber es roch nicht viel besser. Es war eine Mischung aus Müll, vergoren, säuerlich, leicht nach Erbrochenem. Und dazu roch es nach Fäkalien. Und zwar nicht wie in einer Toilette, in der man einfach mal das Fenster aufmachen sollte. Das hier war vom Kaliber Kläranlage, und damit meine ich auch nicht die Kategorie Klärbecken, an dem man bei Ausflügen gelegentlich mit dem Fahrrad vorbeifährt, sondern hier meine ich wirklich die Zentrale. Fest stand: Von den Katzen konnte es nicht kommen.

Denn das Erste, was einem im Flur ins Auge fiel, war

eine Katzenkiste. Die Kiste war seit Wochen nicht mehr geleert worden, da hatte die verzweifelte Katze scharren können wie sie wollte, da ließ sich nichts mehr verbuddeln. Die einzige Wirkung war, dass der Katzensand rings um die Kiste auf den Terrakottafliesen lag, und so, wie es aussah, auch das schon seit Wochen. Es knirschte bei jedem Schritt, und wer immer hier gewohnt hatte, war gleichmütig durch den verkackten Sand gelaufen wie über einen dreckigen Strand. Aber das Katzenklo war nicht für den Gestank verantwortlich. Es roch nach einer heruntergekommenen Tierhandlung, nach Katzenurin, aber nicht nach Katzenkot. Der Gestank kam eindeutig aus dem kleinen Badezimmer links vom Flur.

Und dort eindeutig aus der Badewanne.

Nicht, dass man die Toilette hätte ausschließen können. Die Toilette war funktionsfähig, aber die Schüssel sah aus, als hätte man sie ausschließlich aus einer Sitzhöhe von zwei bis drei Metern verwendet. Die Spülung war zuletzt überhaupt nicht mehr benutzt worden, genauso wenig eine Toilettenbürste. Und trotzdem: Der Gestank kam aus der Badewanne. Jetzt wird jeder wahrscheinlich denken: Der Notar hat mit dem Mädchen Schluss gemacht, das Mädchen ist sauer und vielleicht betrunken und hinterlässt deshalb in der Wohnung ein paar Sauereien. Aber nach einem Blick in die Wanne schied diese Variante völlig aus: Die Wanne war voll Kot. Eine gleichmäßige Schicht, hellbraun, die Oberfläche eingetrocknet, schätzungsweise etwa 20 Zentimeter tief. Da reichte kein Wutanfall, selbst wenn die junge Dame 120 Kilo gewogen hätte – für diese Mengen hätte sie sich noch zusätzliches Material anliefern lassen müssen.

Zumal diese Füllung noch lange nicht die ganze Bescherung war. Die Wannenwand war in ihrer kompletten Höhe rundum dick verschmutzt, als hätte man die Fäkalien mit einer Kelle aufgetragen. Außen liefen immer wieder Schlieren über die weißen Fliesen. Und auch auf dem Wannenrand lagen einige größere Häufchen. Inmitten der Exkremente am Wannenrand standen Shampooflaschen. Mitten im Kot in der Wanne steckte ein Creme-Eimerchen von einer namhaften Kosmetikmarke und daneben ein elektrischer Massagestab. Und über alles zog sich eine Schicht aus schwarzen Punkten, wie auf einer Mohnsemmel: Das waren tote Fliegen.

Auf dem Boden lag der Duschvorhang, der noch vor sechs Monaten nagelneu gewesen war, daneben waren verschiedene leere Colaflaschen und etwas, das sich wie ein roter Faden durch die gesamte Wohnung ziehen sollte: eine stabile Einkaufstasche, wie man sie in Markensupermärkten bekommt, die Sorte, die eine Nummer strapazierfähiger ist als die üblichen Plastiktüten, so ein bisschen in Stoff-Optik. Die Tasche war prall gefüllt, fast schon ausgestopft, mit Kleidungsstücken, Küchenpapier und Kot. Weitere leere Taschen derselben Sorte lagen zwischen Toilettenschüssel und Badewanne auf einem Haufen, sodass man nicht wusste, ob sie hätten weggeworfen werden sollen oder erst noch befüllt.

Ich überlegte kurz, wo ich die Besichtigung fortsetzen sollte. In einer Nische im Flur stand ein neuer, unbenutzter Staubsauger zwischen einer Schinkenverpackung, Klamottenfetzen, weiterem Katzensand, einem fast neuen iPod und einer Sprühdose »Febreze« sowie zweier dieser Raumduftverteiler. Man roch nichts von ihnen, und das war wohl noch das Beste daran – den künstlichen Industrieduft hätte ich in dieser Schaudermischung nicht auch noch haben müssen. Eine Tür führte in die Küche, je eine ins Wohn- und ins Schlafzimmer. Ich ging ins Schlafzimmer.

Das Zimmer roch genauso wie alle anderen, aber es sah noch am ehesten so aus, als wäre hier jemand ausgezogen. Es gab kein Bett mehr, dafür einen schwarzen Kunstlederstuhl. Auf der einen Seite des Zimmers lag ein großer Haufen Klamotten, Teelichter, wieder eine der stabilen vollgepackten Kunststofftaschen, dazwischen Lebensmittelverpackungen aus dem Supermarkt, eine leere Kunststoffhülle für einen Kuchen »Apfel-Streusel«, weitere Scheibenschinken-Hüllen, aber vor allem schien sich die Dame von Ritter-Sport-Schokolade »Vollmilch-Nuss« ernährt zu haben, zuzüglich riesiger Mengen von Kinderschokolade in Form von Riegeln und Schoko-Bons. Um die Kalorienzufuhr zu kontrollieren, so stellte sich langsam heraus, trank sie ausschließlich Cola light und Cola Zero. Ich kam angesichts der abstrusen Mischung langsam ins Grübeln, welche Figur man wohl mit dieser Diät bekommen würde. Oder zu erhalten versuchte. Vielleicht interpretierte ich aber auch mehr in das Ganze hinein als die Mieterin selbst: Neben dem ganzen Müll lag das Buch vom Fitnesspapst Ulrich Strunz *Frohmedizin*. Womöglich war das hier eine zwanglose Form von »Frohhygiene«.

Das Wohnzimmer nebenan erkannte man noch am ehesten am Sofa, das am Fenster stand. Ein billiges Ausziehsofa, dessen Ausziehteil abmontiert worden war und senkrecht an die Wand gelehnt stand. Der Grund war ein eigenwilliges Ordnungsprinzip: Den entstandenen Leerraum unter dem Sofa hatte die Mieterin mit Müll gefüllt. Mit Lebensmittelpackungen, Schokoladenpapier, leeren Flaschen kalorienfreier Cola und Dutzenden Zigarettenschachteln, »John Player Special«, die roten. Die Kippen dazu waren fein säuberlich auf dem Fensterbrett hinter dem Sofa ausgedrückt worden. Auf dem Sofa lag eine schmuddelige Decke, auf der nur mehr einer sitzen mochte: ein noch in der Plastikfolie befindlicher Kopf Eisbergsalat. Weil binnen Kurzem wohl kein Platz mehr unter dem Sofa gewesen war, hatte sich die Dame als Alternative überlegt, den Müll schlichtweg daneben zu lagern, zwischen Sofa und Wand, dort, wo sie auch die Polster des Sofas hingeschmissen hatte, rund um einen weiteren umgefallenen Kunstlederstuhl. Dort türmten sich Unmengen von Papptellern, abgenagte Reste von Paprikaschoten, weniger stabile, dafür leere Plastiktüten, die offenbar nur zum Einkaufen verwendet worden waren, und zwei weitere Kot-Kleidungs-Taschenpakete. Dazwischen fanden sich immer wieder Chipstüten und weitere Fläschchen und Tuben hochwertiger Kosmetika. Vor dem Sofa lagen jede Menge Slips, BHs, ein pinkfarbenes Bustier und eine Tube mit – ausgerechnet – Selbstbräuner. Ich dachte mir etwas nicht sehr Witziges, aber Naheliegendes, zumal tatsächlich in der Nähe, direkt vor dem Sofa, auf einer ausgebreiteten Werbezeitung sich eine weitere gut verdaute Hinterlassenschaft befand. Eine Jeanshose lag noch zusammengeknüllt mitten in der Bescherung. Ich war der Ansicht, dass vom Wohnzimmer unmöglich noch größere Attraktionen zu erwarten waren und wechselte in die Küche.

Man musste sich immer wieder vor Augen halten, dass auch diese Küche ebenso wie der Rest der Wohnung vor einem halben Jahr absolut neuwertig gewesen war. Jetzt war hier offenbar das Zentrallager für die stabilen Kot-

Kleidungspakete errichtet worden. Die Anrichte versank unter leeren Schachteln, Zigarettenkippen und immer wieder eingestreuten teuren Kosmetikartikeln. Wenn man den eingebrannten Herd etwas freiräumte, bekam man den Eindruck, die letzte dort zubereitete Mahlzeit war ein Zigarettenkippen-Wattestäbchen-Frikassee, garniert mit Nagellack. Hier, unter einem Berg von Schutt, Schachteln und Exkrementen fand sich der letzte der vier Kunstlederstühle. Er stand vor einem Tisch, auf dem man vieles nicht hätte tun wollen, aber am allerwenigsten essen. Und schon gar nichts aus dem Kühlschrank: Der war voller Lebensmittel, Obst, Putenfleisch, eingekauft ohne Sinn und Verstand und dann im Kühlschrank so lange endgelagert, bis auf allem eine gleichmäßige Schicht von Schimmel und Obstfliegen lag. Der Zustand der Lebensmittel rührte zum Großteil daher, dass es der Dame nie gedämmert hatte, dass man für Tiefkühllebensmittel auch ein Tiefkühlfach braucht.

Ich hatte genug gesehen. Ich rief den Notar an und sagte ihm, dass es teuer werden könnte. Schließlich ist es ein Unterschied, ob man eine Wohnung nur sauber und geruchsfrei haben will oder in einem Zustand, in dem sie der Vermieter sofort weitervermieten kann. Er sagte, das sei in Ordnung, und gab uns freie Hand, alles Nötige zu organisieren. Wir sind daraufhin zu viert in diese Zwei-Zimmer-Wohnung angerückt: Petra, Klaus, Hardy und ich. Und keiner von uns hat seither zu grübeln aufgehört.

Nicht, weil sie so kompliziert zu reinigen gewesen wäre. Das war's überhaupt nicht. Wir hatten angesichts der Badewannenfüllung befürchtet, diese wäre über Monate hinweg gesammelt worden – das erwies sich als falsch. Die Konsistenz war – mir fällt leider kein passenderer

Vergleich ein – wie bei frischem Fleischkäsebrät, relativ locker. Nachdem wir die Wohnung insgesamt gründlich desinfiziert hatten, konnte ich das meiste davon mit einer ganz simplen Kehrichtschaufel aus Kunststoff aus der Wanne holen. Im Wesentlichen haben wir die Wohnung mit großen Müllsäcken geleert. Das Anstrengendste war noch, den Laminatboden zu entfernen – die Dielen und die Dämmung waren mit Urin vollgesogen. Ansonsten haben wir hinterher einen neuen Boden verlegen lassen und jemanden besorgt, der die Wände frisch gestrichen hat. Ach ja, und belastend war auch das viele Bücken: Aus unerfindlichen Gründen lag in der ganzen Wohnung überall Kleingeld. Mal zehn Cent, mal 20, mal 50, mal fünf, die Dame schien eine Münzallergie zu haben – wir haben aus den Klamotten- und anderen Haufen in sämtlichen Zimmern rund 30 Euro in Münzen gezogen, die wir fein säuberlich in einer kleinen Schüssel sammelten. Nein, wir grübeln heute noch, weil die Wohnung so viele Rätsel aufgab.

Da waren natürlich zunächst mal die Fäkalien an sich. Jetzt nicht aus Begeisterung, aber das Thema lässt auch uns nicht einfach gleichgültig. Und es stellen sich ja ganz schlichte Fragen. Zum Beispiel die Frage dieser Kotpakete – im Keller fanden wir weitere 20 Stück davon. Ich meine: Wenn ich die Dinger schon in den Keller trage, warum trage ich sie denn dann nicht gleich zur Mülltonne? Oder auch die Wannenfüllung: Wenn man sie nicht über Wochen hinweg sammelt (und hier war ja nun wirklich nicht mal was eingetrocknet) – wo um Himmels willen kriegt man diese Mengen her? Und man sage mir nicht: »Wer weiß, was das für ein Monstrum von Frau gewesen ist!« – wir haben Fotos von ihr gefunden. Harmlose Schnappschüsse in Unterwäsche, schon halbwegs eindeutig, aber nichts, was auch nur im Entferntesten mit der Füllung dieser Wohnung in Verbindung gestanden hätte. Ein hübsches Mädchen, rank und schlank, keinesfalls größer als 1,70 Meter. Unsere jüngste These ist: Die Dame schluckte diese Antifettpillen, das würde zur Cola-light-Sucht passen und in puncto Exkremente allerhand Konsistenzfragen beantworten.

Was uns noch wundert: Was hatte der Notar an der ganzen Sache gefunden?

Liebesnest ist Liebesnest, auch wenn man es gemietet hat, um mal die Wildsau rauszulassen. Man muss ja nicht unbedingt die Vorlieben des Notars nachvollziehen können, aber was auch immer der Mensch im Taumel der Hormone toll findet – irgendwann, spätestens nach ein paar Stunden, hat sich's bei jedem mal wieder ausgetaumelt. Und was passiert dann? Dann räumen die allermeisten Spielgefährten ihre Pornos und Spielsachen wieder weg, dorthin, wo wir sie meistens beim Wohnungsausmisten finden, hinters Regal oder in die Spezialschachtel im Schrank oder wohin auch immer, jedenfalls räumt man sie weg, denn dann mag man's im Wohnzimmer wieder gemütlich haben. Aber hier war nichts gemütlich, und das nicht nur, weil die Dame im wahrsten Sinne des Wortes stinksauer ausgezogen war.

Ganz abgesehen davon, dass wir bis heute nicht wissen, nach welchen Kriterien iPods und Ladegeräte und Dessous zurückgelassen oder mitgenommen wurden: Der Müll muss sich hier über Wochen und Monate angesammelt haben – also auch schon zu der Zeit, als der Herr Notar noch regelmäßig zu Besuch kam. So, und wenn ich nun der Herr Notar bin, wenn ich mir für teures Geld eine Wohnung samt Dame leiste, dann wäre es erstens mal eine Zumutung, wenn die Wohnung schon beim Reinkommen ausschaut wie eine Mülldeponie. Und hinterher will ich vielleicht noch ein wenig mit meinem Gschpusi zusammensitzen oder reden oder fernsehen – aber doch nicht auf einem Sofa, zu dem man sich durch kniehohe Müllhalden durchwühlen muss und auf dem ich dann nicht nur mit der Dame sitze, sondern auch mit ihrem faulenden Eisbergsalat.

Und eine Frage stellt sich noch am Rande, meine kleine Lieblingsfrage: Angenommen, ich bin Notar und stehe auf sehr, sehr seltsame Sexpraktiken, und die Freundin, mit der ich diese Sexpraktiken ausgelebt habe, hinterlässt mir einen derartigen Saustall, dass ich beschließe, die Wohnung erst mal selbst zu reinigen, weil mir die Sache absolut peinlich ist – welche beiden Freunde nehme ich da mit? Und wie sage ich denen, was in dieser Wohnung auf sie wartet und warum …?

Das habe ich den Notar natürlich nicht gefragt. Wie ich ihn überhaupt nicht behelligt habe. Ich habe ihm per E-Mail eine Rechnung gestellt, wir waren samt Renovierung und allem knapp im fünfstelligen Bereich, aber er hat alles bezahlt und war so zufrieden wie die Vermieterin. Die hat nicht gerade geweint vor Freude, aber sie war hellauf begeistert, weil sie die Wohnung fast nicht mehr wiedererkannt hat.

»Ich hätte echt nicht gedacht, dass man das noch mal hinkriegt«, sagte sie immer wieder. Und damit war die Geschichte erledigt.

Für alle außer uns Grüblern.

16. BETREUTES WOHNEN

Betreutes Wohnen ist eine tolle Sache für alte Menschen. Der Gedanke dabei ist der, dass man im Alter, wenn das normale Leben ziemlich mühsam wird, in etwas Ähnliches wie ein Altenheim zieht, das aber keines ist. Sondern mehr eine Wohngemeinschaft von lauter alten Menschen, die zwar Hilfe brauchen, aber eben längst nicht so viel Hilfe, dass sie nicht mehr alleine leben könnten. Und manche Senioren brauchen überhaupt keine Hilfe, aber sie beruhigt der Gedanke, dass ihnen im Falle eines Falles geholfen würde. So weit die Theorie. In der Praxis sieht alles etwas anders aus. In der Praxis haben die Menschen, die Kandidaten fürs betreute Wohnen sind, vor allem Angst.

Sie haben Angst, weil sie ihre gewohnte Umgebung verlassen sollen und weil sie – nicht ganz zu Unrecht – davon ausgehen, dass das betreute Wohnen nicht der Start in ein neues Leben ist, sondern eher in die Finalrunde des alten Lebens. Letzteres ist natürlich ein kleiner Selbstbetrug: Diese Finalrunde fängt ja in der guten alten Wohnung im vierten Stock ohne Lift genauso an, der einzige Unterschied ist, dass man da den Startschuss nicht hört. Aber die größte Angst dieser Menschen ist die, dass sie ihre Selbstständigkeit aufgeben und allen Behauptungen der Werbebroschüren zum Trotz eben doch alle fünf Minuten eine Krankenschwester oder Altenpflegerin ins Zimmer kommt und ihnen auf die Finger schaut. Ich weiß es aus erster Hand: Das ist nicht so.

Uns hatte eine Dame angerufen: Ihr Vater sei vor zwei Tagen verstorben. Er war 85, er hatte im Altenheim gelebt.

»Na ja«, sagte ich, »aber da sterben ja sicher öfter Leute. Nicht, dass ich Ihnen ausreden wollte, uns den Auftrag zu geben, aber brauchen die im Altersheim wirklich jemanden wie uns?«

»Wahrscheinlich wegen der Unordnung«, sagte sie. Ihr Vater sei ein wenig schlampig gewesen, und es rieche auch so unangenehm dort, sie meine schon, dass das ein Auftrag für uns wäre.

Insgesamt kam mir das alles irgendwie seltsam vor. Aber gut, Auftrag ist Auftrag, also bot ich ihr an, den Einsatzort mit ihr zu besichtigen. Sie wiederum weigerte sich, auch wegen des Geruchs. Ich dachte mir, dass die Dame ganz schön pingelig sei, das mit dem Geruch konnte nach zwei Tagen ja wirklich nicht stimmen, vermutlich war's nur Angst oder Ekel oder so was. Also holte ich mir bei ihr den Schlüssel ab und fuhr hin. Eine Pflegerin führte mich dann zu der kleinen Wohnung.

Die Wohnung lag im Erdgeschoss. Sie war tatsächlich ziemlich vollgerümpelt, diesmal aber nicht mit dem üblichen Quatsch, sondern ausschließlich mit Elektroschrott. Fernseher, teilweise zerlegt, Stereoanlagen-Komponenten, irgendwelche elektronischen Messgeräte – ein bisschen sah die Bude aus wie die Superschurkenzentrale in einem James-Bond-Film aus den 1960er-Jahren, aber das hier war wohl mehr so ein Strickjacken-Schurke gewesen, eine Art ganz, ganz böser Helmut Kohl. Der Boden war übersät mit einer Art Kabelsalat bis auf die Stelle vor der Terrassentür. Hier befanden sich auf dem Laminatboden ein kleiner Teppich und ein gigantischer Fleck

Leichenflüssigkeit. Und es roch zum Steinerweichen, sofort, als man zur Tür hereinkam.

»Sagen Sie mal«, sagte ich ein wenig angefressen zu der Pflegerin, »das machen Sie mir aber nicht weis, dass hier jemand nur zwei Tage lang gelegen hat!«

»Nein«, antwortete sie, »da haben Sie schon recht. Der Herr hat zehn Tage lang hier gelegen. Wir wollten das seiner Tochter nur nicht sagen. Das klingt ja doch recht hart.«

Das fand ich auch. Da wohnt einer im betreuten Wohnen, umgeben von Pflegern und Ärzten, und keiner merkt, dass er stirbt. Ich hab' aber erst mal die Klappe gehalten. Ich wollte ja schließlich den Auftrag haben. Und letztlich war's gut, dass ich nichts gesagt habe. Aus zwei Gründen.

Der erste Grund war, dass der Tochter mein Kostenvoranschlag zu hoch war. Sie hat daraufhin das Erbe ausgeschlagen, die Übernahme der Kosten ebenfalls, und damit blieb der Schwarze Peter bei der Heimleitung hängen, die aber bis zur endgültigen Klärung des Vorgangs immerhin die Erstmaßnahmen bestellte: Entfernen der Geruchsquellen, geruchliche Neutralisation, jedenfalls so weit es möglich war, ohne die Wohnung auszuräumen – bevor man die Sachen im großen Umfang hätte wegschmeißen können, hätte man logischerweise erst die Nachlassfrage endgültig klären müssen.

Also haben wir uns ans Putzen gemacht. Wir haben die Maden entfernt, wir haben den Parkettboden ausgesägt und die befallenen Teile weggeschafft, wir haben beruhigt festgestellt, dass drunter eine Trittschalldämmung war, die ebenfalls viel Leichenflüssigkeit aufgesaugt hatte, und noch darunter eine Plastikfolie, die die Flüssigkeit dann aufgehalten hatte. 2,50 Meter mal 2,50 Meter Parkett und ein bisschen Dämm-Material – das ließ sich wirklich sauber entfernen. Und beim Putzen, beim Sägen, ist mir der zweite Grund eingefallen, weshalb es ganz gut gewesen war, dass ich nichts gesagt hatte.

Die Wohnung von dem alten Herrn war nämlich genau so eine Wohnung, wie man sie niemals in einem Altenheim findet. Der Mann lebte in seinem Gerümpel, und er fand das gut. Seine alte Wohnung hatte garantiert genauso ausgesehen. Und an diesem Punkt stellt sich doch die Frage, ob der Anbieter es ernst meint mit dem betreuten Wohnen. Das ist doch so was wie die absolute Nagelprobe: Darf ich meine Wohnung in dem Heim genauso zurümpeln wie die Wohnung vorher?

Und wenn es in meiner Wohnung unangenehm riecht? Kommen die Wohnbetreuer dann rein und schimpfen? Behandeln sie einen dann wie ein kleines Kind, bevormunden sie einen? Oder darf ich selbstbestimmt in meiner Unordnung wohnen?

Dieser Mann durfte. Er durfte zehn Tage lang in seiner Wohnung verwesen, ohne dass ihm jemand reingequatscht hätte. Und wenn ich mal der Ansicht bin, ich sei ein Fall fürs betreute Wohnen, dann werde ich mir genauso ein Heim aussuchen, in dem das möglich ist.

17. SAW VIII

Das Problem an sich kennen viele: Sobald man unter die Dusche geht, klingelt das Telefon. Den ganzen Tag über nichts. Sogar, wenn man auf einen bestimmten Anruf wartet. Aber wenn man richtig klatschnass ist, überall seifig – dann klingelt's. Bei mir ist es ähnlich, wenn auch nicht mit der Dusche. Ich glaube, bei mir gibt es da irgendeine Verbindung mit der Formel 1. Der Sonntagvormittag geht vorbei, das Frühstück, es ist zehn, es wird zwölf, das freie Training, das Qualifying, alles egal, es geht ums Hauptrennen am Sonntagnachmittag. Und noch was gehört dazu: Den Fernseher einschalten allein genügt nicht, ich muss ihn erst aufs Sofa ausgerichtet und mir eine Cola geholt haben, mich auf dem Sofa hingelegt haben, schön ausgestreckt, und es mir so bequem gemacht haben, dass man praktisch noch siebeneinhalb Minuten braucht, bis man weggedöst ist, *dann* läutet das Telefon.

Aber das ist natürlich Unsinn. Tatsächlich läutete das Telefon deshalb, weil zu diesem Zeitpunkt die Mittagessenszeit grade vorbei ist. Und weil das Kriseninterventionsteam KIT unsere Mitarbeit bei einer Familie brauchte, bei der dieses Mittagessen ausgefallen war. Ein Selbstmord, lautete die Ansage, hauptsächlich Blut.

Ich sammelte rasch Klaus ein und machte mich auf den Weg. Eine Dreiviertelstunde später waren wir vor Ort. Ein junger Mann empfing uns, vielleicht Mitte dreißig, er stellte sich als der Schwiegersohn des Hauses vor.

Er war recht bestimmt, aber nicht unfreundlich, und als Erstes fragte er uns, ob wir vielleicht durch den Hintereingang gehen könnten.

Ich sah mich vorsichtig um. Es war eigentlich alles ganz ruhig. Im Garten sah ich einen Teil des Swimmingpools. Man hörte leise Stimmen, Teile eines Gesprächs, aber mit vielen Pausen. Auf der Wiese neben dem Pool stand eine Hollywoodschaukel. Eine ältere Dame saß in der Schaukel, sie blickte friedlich ins Nichts und schaukelte ein kleines Kind auf den Knien. Das Kind wirkte fröhlich.

»Mein Schwiegervater ist gestorben«, sagte der junge Mann sehr beherrscht, »er hatte Krebs. Und wir möchten meine Schwiegermutter auch möglichst schonen.«

Für einen Augenblick dachte ich, dass angesichts ihres verstorbenen Mannes eine Schonung wohl eher schwierig würde, aber dann fiel mir ein, was er meinte.

»Sie hat ihn auch nicht mehr gesehen, seit wir ihn gefunden haben«, fügte der junge Mann hinzu, »und wir würden es gerne so lassen. Das hier«, und dabei führte er mich zur Hintertreppe, »das hier muss sie so nicht mitbekommen.«

Die Hintertreppe endete an einer Tür mit einem Fenster aus altmodischem Sicherheitsglas. Das Fenster war eingeschlagen worden, von der Frau des jungen Mannes, der Tochter des Hauses. Da hatte sie schon Angst bekommen, dass keineswegs alles so friedlich war, wie man es von einem sommerlichen Familienmittagessen erwartet.

Sie waren alle gekommen, weil ihr Vater sie dazu eingeladen hatte. Seine Tochter mit ihrem Mann und ihrem Kind, seinen Sohn und dessen Freundin. Seine Frau, die friedliche Dame in der Hollywoodschaukel, hatte gekocht, der Tisch war schon gedeckt. Aber das Wetter war extrem wechselhaft, und weil keiner den Wolken traute, beschloss die Gesellschaft, nach drinnen umzuziehen. Sie hatten Geschirr und Besteck und Gläser samt Tischdecken eingesammelt, alles auf den Tisch im Esszimmer verfrachtet und waren bereit, das Essen zu servieren, aber der Vater fehlte auf einmal. Und sofort hatten alle ein schlechtes Gefühl.

Obwohl der Schwiegersohn erzählte, dass der krebskranke Vater erst seit zehn Minuten vermisst worden war, war niemand auf die Idee gekommen, erst mal an sämtliche Toiletten- oder Badezimmertüren zu klopfen. Der Schwiegersohn war sofort ins Auto gesprungen und hatte die nähere Umgebung abgefahren. Und die Tochter hatte alle Räume des Hauses abgesucht. Dabei hatte sie festgestellt, dass die Tür zum Keller verschlossen war. Deswegen war sie auch wieder rausgerannt, um das Haus herum, zum Hintereingang. Hier konnte sie die Glasscheibe der Tür einschlagen und das Loch Stück für Stück so lange erweitern, bis sie hindurchsteigen konnte.

»Passen Sie da durch?«, fragte der Schwiegersohn.

»Kein Problem«, sagte ich. Ich griff durch die kaputte Scheibe, drehte den Schlüssel herum und öffnete mit einem Handgriff die Tür. Wenn die Tochter in ihrer Panik nur einen Moment Zeit zum Nachdenken gefunden hätte, hätte sie natürlich auch gemerkt, dass das so viel schneller ging. Einen Unterschied für den Vater hätte das freilich nicht gemacht, es hätten nur weniger Scherben auf dem Boden gelegen.

Sie hatte ihn in der Werkstatt gefunden. Das mit der Werkstatt war wohl so vorgesehen gewesen.

Das mit dem Blutbad nicht.

Fest stand, dass der Vater sich zunächst in der Küche ein Messer organisiert hatte. Warum er aber das Messer genommen hatte, das jetzt vor mir auf dem blutigen Fußboden lag, war mir schleierhaft. Wer ein bisschen in der Küche zugange ist, weiß, dass es in Küchen Messer unterschiedlichster Länge und Schärfe gibt. 35-Zentimeter-Fleischermesser, 25-Zentimeter-Brotmesser, Steakmesser, Besteckmesser. Vielleicht hatte seine Familie die großen Messer auch schon weggeräumt, jedenfalls hatte er sich für so eine Art Obstmesser entschieden, nicht mit einer ganz kurzen Klinge, aber mehr als zwölf oder 15 Zentimeter lang war die Klinge trotzdem nicht. Dieses Messer hatte er dann in seinen Werkstattraum mitgenommen und sich entschlossen in die Brust gerammt, und zwar dahin, wo er das Herz vermutete.

Da war es aber nicht.

Das Herz liegt gar nicht so weit links, wie die meisten Menschen denken. Es ist nicht so einfach zu treffen und auch nicht so leicht kleinzukriegen – wie der Mensch überhaupt nicht so leicht stirbt, wie Otto Normalselbstmörder manchmal meint. Jedenfalls saß der 64-Jährige jetzt da, mit dem Messer in der Brust. Manchmal tut das so weh, dass Selbstmordkandidaten daraufhin ihr Vorhaben abbrechen. Der Mann nicht. Er stand in seiner Werkstatt und suchte verzweifelt nach einem Ausweg, nach einer Alternative, die sicher war und schnell und auf jeden Fall noch funktionierte, bevor ihn seine Familie finden und retten konnte. Und wenn ich mal versuchte, mich in diese Situation reinzuversetzen, und mich in seiner Werkstatt umsah, da wären mir schon einige Möglichkeiten in den Sinn gekommen, keine von ihnen schön, aber immerhin zweckdienlich – es wäre mir jedoch nicht mal als Allerallerletztes eingefallen, auf die Reciprosäge zurückzugreifen. Aber vielleicht tickt man auch ein wenig anders, wenn einem grade ein Messer zehn Zentimeter tief in der Brust steckt.

Heimwerker wissen sofort, was gemeint ist, doch für alle anderen: Die Reciprosäge ist eine große Elektrosäge. Es ist keine Kreissäge mit rundem Sägeblatt, auch keine Stichsäge, die sich mit einem fünf oder sieben Zentimeter langen Sägeblättchen so ähnlich durch Sperrholzbretter arbeitet wie eine Nähmaschine. Es ist auch keine Kettensäge wie aus dem Horrorfilm. Es ist so was Ähnliches wie ein elektrischer Fuchsschwanz: Sie hat nur ein einzelnes Sägeblatt, das 20 oder 30 Zentimeter lang aus dem Elektrogehäuse ragt, und das vom Elektromotor vor- und zurückbewegt wird. Die Sägebewegung geht, je nach Modell, 20 bis 30 Millimeter hin und her. Bis zu 2000-mal pro Minute. Das schien dem Mann ideal. Leider war die Säge – wie alle gefährlichen Elektrowerkzeuge – mit einem Totmannschalter gesichert. Der bewirkt, dass die Reciprosäge nur so lange arbeitet, wie man auf den Schalter drückt. Damit sich die Säge sofort abschaltet, wenn man sich zum Beispiel versehentlich in den Finger schneidet und sie vor Schreck loslässt. Genau diesen Effekt wollte der Selbstmörder natürlich vermeiden. Also holte er sich eine Schraubzwinge, um damit den Schalter in der gedrückten Position festzuklemmen.

Jetzt, wo er sichergestellt hatte, dass die Säge weitersägen würde, kam die nächste Frage: Was von sich wollte er mit ihr überhaupt zersägen? Und, nachdem eine Säge kein Star-Wars-Lichtsäbel ist und zum Zersägen eine gewisse Zeit brauchen würde: Wie konnte er sicherstellen, dass die Säge am richtigen Ort weitersägte, selbst wenn er bewusstlos würde?

Seine Lösung sah so aus: Er hatte einen weißen, knapp kniehohen Plastikschemel genommen und ihn umgedreht, mit der Sitzfläche zum Boden gekehrt. Die Elektrosäge hatte er mit den Sägezähne nach oben mit weiteren Schraubzwingen so an einem Schemelbein festgeklemmt, dass die Klinge stabil zwischen den beiden nach oben ragenden Beinen einer Schmalseite des Schemels verlief. Dann steckte er den Stecker in die Steckdose.

Er selbst war vor den anderen beiden, sägenlosen Schemelbeinen in die Knie gegangen, hatte sich über sie gebeugt, um mit seinem Gewicht zu verhindern, dass der Schemel kippte, und hatte sich mit dem Hals in die Elektrosäge zwischen den beiden Schemelbeinen gegenüber gestürzt.

Ob der weitere Verlauf seinen Vorstellungen entsprochen hatte, kann ich nicht beurteilen, aber das Endergebnis war auf jeden Fall das, was er sich erhofft hatte. Als wir die Werkstatt betraten, fanden wir eine riesige Blutlache, den weißen Schemel mittendrin, das Messer daneben. Die Säge lag am Boden, die Schraubzwinge war vom Totmannschalter gerutscht. Das Sägeblatt fehlte – man kann annehmen, dass es für die Bestatter wohl einfacher gewesen sein dürfte, das Sägeblatt mit zwei simplen Handgriffen aus der Halterung der Säge zu entfernen als aus seiner Wirbelsäule, wo es sich vermutlich festgefressen hatte. Dinge abzusägen geht in der Baumarktwerbung meist leichter als in der Realität.

Vom Reinigungsaufwand her war der Auftrag überschaubar. Es ist einfach ein Unterschied, ob man sich von unten nach oben mit einer Schrotflinte in den Mund schießt oder den Kopf absägt. Und wenn man Letzteres tut, ist es wiederum ein Unterschied, ob man es in Schulterhöhe macht, in Hüfthöhe wie an einem ganz normalen Arbeitstisch oder in diesem Fall 30 Zentimeter über dem Fußboden, wobei man noch große Teile des Raumes mit seinem eigenen gebückten Körper abschirmt. Obendrein hatte der 64-Jährige den Boden mit schweren Kunststoffmatten ausgelegt, flüssigkeitsdicht, mit hohen Noppen, sodass sich hier große Mengen des bereits großzügig verklumpten Bluts reinigungsgünstig angesammelt hatten. Die Matten konnten wir einfach behutsam abheben, dann war die Bodenreinigung im Wesentlichen eine Wischtätigkeit, bei der unser Eiweißlöser gute Dienste leistete.

Die eigentliche Arbeit bestand darin, die gesamten Werkzeuge zu reinigen. Einen elektrischen Bohrer, der über und über voll vertrockneter Blutspritzer ist, reinigt man schon, eine alte Schutzbrille, Kostenpunkt 1,39 Euro, wirft man selbstverständlich weg. Die Schränke rundum, die Fronten und Schubladen, werden desinfiziert und gereinigt, aber eine Pappschachtel mit Schrauben nicht mehr. Dennoch waren die Werkzeugkästen, die erhaltenswerten Kleinteile schon eine ziemlich wischintensive Fieselei. Es gibt ja Heimwerker, deren Werkstatt so geordnet aussieht wie ein Briefmarkenalbum: die Feilen, die Schraubenschlüssel, die Schraubenzieher, alles nebeneinander, der Größe nach sortiert und picobello geputzt – das war hier nicht der Fall.

Ich wollte, dass in der Werkstatt nichts mehr an das Unheil erinnerte. Und dass die Witwe nicht an der Tür vorbeiging und sich dachte: »Mensch, hier muss ich mal aufräumen.« Wir haben diesen kleinen Werkstattraum so in Ordnung gebracht, dass die Person, die als nächste hier reinsehen würde, die Tür beruhigt wieder schließen und sich sagen konnte: »Das hier hat erst mal Zeit.«

Wir haben auch die Glastür wieder geflickt. Wir haben die Scherben eingesammelt und dann mit Panzerband und schwarzer Plastikfolie die Tür abgedichtet. Das sah ordentlich aus und hielt auch erst mal den Regen ab. Da muss nicht die Witwe als Nächstes am Montag sofort die Tür reparieren lassen, die ihre Tochter eingetreten hatte, beim vergeblichen Versuch, ihren Vater zu retten. Und wir haben uns um die Wäsche gekümmert.

Auch das kann passieren. Man wischt gerade schmieriges Blut von einer Schubladenfront, und auf einmal hört man so ein Piepsen. Man steht auf, geht raus, sucht die Quelle des Geräuschs und merkt: Die Waschmaschine meldet, dass sie gerade fertig ist. Soll man dann raufgehen zu den Trauernden und sagen: »Herzliches Beileid, aber die Buntwäsche ist jetzt durch«? Soll man es einfach stillschweigend ignorieren, und am Donnerstag kommt die Witwe in den Keller und zerrt weinend die vermoderte Wäsche aus der Maschine? Das ist doch alles keine gute Lösung. Also haben wir die Wäsche rausgeholt, in den Trockner gesteckt, sie anschließend trocken in einen Wäschekorb gestapelt und beim Verabschieden kurz Bescheid gesagt.

Der Abschied verlief genauso sachlich wie die Ankunft. Ich habe den Schwiegersohn zu mir gelotst, ihm gesagt, dass er jetzt den Keller begutachten könne. Er meinte, das habe er schon gemacht, und dann hat er uns – auch das nicht unfreundlich – sehr zügig hinauskomplimentiert.

Es war das erste Mal, dass wir nicht in näheren Kontakt mit den unmittelbar Betroffenen, den direkten Hinterbliebenen kamen. Und ich weiß heute noch nicht so genau, was ich davon halten soll. Es ist für mich ein ganz seltsames Gefühl, ich finde, irgendwie fehlt was. Ich habe nicht alles gesehen, ich habe nicht alle kennengelernt, ich habe den Fall nicht restlos abgearbeitet. Das ist ein wenig wie – man möge mich jetzt bitte nicht falsch verstehen – wie ein Steak ohne Kartoffeln, man ist nicht so richtig satt. Aber andererseits geht's hier ja auch nicht um mich, und da wiederum hat der Schwiegersohn unsere eigene Politik fast noch konsequenter verfolgt als wir selbst. Es geht schließlich in solchen Fällen immer darum, dass die traumatisierten Hinterbliebenen in eine Wohnung zurückkehren können, die keine Spuren des Vorgefallenen mehr aufweist. Aber letzten Endes ist die Tatsache, dass wir am Tatort sind und nicht ein ganz normaler Bestatter, auch eine Art Indiz dafür, dass etwas Ungewöhnliches, in diesem Fall sogar sehr Blutiges, vorgefallen ist. Und der Schwiegersohn hat dementsprechend versucht, uns so unsichtbar wie möglich zu machen.

Tatsächlich hab' ich dann an den folgenden Tagen drüber nachgedacht, ob wir nicht eine Art Paravent mitnehmen sollten, so was in der Art von den Zelten, mit denen die Kanalarbeiter ihre Gullys abdecken, oder eines von diesen viereckigen Partyzelten, bloß ohne Dach. Davon hätte ich sogar schon eines zu Hause. Und wenn das noch öfter in der Form passiert, dann packe ich's wohl als Dauerequipment in unseren Transporter.

18. BÖSER ONKEL

Ich habe anfangs geschummelt. Oder untertrieben, das ist Ansichtssache. Am Anfang dieses Buchs, als ich geschrieben habe, unsere Arbeit sei eine Sucht, das Verlangen nach der neuen, größeren, schwierigeren Herausforderung. Das ist schon wahr und richtig, aber wenn man ehrlich ist, geht diese Sucht viel weiter, und sie besteht aus mehreren unglaublich verführerischen Teilen. Und ich bin mir nicht sicher, ob jemand, der das liest, anschließend den Menschen, der so empfindet, der so tickt wie ich, ob der den dann noch so richtig sympathisch finden wird. Aber ich denke, wenn ich über das schreibe, was ich erlebe, wenn ich die Wohnungen analysiere, in denen ich arbeite, wenn ich in das Leben dieser lebenden und toten Menschen eindringe, und wenn ich all das hier ausbreite, dann kann man auch verlangen, dass ich ehrlich zu mir bin, und wenn ich das bin, kann ich nicht oft genug betonen: Ich bin ein Helfer, aber ich bin kein selbstloser Helfer. Und besonders deutlich geworden ist mir das in Krailling, als ich zusah, wie meine Frau weinend Spielsachen in Kartons packte.

Ich will diesmal nicht zu sehr ins Detail gehen. Das geht hier wirklich nicht: Ich bin während und nach diesem Einsatz mehrfach von Reportern angerufen worden, und ich habe jedes Mal gesagt, dass ich ihnen keine Einzelheiten verraten werde – da kann man dann nicht anschließend alles in seinem Buch ausbreiten, das wäre nicht in Ordnung. Ich erzähle mal nur kurz den Fall, so, wie er in der Zeitung stand, damit man weiß, worum es geht, wenn man ihn nicht schon kennt. Das wäre gut möglich, denn dieser Fall ging deutschlandweit durch die Zeitungen.

Ein 51 Jahre alter, völlig überschuldeter Postzusteller beschloss, die Schwester seiner Frau, also seine Schwägerin, und ihre beiden Töchter umzubringen, damit seine Frau deren Besitz erben und verkaufen könnte. Also machte er sich eines Abends im März 2011 mit einem Seil und einer Hantelstange auf den Weg zu deren Haus in Krailling bei München. Seine Schwägerin ist nicht da, das weiß er, weil sie abends in einer Kneipe als Bedienung arbeitet. Aber er braucht sie auch noch nicht, sein erstes Ziel sind ihre Töchter. Im Erdgeschoss, in einem Kinderzimmer, schläft die Jüngere, die Achtjährige, er schleicht sich an, schlingt ihr ein Seil um den Hals und würgt sie. Als ihre drei Jahre ältere Schwester den Kampf hört und aus ihrem Zimmer die Treppe herunterkommt, lässt er die Kleinere los, stürzt nach nebenan in die Wohnküche und schlägt dort mit der mitgebrachten Hantelstange nach der Elfjährigen. Er trifft sie hart an den Schultern, am Kopf, aber nicht entscheidend, also greift er sich ein Küchenmesser und sticht auf sie ein. 15 Mal, in die Lunge, in die Arterien, ins Herz, mit unvorstellbarer Härte. Die Gutachter erkennen es anhand der Stichtiefe: 17 Zentimeter messen die Stichkanäle, dabei ist die ganze Messerklinge nur zwölf Zentimeter lang. Die Fachleute werden später von einer Übertötung sprechen. Die jüngere Schwester ist unterdessen in Todesangst in ihr Kinderzimmer geflohen, wo sie verzweifelt von innen die Türe zuhält. Der Onkel rammt die Türe ein, zertrümmert ihr mit der Hantelstange den Schädel und sticht mit dem Messer zu. Anschließend schleppt er das sterbende Kind nach oben und wirft es aufs Bett seiner Schwägerin, auf die er nun wartet. Der fühlt er sich trotz Messer und Hantelstange offenbar nicht gewachsen, er lässt lieber Wasser in die Badewanne ein und legt einen elektrischen Handmixer zurecht, er will die Schwägerin betäuben, in die Wanne legen, dann den Strom einleiten, damit das irgendwie nach Selbstmord aussieht – die Mutter tötet ihre Kinder und dann sich selbst, so etwa hat wohl der Plan ausgesehen. Ein Plan, so brutal wie idiotisch, weil bereits jetzt jeder, wirklich jeder, ja sogar der allerdümmste Polizist der Welt merken würde, dass angesichts der Kampfspuren und der nötigen Kraft niemals die Mutter als Täterin in Frage kommen würde.

Aber die Schwägerin kommt nicht nach Hause. In den frühen Morgenstunden wird der Mörder nervös, er verschwindet. Der Plan ist gescheitert, zwei tote Mädchen bleiben zurück, erbarmungslos umgebracht für nichts und wieder nichts.

Erst gegen fünf Uhr früh kommt die Mutter der Mädchen mit ihrem Lebensgefährten heim. Sie geht nach oben ins Schlafzimmer, findet auf ihrem Bett die tote Achtjährige, hebt sie auf, drückt sie an sich, stürzt mit ihr die Treppe hinunter, wo sie die zweite kleine Leiche entdeckt. Sie ruft die Polizei. Schon drei Wochen später ist der Onkel der Hauptverdächtige, im Frühjahr 2012 wird er zu lebenslänglicher Haft verurteilt.

Noch während der Fahndung nach dem Täter berichteten die Zeitungen groß über den Mädchenmord von Krailling. Und als ich davon las, war ich genauso geschockt wie jeder andere Mensch. Ich habe selbst zwei Töchter, und obwohl sie deutlich älter sind als die Kraillinger Mädchen, denkt man sofort: »Wenn Jenny und Jill so was zustoßen würde ...« – und dann hört man auf zu denken, weil es so unvorstellbar ist.

Aber wenn ich ehrlich bin, dachte ich höchstens den Bruchteil einer Sekunde später: »Den Fall hätte ich gern.« Und ich will hier überhaupt nicht so tun, als hätte ich dabei das Gefühl, ich und nur ich könnte der Familie und den Hinterbliebenen besonders gut helfen. Oder als würde ich dauernd denken: »Ach, die armen Menschen, da muss man doch was machen.« Ich will diesen Fall, weil er faszinierender ist als die 30. lange liegende Leiche in irgendeiner Mietwohnung. Weil er sogar doppelt faszinierend ist.

Der erste Faszinationsfaktor: Der Fall ist in den Medien.

Das ist kein schöner Zug des Menschen, aber ich fürchte, er ist normal. Das ist, wie wenn man Augenarzt ist, und zur Tür kommt nicht Herr Huber herein, sondern Harald Schmidt. Oder George Clooney. Die Augen sind dieselben, man verschreibt Barack Obama eine Brille wie anderen Leuten auch, aber trotzdem denkt man, man hätte gerade was Besonderes gemacht. So ist das bei mir auch. Es ist für mich was Besonderes, wenn ich einen Fall bekomme, über den ich schon vorher was in der Zeitung gelesen habe. Es wäre wahrscheinlich etwas noch Besondereres, wenn es ein berühmtes Bauwerk wäre, wenn ich den Kölner Dom reinigen sollte. Und das Allerbesonderste, wenn das Opfer oder der Täter auch noch berühmt wären, sagen wir, Kardinal Meissner richtet ein Blutbad im Kölner Dom an, und ich sollte alles wieder reinigen.

Der zweite Faszinationsfaktor ist aber wahrscheinlich für den Normalbürger schon nicht mehr so ganz leicht nachzuvollziehen: Am Einsatzort ist eine Straftat verübt worden. Der Einsatzort ist tatsächlich mal ein richtiger Tat-Ort, das kommt nicht so oft vor.

Ich kann nicht für alle Leichenfundortreiniger sprechen, aber ich stelle fest: Bei mir gibt es eine Art »Aufregungsskala«. Ein Leichenfundort ist aufregender als ein Wespennest. Eine gerade erst gefundene Leiche ist aufregender als eine Wohnung, die schon seit vier Wochen leer steht. Ein frischer Selbstmord ist aufregender als ein länger zurückliegender, aber jetzt erst entdeckter Selbstmord. Eine blutige Einsatzstelle ist spannender als eine stinkende Einsatzstelle. Eine Straftat schlägt alles.

Ist man krank, wenn man so denkt?

Nein, aber man ist süchtig.

Diese Sucht ist schwer zu erklären. In meinem ersten Buch habe ich es noch als eine Art Neugier, eine Art Sensationsgier bezeichnet, aber ich denke inzwischen fast, das greift zu kurz. Es ist eine Sucht, und zwar die Sucht nach einer besonderen Art Erlebnis. Man kann sich das wie bei einem Hochseilartisten vorstellen: Er spannt ein Seil zwischen zwei Hochhäusern, er sucht immer größere Höhen, immer ungewöhnlichere Orte, zwischen denen er sein Seil spannen kann. Er könnte genauso auf einem Seil in zehn Zentimetern Höhe balancieren, aber es ist die Tiefe, die ihn reizt. Bei uns ist es nicht die Tiefe, bei uns ist es die Emotion.

Die Beschäftigung mit dem Tod ist in vielerlei Hinsicht einzigartig. Ein Todesfall verändert einen Raum: Was jahrelang ein unordentliches Zimmer war oder ein penibel aufgeräumter Schreibtisch, ist plötzlich das Testament eines Lebens. Ein Todesfall verändert die Überlebenden: Diese Menschen sind schockiert, sie sind fassungslos, sie sind abgestoßen, aber sie sind immer ehrlich. Sie haben die Kraft nicht mehr, sich zu verstellen oder sich zusammenzureißen oder das darzustellen, was sie immer darstellen wollen oder sollen, sie erinnern sich vor mir, sie weinen vor mir, sie suchen Hilfe. Kaum jemals kommt man wildfremden Menschen so nahe wie in diesem Moment. Und all diese Gefühle sind so intensiv, dass jeder Beinbruch, jedes Wespennest, jeder Unfall daneben verblasst. Sicher, das sind auch ganz spannende Geschichten, sie waren früher, als sie neu und ungewohnt waren, auch richtig aufregend, aber sie vermitteln heute nicht mehr dieses unglaublich direkte Gefühl.

Es ist wie bei Drogensüchtigen: Der Körper, der Kopf möchte den Kick. Nicht den Wespenkick. Nicht den Beinbruchkick. Er will den Kick des Todes.

Der tröstliche Unterschied ist, dass in diesem Fall der Süchtige nicht benommen ist, nicht benebelt, er ist hellwach, er ist noch wacher als sonst, ohne jede Pille oder sonst was, er ist hundertprozentig einsatzbereit, vielleicht sogar 120-prozentig, wenn das überhaupt geht. Aber ich gebe gerne zu, dass es trotzdem sympathischere Züge an Menschen gibt, als dass einer angesichts eines Doppelmords an zwei kleinen Mädchen denkt: Den Fall hätte ich gerne. Und der dann auch noch enttäuscht ist, wenn acht Wochen später das Telefon klingelt, sich tatsächlich die Gemeinde Krailling meldet – und es stellt sich heraus: Es geht nur um Wühlmäuse auf dem Gemeindefriedhof.

Wir haben den Fall aber doch noch bekommen. Und damals ist mir zum ersten Mal so richtig klargeworden, dass jede Sucht ihren Preis hat. Man bezahlt immer. Aber wenn Feuerwehrler unter sich sind, wenn nur die Süchtigen unterwegs sind, fällt das nicht auf. Man merkt es immer nur dann, wenn normale Menschen dabei sind. Und meine Frau ist so ein normaler Mensch.

Am Apparat war eine Angehörige der Opfer. Sie sagte, dass die Tatortwohnung übergabefertig gereinigt werden müsste, dann galt es einen Umzug zu organisieren, damit die Mutter der Mädchen den Tatort nicht mehr zu betreten brauchte. Ich habe mich mit der Frau in dieser Wohnung getroffen. Und wir haben grob besprochen, was mitgenommen werden sollte und was nicht. Dann habe ich versucht, das Ganze zu organisieren.

Wir hatten nicht allzu viel Zeit, denn das Vorhaben musste bezahlbar bleiben. Wir sind ein bisschen mit dem Preis runter, die Umzugsfirma ist ein bisschen mit dem Preis runter, dann reichte es für einen kompletten Arbeitstag. Ich habe für jeden Raum Listen angefertigt, ich habe zusätzlich die wichtigen Dinge mit Punkten beklebt: Grün für »muss mit«, Rot für »kann weg«. Und wir sind zu acht gekommen, weil es wirklich viel zu sortieren, zu reinigen und zu entsorgen gab: Klaus, Hardy, Didi, Helga, Steffen, meine Frau Petra, meine Tochter Jenny und ich.

Ich habe das erste Mal nichts selbst gemacht. Petra und ich hatten das am Vorabend so besprochen – ich würde den Einsatz leiten, sämtliche Fragen beantworten, sämtliche Entscheidungen treffen. Das ist einerseits sinnvoll, weil man schnell pampig wird, wenn man gerade putzt und dauernd unterbrochen wird. Aber es war auch ein komisches, ungewohntes Gefühl, wenn um einen herum alle arbeiten und man selbst tut nichts, jedenfalls körperlich. Es brachte etwas mit sich: Ich konnte das erste Mal ungestört die Menschen beobachten, die mit mir arbeiten. Und es war vom ersten Moment an etwas grundlegend anders an dieser Einsatzstelle.

Die Stimmung war angespannt. Es gab schnell Streit, wer was in welcher Reihenfolge machen würde. Helga wischte noch in der Küche, während Hardy ihr schon die Schränke unter dem Lappen wegpacken wollte, und umgekehrt. Es gerieten Menschen aneinander, die schon dutzendfach miteinander gearbeitet haben. Weil es nichts, aber auch gar nichts zu lachen gab. Man musste kein Detektiv sein, um auf den ersten Blick all das zu sehen, was man in der Zeitung gelesen hatte. Wir sahen, wo die Elfjährige gelegen hatte, wo die Achtjährige, man konnte den Weg der Mutter mit dem toten Kind auf dem Arm nachvollziehen. Hier machte niemand einen Witz, hier gab es nichts, was Konflikte entschärft hätte. Und der Auftrag zog uns zusätzlich in das Geschehen hinein.

Wir sollten ja entscheiden, was mit in die neue Wohnung sollte und was nicht. Und wir versuchten alle, uns in die Rolle der Mutter zu versetzen. Wir versuchten, jeden Gegenstand mit ihren Augen zu sehen. Die Kinderkleidung. Die Spielsachen. Stofftiere. Bilder, die die Kinder gemalt hatten. Was davon kann man wegwerfen? Was davon ist wichtig? Was ist damals passiert, als die Kinder das erste Mal das Kinderbuch in der Hand hatten? Hatten sie es geliebt oder hatte es nur unbeachtet im Regal gestanden? Hatten sie jede eine Lieblingstasse? Ich geriet selbst ins Schleudern, ich versuchte, eine sinnvolle Regel zu entwickeln. Ich versuchte zu spüren, was der Mutter wichtig war. Ich war so nah dran, dass ich ihren Schmerz beinahe genauso spürte.

Ich spürte den Schmerz. Und den Kick.

Und dann sah ich Petra. Petra kniete neben Jenny im Kinderzimmer. Sie packten Kartons, und sie konnten kaum sehen, was sie da überhaupt einpackten, weil ihnen ständig die Tränen in den Augen standen. Ich sah, wie es ist, wenn man nur den Schmerz spürt. Und keinen Kick.

Denn Petra und Jenny haben sich diesen Job nicht ausgesucht, jedenfalls nicht so wie ich. Sie waren mitgefahren, weil Not am Mann war. Ich beobachtete sie, und ich konnte sehen, welchen Preis man für diese Arbeit bezahlt. Ich fragte mich kurz, warum ich diesen Preis nicht bezahlte – aber das war Unsinn. Jeder von uns zahlt diesen Preis, aber manche von uns wissen immerhin, wofür. Ich zahle ihn für den Kick.

Petra nicht.

Und so, wie ich Petra beobachtete, wirkte ihr Verhalten, alles in allem, gesünder als mein eigenes.

Diese Distanz hat Vorteile. Ich konnte schneller als Petra zu dem Punkt kommen, dass wir nicht jedes einzelne Teil abwägen konnten und dass man den Zeitfaktor einrechnen musste. Ich weiß noch, als mein Schwiegervater starb, war es für uns immens wichtig, seine Schreibtische zu behalten. Jetzt, einige Jahre später, konnten wir uns von ihnen trennen, ohne dass wir das Gefühl hatten, uns zugleich von ihm zu trennen. Das versuchten wir nun auch auf diesen Umzug anzuwenden. In ein oder zwei Jahren würde die Mutter sicher nicht mehr jede Jacke vermissen, jeden Teller. Und wenn wir beim Einpacken nicht das allerliebste Teil der Kinder errieten, würde sie in ein oder zwei Jahren sicher auch mit dem zweitliebsten Teil das Andenken an ihre Kinder bewahren können. Aber dennoch: Pragmatische Distanz löst nicht jedes Problem.

Wir haben zehn Stunden am Stück gearbeitet. Und als wir nachher zum Abschlussessen gegangen sind, war nichts wie sonst. Normalerweise besprechen wir den Ablauf, wir rekapitulieren, was gut gelaufen ist, wir überlegen, was man verbessern sollte und könnte – aber nicht in diesem Fall. An diesem Abend redeten wir nur über die Familie, die Mädchen, die Tat.

Nach dem Mädchenmord von Krailling habe ich beschlossen, dass wir professionelle Hilfe brauchen. Dass meine Mitarbeiter und ich regelmäßige psychologische Betreuung brauchen, und dass auch ich mir nicht weiter einreden kann, dass ich mit den Reaktionen einfach routinierter umgehe als Petra.

Ich wusste aber noch nicht, wie dringend es war.

19. DOPPELPACK

Gut, meine Arbeit ist nicht unbedingt eintönig. Aber es ist doch überraschend, wie oft sich auch in meiner Arbeit Fälle wiederholen. Das glaubt man mir ziemlich selten, weil der Tod für die meisten Menschen etwas Besonderes ist, dem sie nicht allzu oft begegnen. Aber die Fälle, in denen ich arbeite, die erledigt der Tod manchmal fast schon routiniert, beinahe beiläufig, so einfallslos, als würde er dabei auf die Uhr sehen und auf den Feierabend warten.

Nicht, dass ich ihm einen Vorwurf machen möchte. Aber da kommt man in die vereinsamten Wohnungen, sieht sich um, sieht das billige Sofa, den Fernseher, die immer gleichen Möbel, wirklich wahr, den Tisch aus lackiertem Kiefernholz, den halb leeren Kasten Bier und denkt sich: »Na, Tod, heute hast du aber auch nicht gerade deinen kreativsten Tag gehabt, hm?« Was natürlich nicht stimmt, weil der Tod seinen Job nicht gerade gemacht hat, sondern meist vor sechs oder acht Wochen.

Schon klar: Das ist natürlich ein Trugschluss. Es liegt nicht an der Fließbandarbeit des Todes, es liegt daran, dass die lange liegenden Leichen eben zu einem sehr, sehr hohen Prozentsatz einer bestimmten Gruppe angehören, der Gruppe der vereinsamten Alten oder Kranken, Menschen, die die Gesellschaft verdrängt und vergessen hat oder die auch selbst viel dafür getan haben, vergessen zu werden, aus Bequemlichkeit, aus Scham, aus Gesundheitsgründen. Daher die oft jahrzehntealten Möbel, die seit den 1950er- oder 1960er-Jahren nicht mehr renovierten Bäder. Diese Menschen leben nicht sehr schön, und wenn wir dort putzen, ist das oft eine ziemlich deprimierende Umgebung, weil man sich dauernd denkt: »Was war das für ein Leben?« Und weil einen das so runterzieht, denkt man sich eben verärgert: »Tod, lass dir mal ein bisschen mehr einfallen!«

Aber es ist ja nicht nur der Tod, der so arbeitet, mitunter wäre das Leben an sich auch schon mal ein guter Kandidat für einen Kreativ-Workshop. Wespennester sind entweder unterm Dach, im Baum oder im Rollokasten. Die Schaben sind in der Küche, hinterm Herd. Und die Messis wohnen festungsartig verbarrikadiert allein in einem unvorstellbaren Chaos. Und das denkt man sich dann eben auch, wenn ein Mann anruft, so Mitte 40, und fragt, ob wir uns auch um Messie-Wohnungen kümmern?

»Ja«, hab' ich gesagt, »machen wir auch.« Und man denkt sich: »Na ja, halt das Übliche.«

Bis der Mann sagt: »Es ist nämlich so, meine Eltern haben da ein kleineres Messie-Problem.« Da wird man dann schon hellhörig.

Seit wann wohnen Messies zu zweit?

Auf Anhieb klang für mich das Problem so, als wohnten die Messis sogar zu dritt: Es gab offenbar noch eine Katze, und die Katzenstreu entsorgten sie, so erzählte mir der Sohn, mit Vorliebe durch die Toilette. Als Katzenbesitzer denkt man sich vielleicht jetzt: »Toll, warum bin ich da nicht selber draufgekommen?« Das ist aber keine gute Idee, weil Katzenstreu zum Flüssigkeitaufsaugen und zum Verklumpen gedacht ist. Daraufhin war die Toilette verstopft, es gab einen Wasserschaden, und der Klempner der Hausverwaltung hatte die alten Herrschaften aufgesucht und sich dann geweigert, die Toilette zu reparieren. Nicht generell, aber wenigstens solange die Wohnung so aussah, wie sie aussah.

So klein konnte das Messie-Problem also doch nicht sein.

Unser Auftrag war die Geruchsbekämpfung, die Säuberung und die Beseitigung eines Käferproblems, ich nahm mal an: Speckkäfer. Die Wohnung sei etwa 60, 70 Quadratmeter groß, sagte der Sohn. Ich kalkulierte mit einem Container, bestellte ihn und traf mich dann zum Putztag mit Hardy und dem Sohn der Messies vor der Wohnung. Der Sohn wohnte nicht nur ein Stockwerk schräg versetzt im selben Haus, er hatte auch einen Schlüssel, und das war gut so. Denn sonst wären wir in die Wohnung überhaupt nicht hineingekommen.

Innen bekam die Mutter nämlich schnell mit, dass der Sohn nicht allein gekommen war, sondern jemanden mitgebracht hatte. Sie war nicht groß, vielleicht 1,60 Meter, dünn, aber ich kann mich nicht erinnern, dass sich mir gegenüber schon mal jemand so aggressiv verhalten hätte. Wir standen im Flur, hintereinander, denn zum Nebeneinanderstehen war kein Platz mehr. Von der normalen Flurbreite war nichts mehr übrig, gerade noch ein hüft- oder schulterbreiter Gang war geblieben, der Rest der Fläche war – ja, was war damit? »Zugemüllt« konnte man es nicht nennen, es wirkte wie ein homogener dunkler Block in der ziemlich verdunkelten Wohnung, fast wie hochgemauert, aber näher konnte ich mich damit nicht befassen. Erstens umwaberte mich schlagartig ein bestialischer Gestank, wie man ihn manchmal mitkriegt, wenn man im August eine Restmülltonne aufmacht, obwohl, das reichte hier nicht, das hier roch so, als ob man in die Mülltonne gestiegen wäre und dann den Deckel wieder zugemacht hätte. Und zweitens schlurfte uns die Mutter entgegen, wutentbrannt, in einer roten Jogginghose; ich sah über die Schulter ihres Sohnes nur eine seltsame Jacke und den grauen, fettigen Haarschopf. Ich habe noch nie jemanden so schrill und energisch zetern hören, es war regelrecht einschüchternd. Entsprechend verstört ahnte ich den Vater im Hintergrund mehr, als ich ihn sah.

Der Sohn versuchte, begütigend auf seine Mutter einzuwirken, ohne jede Chance, wir wurden beschimpft, angeschrien, und dann bat ich ihn vor die Tür.

»So können wir unmöglich arbeiten«, sagte ich ihm.

»Ich weiß«, sagte er, »aber was soll ich machen?«

»Da kann man schon was machen«, sagte ich, »wenn Sie wollen.« Und dann haben wir die alte Dame mehr oder weniger ins Bezirkskrankenhaus in Haar eingewiesen.

Das klingt jetzt wahrscheinlich hart, zu Recht. Spätestens seit *Einer flog über das Kuckucksnest* ist es der Albtraum vieler Menschen, gegen den eigenen Willen in eine Art Einrichtung für Geisteskranke zu kommen. Deshalb geht so was auch nicht so einfach, Gott sei Dank. Wenn nichts Gravierendes vorliegt, geht das sogar überhaupt nicht, jedenfalls nicht in unserem Land. Es gibt schließlich auch so was wie die Unverletzlichkeit der Wohnung. Aber was soll man tun, wenn man etwas Wichtiges durchführen muss und jemand stellt sich quer, also wirklich: ohne jede Vernunft?

Immerhin war es dem Sohn vorher gelungen, den Vater zu einer gewissen Einsicht zu bringen, das war hilfreich, weil uns damit schon mal jemand auch rechtmäßig in die Wohnung gelassen hat. Und dann haben wir die Polizei gerufen. Die Beamten haben sich die Lage angesehen, die verstopfte Toilette, die stinkende Wohnung, und sie kamen zu dem Schluss, zu dem jeder normale Mensch auch gekommen wäre: eine Art »Gefahr im Verzug«, also in diesem Fall Gesundheitsgefahr. Dann haben sie sich die alte Dame angesehen, mit ihrer Jogginghose, in ihrem verwahrlosten Zustand, ihren – wie ich jetzt erst sehen konnte – Plastiktüten, die sie um die Füße gewickelt hatte. Und dann haben sie ihr klargemacht, dass ihr Mann sehr gut auf die Wohnung aufpassen könne und dass sie besser freiwillig mitkäme. Vorübergehend, so lange, bis die Wohnung wieder hergerichtet war. Und dann haben die Polizisten sie nach Haar ins Bezirkskrankenhaus gebracht.

Immer, wenn ich den Sohn angesehen habe, habe ich gemerkt, wie bitter so was ist. Es war ihm unangenehm, es war ihm peinlich, es war widerlich, weil es wirklich bestialisch stank, und das galt selbstverständlich nicht nur für die Wohnung, sondern auch für die Mutter selbst, aber letztlich ist es natürlich immer noch seine Mutter gewesen, die jetzt erst mal aus ihrem Zuhause raus musste, das hat ihm wehgetan, das konnte man sehen. Aber was will man sonst machen? Und ich kann an dieser Stelle auch versichern: Die alte Dame ist inzwischen wieder zu Hause, ich habe deshalb extra noch mal bei ihrem Sohn angerufen.

Aber anders als mithilfe der vorübergehenden Einweisung hätten wir diese Wohnung auch nie in den Griff bekommen. Denn ein ähnliches System habe ich noch nie gesehen. Man kann sagen: Es war die ordentlichste Messie-Wohnung, die ich jemals betreten habe. Deshalb passte auch so viel rein.

Eine Wohnung dieser Größenordnung hat etwa 150 Kubikmeter Rauminhalt. Wir haben letzten Endes rund 50 Kubikmeter Müll entsorgt. Man kriegt diese Menge Müll unmöglich in einer Wohnung unter, wenn man das nicht mit einem System macht. Das sind immerhin über 30 Prozent des Rauminhalts, bei der Deckenhöhe von 2,44 Metern in einer normalen Mietwohnung ergibt das theoretisch 80 Zentimeter Müll, flächendeckend. Und überall, wo man auch als Messie entlanggehen will, die Türdurchgänge, die Flächen vor dem Fenster – diese Fläche steht ja nicht zum Stapeln zur Verfügung, das muss dann auf die anderen 80 Zentimeter obendrauf, und normalerweise hält das schon rein bautechnisch nicht, jedenfalls nicht ohne System.

Das System der alten Dame waren Schachteln.

Viele Lebensmittel kommen ja in Umverpackungen: Reis zum Beispiel, Cornflakes, quaderförmige Kartons, die übrig bleiben, wenn man den Inhalt gegessen, oder – wie in diesem Fall – jahrelang irgendwo hingelegt hat. All diese Pappschachteln hat die alte Dame wieder befüllt, mit Abfall jeder Art. Man hätte diesen Abfall genauso gut nehmen und wegwerfen können, aber aus irgendeinem unerfindlichen Grund hielt sie es für besser, ihn zu stapeln. Und mit diesen Kartons ging das so gut wie, sagen wir, mit Lego. Das kommt ziemlich genau hin, sie bastelte ihre Wohnung mit einer Art »Müll-Lego« zu, säuberlich geschichtet. In den Schränken, dann im Flur, in den Zimmern. Rund um das Bett. In der Abstellkammer bis direkt unter die Decke. Aber der Eindruck im Flur war irgendwie noch geschlossener gewesen, nicht so, als stünde man neben einer kopfhohen Lego-Wand. Das lag am zweiten Bauelement, den Decken.

Immer, wenn für die alte Dame eine Schicht abgeschlossen schien, hat sie eine Decke drübergelegt, alte Bettlaken, Tücher. Darüber und so, dass sie über die Seiten hing, wie ein Vorhang. So eine Art »aus den Augen, aus dem Sinn« – hinter dem Notvorhang war für sie offenbar alles in Ordnung. Wo sie die nötigen Laken, Tücher und Fetzen herhatte, war mir schleierhaft, aber insgesamt ergänzten sich die Tücher mit den Schachteln perfekt. Sie gaben der ganzen Angelegenheit eine Art Stabilität, und sobald die Decke erreicht war, konnte man die Schicht auch noch besser verkeilen.

Andererseits hatte ich den Eindruck, als sollte die Vorhangtaktik eine seltsame Art Normalität vortäuschen. Die Wirkung auf Außenstehende muss ihr irgendwie klar gewesen sein, daher hatte sie die Fenster verhängt, damit niemand von außen das Chaos sehen konnte. Sie hatte nach diesem Prinzip auch die Waschmaschine befüllt. Im gläsernen Bullauge lagen zwei oder drei Wäschestücke. Dahinter war alles voller Schachteln, perfekt verpresst bis zum letzten Kubikzentimeter. Es gibt bei Umzügen manchmal richtige Künstler im Lastwagenbeladen, aber das waren alles Amateure, verglichen mit der stinkenden Stapelkunst der alten Dame.

Das alles konnte man in seiner Verschrobenheit ja noch irgendwie bewundern, aber bei der Toilette konnte man beim besten Willen nicht mehr sagen: skurril. Das war nur noch eklig, wenn auch nach demselben Prinzip. Da ja die Toilette verstopft war, waren die beiden alten Herrschaften dazu übergegangen, nach dem jeweiligen Geschäft das Resultat mit großen Mengen Katzenstreu zuzuschütten. Das ging, weil die Toilette ein sogenannter Flachspüler war, eines der alten Modelle, bei dem nicht alles mit einem Rutsch im Wasser landet, sondern auf – wie soll man das nennen? – so einer Art »Präsentierabsatz«. Anschließend wurde der verklumpte Katzenstreubatzen aus der Toilette gehoben und daneben abgelegt.

Und wenn man genug von diesen Batzen nebeneinander hatte, kam wieder eine Tuch- oder Lakenschicht drüber, wie in einer Art »Kack-Lego«. Und wenn man das gesehen hatte, war schon ziemlich verständlich, dass die Dame in Haar vorübergehend nicht vollkommen fehl am Platze war. Ab der Entdeckung dieses Fäkalkunstwerks beschloss auch der Sohn, vor der Tür zu warten.

Vielleicht lag es an der Tagesform von Hardy und mir, jedenfalls stimmten wir darin überein, das furchtbare Klosett erst zum Schluss zu entsorgen. Wir begannen, den Müll wegzuwerfen, und spätestens hier stellte sich heraus, dass die Dreckhorterei nicht nur auf dem Mist der alten Dame gewachsen war, da hatte ihr Mann schon auch seinen Teil dazu beigetragen. Seine Spezialität waren Lebensmittel und Elektrogeräte.

Die Lebensmittel waren das, was sich in der Küche türmte, und alles, was nach Essbarem aussah, sah für ihn offenbar auch aus, als wäre es erst gestern gekauft worden.

»Das ist doch noch gut«, jammerte er, »das kann man doch noch essen!«

Dasselbe Prinzip galt für sämtliche Geräte im Haus. Die vollgeschlichtete Waschmaschine. Das Telefon. Den Computer. Den Herd.

»Auf dem haben wir doch erst gestern gekocht!«

Ich guckte auf den Herd. Ich guckte auf die säuberlich zugebauten Kochplatten. Ich hatte keine Ahnung, was die beiden in den letzten Jahren gegessen hatten, aber von diesem Herd stammte es jedenfalls nicht.

»Ich bitte Sie«, sagte ich, »hier kann Ihre Frau unmöglich was gekocht haben. Nicht in diesem Jahrzehnt.«

»Doch«, klagte er, »in der Backröhre!«

Ich öffnete die Backröhre. Sie war bis auf den letzten

Millimeter perfekt mit Müllschachteln ausgefüllt. Es war, als blickte man direkt im Ofen auf eine knallbunte Ziegelwand.

Um voranzukommen, haben wir einen Trick benutzt, den mir ein Feuerwehrpsychologe mal verraten hat. Denn einerseits muss man ja etwas erreichen, aber andererseits muss man sich auch darüber im Klaren sein, dass man hier das Leben zweier Menschen sortiert und große Teile davon wegwirft. Also gaben wir ihm drei Kartons und baten ihn, sie mit den Dingen zu füllen, die wirklich wichtig waren.

Dann trugen wir den Fernseher und seinen PC auf den Balkon und machten uns ans Werk. Und im Nachhinein war das wirklich heftig. Wir haben die komplette Wohnung mehr oder weniger weggeschmissen. Wir mussten noch weitere Container ordern, aber hinterher war die Wohnung wirklich leer. Der Fernseher war noch da, der PC und der Inhalt der drei Kartons. In denen befanden sich das Telefon, zwei Ordner mit den wichtigsten Unterlagen, die wenige saubere Wäsche für ihn und seine Frau. Und das Anschlussventil der Waschmaschine. Letzteres lag daran, dass wir die Waschmaschine sonst nicht hätten wegwerfen dürfen, weil sie für ihn ja auch praktisch neu war. Als er merkte, dass er uns nicht davon abbringen konnte, begann er eine Art Rückzugsgefecht zu führen und bestand darauf, statt der Waschmaschine wenigstens das Anschlussventil zu behalten, geschätzter Wert etwa 75 Cent. Ich stimmte zu: kleines Ventil behalten, große Waschmaschine wegschmeißen – nach diesem Prinzip konnte man immerhin weitermachen. Bei diesen Verhandlungen ist dann mein Blick auf seine Füße gefallen. Er trug billige Schläppchen, ohne Socken, mit nackten

Zehen. Und das in einer Wohnung, in der sich sogar seine Frau nur mit Plastiktüten an den Füßen bewegt hatte. Ich konnte es kaum glauben.

Aber: Er wirkte wirklich erleichtert. Einerseits sicher geschockt, und auch betrübt, weil so viel weggeschmissen wurde, aber tatsächlich auch erleichtert, weil die Wohnung endlich wieder so aussah wie eine Wohnung.

Anschließend haben Hardy und ich uns zusammengerissen und die Fäkalschichten entfernt. Augen zu und durch. Danach kamen die Käfer an die Reihe, die Plage hatte man zunächst gar nicht so gesehen, die hatten ja in den Lego-Mauern genug Platz, um ungestört zu krabbeln. Und ganz zum Schluss führten wir noch eine geruchsneutralisierende Behandlung durch. Immer wieder erstaunlich, welche Gerüche man recht gut beseitigen kann, sobald sich mal der Tod nicht einmischt.

Wir meldeten uns beim Sohn. Der Vater zog, nachdem ja überhaupt keine Möbel mehr vorhanden waren, erst einmal bei ihm ein. Wir hinterließen die Adresse eines Handwerkers, der sich um einen neuen Boden kümmern würde. Der Vater stimmte zu. Man muss es noch mal deutlich sagen: Geld war kein Problem, die beiden waren nicht arm, sie hatten eine wirklich vollkommen passable Rente. Und jetzt sind die beiden wieder zu Hause. Vater, Mutter, in einer zumindest fürs Erste sauberen Wohnung. Der Sohn hat sich inzwischen mit dem Sozialamt in Verbindung gesetzt, die beiden Herrschaften werden ein- bis zweimal die Woche besucht, damit die »neue« Wohnung nicht binnen Kürze wieder aussieht wie die alte. Und zusammen mit dem Sohn in der Nähe könnte es tatsächlich sein, dass sich hier auf Dauer was geändert hat. Was für Messie-Fälle nämlich auch nicht unbedingt typisch ist.

20. FRAUEN

Es gab noch einen weiteren Grund, weshalb ich Petra gerne in meinem erweiterten Team haben wollte: Ich habe sonst nur noch eine Frau fest in der Mannschaft, Helga, und Helga ist zwar prima, aber Helga hat auch nicht immer Zeit. Und eine Frau, so habe ich inzwischen festgestellt, sollte dabei sein. Nicht wegen der sozialen Kompetenz, obwohl, deswegen schon auch – auch nicht, weil es das Arbeitsklima am Einsatzort vielleicht entspannt oder harmonischer gestaltet, nein, es ist ein ganz profaner Grund: die Sauberkeit.

Sauberkeit ist, wie manche sicher noch aus meinem ersten Buch wissen, extrem wichtig. Nicht nur vom Arbeitsprinzip her – ein Tatortreiniger, was soll der schon machen außer reinigen? –, aber auch vom Kundendienstgedanken her. Es ist einfach ein Unterschied, ob eine Wohnung hinterher so gereinigt ist, dass sie nicht mehr riecht, oder ob diese Wohnung den Kunden beim ersten Betreten anstrahlt wie eine Suite in einem Fünf-Sterne-Hotel. Das ist das Ziel, das ich erreichen möchte, und ich weiß selber, dass man das nicht immer hinbekommt, aber man kann wenigstens eine ähnliche Wirkung erreichen: Der Kunde hat ja den Einsatzort zuletzt in einem grauenhaften Zustand gesehen. Deshalb putzt man ihm, wenn man fertig ist, auch das Bad, die Küche, die Fenster. Und dazu habe ich gerne eine Frau an Bord.

Das wird den Jungs nicht so gefallen, ich weiß schon, und ich will auch nicht sagen, dass die schlecht arbeiten, ganz im Gegenteil – aber wenn man ein Bad picobello sauber haben will, muss man eine Frau ranlassen. Ich weiß nicht, warum das so ist, kann auch sein, dass meine bisherigen Erfahrungen völlig falsch sind und nur vom Zufall abhängig, und dass mir morgen Alice Schwarzer eine Untersuchung präsentiert, nach der Männer genauso ordentlich putzen wie Frauen oder sogar noch ordentlicher, alles ist möglich. Aber nach allem, was ich bisher beobachtet habe, ist das nicht so. Ich lasse einen von den Jungs das Bad putzen, und hinterher stehe ich da und überlege mir, ob ich's selbst noch mal mache. Es ist nicht dreckig, keine Sorge, es ist absolut sauber, aber es ist eben nicht blitzblank. Und wenn sich im Gegensatz dazu Helga oder Petra um das Bad gekümmert haben, dann ist das nicht nur in einem Zustand, der mich zufriedenstellt, dann sieht es sogar so aus, dass ich mir sage: »Genau. Das hätte ich selber nicht so gut hinbekommen.« Ich weiß nicht, wie sie das machen, sie haben ja keine anderen Mittel und Werkzeuge als wir Männer. Dasselbe Material, dieselbe Zeit, aber hinterher kann ich jederzeit blind sagen, ob das Bad von einem Mann geputzt wurde oder von einer Frau.

Falls jemand eine gute Erklärung hat: Bitte an info@asd-muenchen.de

21. FLÄCHENBOMBARDEMENT

Es kommt nicht oft vor, dass ich richtig sauer auf einen Kunden bin. Und das liegt übrigens nicht nur daran, dass die Verursacher der größten Unappetitlichkeiten meistens schon tot sind, wenn ich komme.

Und es lag in diesem Fall auch ganz bestimmt nicht daran, dass ich am Sonntagnachmittag, als der Anruf kam, auf dem Sofa gelegen habe. Wir haben zwei kleine Hunde im Haus, die gerne mal hysterisch um uns herumspringen, aber nicht an diesem Tag – beide Hunde lagen friedlich in einer Ecke und kauten still an einem Knabberknochen. Ich schaute in den Fernseher, wie gesagt, sehr konzentriert, es ist sogar gut möglich, dass ich vor lauter Konzentration die Augen immer wieder mal ein bisschen geschlossen hatte. Petra stand in der Küche, sie sah mich herumliegen, wie es alle Männer tun, die gerade kein Wespennest beseitigen oder die Reste einer Leiche. Ich hatte den Eindruck, dass ihr das gefiel. Meine Tochter Jill kam die Treppe runter und sah mich an.

»Du? Auf dem Sofa?«

»Jawohl«, sagte ich. »Ich. Auf dem Sofa.«

Es hätte nicht viel gefehlt, und sie hätte einen Fotoapparat geholt. Aber dann klingelte schon das Telefon.

Manchmal sollte man nicht ans Telefon gehen. Man sollte aufstehen und ganz ruhig das Zimmer verlassen und dann das Haus und am besten das Land.

Aber der depperte Anders geht natürlich doch ran.

Ein Mann war am anderen Ende der Leitung.

»Reinigen Sie auch Messie-Wohnungen?«

»Verwahrloste Wohnungen? Nicht hauptberuflich, aber das machen wir schon auch ...«

»Auch heute?«

Das wäre wohl meine letzte Chance gewesen. Dass Leute eine Wohnung verkommen lassen, passiert immer wieder mal, aber wenn es nach Jahren der Vermüllung plötzlich noch am Sonntag sauber werden muss, ist das kein gutes Zeichen. Überhaupt kein gutes Zeichen.

»Na ja«, sagte ich, »was ist denn mit der Wohnung?«

Und dann begann der Herr am anderen Ende der Leitung zu weinen. Was ich zwischen seinen Schluchzern verstand, war, dass er körperbehindert ist, offenbar ein Rollstuhlfahrer, und dass die Hausverwaltung am Dienstagmorgen in die Wohnung müsste, wegen irgendwelcher Arbeiten an den Fenstern. Und dass er die Wohnung nicht verlieren wollte. Und der Zustand der Wohnung war offenbar so, dass die Gefahr tatsächlich bestand.

»Na gut«, sagte ich, »ich schau's mir mal an. Ich bin in einer halben Stunde da.«

Ich sah Petra an. In Petras Augen las ich folgende Worte: »Sonntag. Kein Notfall. Und: Sag mir nicht, dass du jetzt da hinfährst!«

»Nur mal gucken«, sagte ich und schnappte mir die Autoschlüssel.

Eine halbe Stunde später stand ich vor dem Haus. Ein relativ moderner Wohnblock, mehrere Wohnungen, die Haustüre unten war offen, ich musste in den dritten Stock, und mehr brauchte ich auch nicht zu wissen. Man hätte seine Wohnung auch ohne Namensschild gefunden, man musste nur dem strengen Geruch folgen. Ich klingelte.

Es knarzte und rumpelte etwas hinter der Tür. Dann öffnete jemand, und ein übelriechender, vergorener Schwall wehte heraus. Der Herr im Rollstuhl stand im Flur. Er trug eine früher mal schwarze Jeans und ein früher mal schwarzes T-Shirt, er war jung, vielleicht Mitte, Ende 20, massiv übergewichtig, er hatte den Gesichtsausdruck eines Häufchens Elend und murmelte:

»Nichts sagen. Nur schauen.«

Ich sagte nichts. Ich schaute.

Es war unglaublich, dass ein Mensch so hausen konnte.

Es war unglaublich, dass ein Mensch in einem Rollstuhl so hausen konnte. Das logischste an dem Verhau waren noch die Spinnweben: In Kopfhöhe war die gesamte Wohnung von einem dichten Gewebe aus Spinnennetzen durchzogen – immerhin noch einleuchtend angesichts der Tatsache, dass der junge Mann nie aufrecht stand. Die Spinnen lebten hier in einer Art Symbiose mit ihm, und das nicht schlecht, wenn man die beeindruckenden Menge der Spinnen ansah: Die Wohnung war in Anbetracht der Verhältnisse wirklich erstaunlich fliegenfrei.

Es gab einen einzigen Ort, den man im entferntesten Sinne irgendwie als sauber bezeichnen konnte: Das war die Badewanne. Und diese Sauberkeit kam auch nur daher, dass sie bis einen halben Meter über den Rand vollgestopft war, offenbar mit Dingen, die dauerhaft sauber bleiben sollten: nagelneu verpackte Bettwäsche, Reinigungsmittel, Klamotten, ein Wischmopp. Dort, in der Wanne, war alles sicher vor dem Kot am Boden, den die Rollstuhlreifen überall verteilt hatten. Die näheren Details wollte man sich lieber nicht vorstellen, man musste es auch nicht, weil der Boden kaum zu sehen war. Lebensmittelverpackungen und plattgewalzte Kartons von

Elektrogeräten deckten ihn weitgehend ab. An der Heizung hing die Leiche eines Staubsaugers, der irgendwann mal kapituliert hatte.

Die gesamte Zwei-Zimmer-Wohnung mit Küche war hüfthoch vermüllt. Ich fragte vorsichtig nach der Finanzierung der Aktion. Die klang erstaunlich problemlos: Der junge Mann war kein Sozialfall, er war Festangestellter im öffentlichen Dienst, er kümmerte sich um Computernetzwerke. Er hatte ein festes und gar nicht mal schlechtes Einkommen, dazu bekam er von der Krankenkasse einen Zuschuss für den erhöhten Pflegeaufwand, den man als Schwerbehinderter nun einmal hat. Und er tat mir leid, weil er wirklich Angst um die Wohnung hatte, in die er erst vor zwei Jahren eingezogen war: Man konnte bequem aus der Wohnung in den Lift rollen, mit dem Lift ins Erdgeschoss fahren und dort ebenerdig auf die Straße, das ist trotz aller behindertengerechten Umbauten auch heute noch keineswegs selbstverständlich, meistens bleiben immer noch ein Treppenabsatz, eine oder zwei Stufen oder hohe Kanten als Hindernisse übrig.

Also sagte ich zu, und weil bis Dienstag ja wirklich nicht mehr lang hin war, sammelte ich die Truppe ein, die am schnellsten einsatzfähig war. Didi, Hardy, dazu meine Tochter Jenny und meine Frau Petra. Petra konnte ihre Begeisterung irgendwie nicht so recht zeigen. Aber das war immer noch besser, als wenn ich ihr im Detail gesagt hätte, was in der Wohnung auf sie wartete. Dann wäre sie vermutlich gar nicht erst mitgekommen. Und wenn ich ganz ehrlich bin, hab' ich mir das schon gedacht und lieber mal nicht zu viel verraten.

Wirklich vergessen habe ich nur Jennys Spinnenphobie. Weshalb ich bei der Ankunft erst mal mit dem Staubsauger die Decken abfuhr. Die Spinnweben verschwanden problemlos, dazwischen hörte man immer wieder ein dumpfes »fupp«, wenn eine der großen Spinnen im Rohr verschwand. Es war keine schöne Arbeit, aber es war immer noch angenehmer, als einen Blick auf den Boden zu werfen.

Das Schlimme war nicht das Chaos, das war nur ein Beleg dafür, dass der Mann mit allem überfordert war, was simpler war als ein Computerprogramm. Im Wohnzimmer etwa führte eine mühsam berollbare Schneise durch den hüfthohen Abfall zu zwei Computerbildschirmen. Vom Arbeitsplatz hatte sich der Müll offenbar ausgebreitet. Gegessen hatte er hier Pizza, Fertigprodukte, und die Reste davon hatten sich erst auf dem Computer getürmt, dann wurden sie nach rechts auf das Sofa ausgelagert und von da auf den Boden. Wenn man das zwei Jahre lang macht, hat man schon mal eine gute Basis an Abfall. Dazwischen kaufte er neue Computer, Elektrogeräte, wir angelten auch zwei nagelneue, ungeöffnete Karton mit Camcordern aus dem Wust. Die Kartons blieben, wo sie waren, in die Zwischenräume fielen weitere Essensreste. Gelegentlich hatte er dann immer mal versucht, Teile des Zimmers für sich zurückzuerobern. Das Projekt endete aber damit, dass der Müll energisch in entlegenere Teile des Zimmers gerammt wurde – nur so ließ sich die über die Jahre erreichte absolut gleichmäßige Verteilung im Raum erklären: Das Zimmer war regelrecht gestrichen voll. Erschütternd dabei war die Beobachtung, dass der Mann selbst immer wieder ernsthafte Versuche gestartet haben musste, etwas zu ändern. Er tat dann das, was Messies in dieser Situation immer tun: Sie kaufen zu allererst all die Dinge neu, die sie nach einem gründlichen Großputz brauchen werden. Eine neue Stereoanlage. Neue Wäsche. Das gibt einem das beruhigende Gefühl, man hätte schon mal den ersten Schritt getan – eine Selbsttäuschung, denn diese Einkäufe werden meist nicht mal ausgepackt. Wir waren diejenigen, die sie unter den Müllbergen fanden.

Was wir noch in großer Menge fanden, war das, was man in letzter Zeit immer in diesen grauenhaften Wohnungen findet: Flaschen mit einem bekannten Geruchsneutralisierer. Ein bei Licht betrachtet recht fragwürdiges Produkt: Für richtige Problemfälle wie Leichengeruch ist er zu schwach und bei 99 Prozent der übrigen Fälle eigentlich immer nur ein Indiz dafür, dass der Kunde nicht rechtzeitig zu Wasser und Seife gegriffen hat.

Das Schlimme waren auch nicht die Essensreste, obwohl die schon recht grenzwertig waren. Der junge Mann schien öfter mal Lust gehabt zu haben, sich etwas Vernünftiges zu kochen. Das Sinnvollste in dieser Situation wäre es gewesen, als Erstes den Herd zu reinigen, damit man überhaupt etwas kochen konnte. Er zog los, dem Gesetz des Messies folgend, und kaufte erst einmal ein. Die Lebensmittel lagerte er dann in seinem riesigen Kühlschrank und dort blieben sie, bis Schimmel, Bakterien und allerlei Tiere sie zu neuem Leben erweckten. Nein, das Schlimme waren die allgegenwärtigen Plastikflaschen.

Anfangs hatte ich noch gedacht: »Himmel, warum kauft denn der Mensch so viel Apfelschorle? Wozu denn dieser viele Eistee? Und warum trinkt er das Zeug denn dann nicht? Ist das wieder irgendsoeine Messie-Vorratsgeschichte, oder was?« Es hätte mir gleich auffallen sollen, dass die Etiketten auf den Flaschen viel zu oft nicht zum

Inhalt passten. Es gibt keine Apfelschorle in Coca-Cola-Zero-Flaschen. Und es hätte mir auffallen müssen, weil wir hier nicht von einer oder zwei oder zehn Flaschen reden. Allein im Wohnzimmer waren etwa 50 Stück, und es handelte sich hier nicht um handliche 0,33-Liter-Fläschchen, sondern um 1,5-Liter-PET-Brummer. Und im Wohnzimmer waren nur deshalb so viele davon, weil sie im Schlafzimmer keinen Platz mehr hatten.

Das Schlafzimmer war der furchtbarste Ort, an dem ich jemals einen Menschen habe schlafen sehen. Der Boden bestand bis zur Kniehöhe vollständig aus diesen Plastikflaschen. Hier war auch mit dem Rollstuhl kein Durchkommen mehr, hier musste sich der junge Mann wohl jeden Abend aus dem Rollstuhl gewuchtet und sich über die Flaschenhalde zum Bett geschleift haben. Warum, war beim besten Willen nicht nachzuvollziehen – bevor ich mich in dieses Bett begeben hätte, hätte ich lieber den Rest meines Lebens stehend an die Wand gelehnt geschlafen. Dieses Bett war seit zwei Jahren nicht mehr überzogen worden. Die Bettdecke selbst und das Kopfkissen hatten keinen Bezug mehr. Beides hatte die bräunliche Farbe von Packpapier oder den Altpapiertüten, die es gelegentlich in Supermärkten gibt. Decke und Kissen waren riesige, formlose Klumpen auf einer Matratze, bei der man nur noch unterscheiden konnte zwischen »fleckig« und »dunkelfleckig«. Der Stauraum unterhalb des Bettgestells war gesteckt voll mit diesen Plastikflaschen. Hinter dem Bett stand ein aufgestelltes Bügelbrett, sozusagen eine Art Nottisch. Hier war bis zuletzt gegessen worden. Ich überlegte, was ich mir hier weniger vorstellen konnte: zu schlafen oder zu essen. Ich kam zu keinem Schluss, es war beides gleichermaßen unvorstellbar.

Auf der anderen Seite des Betts lagen auf der kniehohen Flaschenschicht zwei weniger dreckige Matratzen, das Ergebnis des Plans einer Schlafzimmerreinigung. Vermutlich hatte er erst mal eine neue Matratze gekauft, dann ein Jahr gewartet und dann noch eine neue Matratze gekauft, die er dann auf die erste legte. Beide Matratzen waren nie zum Einsatz gekommen und wurden nur noch als Lagerstätte für zwei Eimer genutzt. In diesen Eimern stand und gärte das, was sonst in die PET-Flaschen abgefüllt wurde: Urin.

Und weil all das noch nicht reichte, prangten auf der Vorderseite des Bettgestells unübersehbar Spuren eines inmitten des Chaos verrichteten großen Geschäfts. Die zu beseitigen war wohl zu schwierig gewesen, und irgendwann hatte er sich damit wohl arrangiert. Ich sah mir das entsetzliche, widerwärtige Durcheinander auch nur noch deshalb an, weil ich ansonsten irgendwann mal Petra hätte ansehen müssen, und das schien mir alles andere als ratsam. Ich habe Didi noch nie so bleich gesehen wie in dem Moment, als er nach einer Kurzbesichtigung des Schlafzimmers zu mir kam und sagte: »Ich hab' 'dacht, ich wär' a harter Feuerwehrmann. Aber jetz woaß i: I bin nur a Muschi.«

Nachmittags um 16 Uhr waren wir eingetroffen, und ich war noch davon ausgegangen, dass wir die Wohnung leer bekommen würden. Abends um 22 Uhr waren wir fix und fertig, und wir hatten mit dem Schlafzimmer noch nicht mal angefangen. Der junge Mann saß unablässig daneben und wäre am liebsten im Boden versunken, am besten durch die ganze Erde hindurch bis Australien. Das hatte immerhin tatsächlich etwas Anrührendes, wenn man das zwischen den Ekelanfällen empfinden konnte, der Mann war nun einmal krank, körperlich sowieso und mental ja wohl auch irgendwie.

Wir hatten sechs Stunden lang nichts anderes gemacht als Müllsäcke zu füllen und sie auf dem riesigen Balkon zu stapeln. Der Hausmeister hatte uns nicht erlaubt, die Säcke mit dem Lift nach unten zu transportieren, und ich konnte es ihm nicht mal verdenken. Wenn auch nur eine Flasche kaputtgegangen wäre, hätten sie vermutlich den Lift ausbauen und verbrennen müssen. Also entwickelte ich den Plan, erst alles auf dem Balkon zwischenzulagern und später Sack für Sack über die Brüstung abzuseilen. Abends machten wir aus einer der Matratzen und aus der noch packungsneuen Bettwäsche aus der Badewanne ein Notbett. Und Jenny, die ja Krankenpflegerin gelernt hat, setzte den Bewohner dieser Endlagerstätte in die inzwischen frei gewordene Wanne, wo sie und Petra ihn säuberten.

Dann machten wir Feierabend, und Petra wusch mir unterwegs den Kopf, bis ich begriffen hatte: Meine Frau hilft durchaus, Blutlachen wegzuwischen, aber bei Exkrementen hört die Liebe auf. Ich konnte es ihr wirklich nicht übel nehmen.

Am nächsten Tag kam ich wieder mit Didi, Klaus und Andi, einem Aushilfskollegen, natürlich auch feuerwehrerfahren. Wir packten das Schlafzimmer ein, mühsam, angeekelt, zermürbt, weil die Flaschenflut einfach kein Ende nahm, immer neue 120-Liter-Müllbeutel türmten sich auf dem Balkon, die Beutel kann man ja auch nur begrenzt vollstopfen. Und dann so am späten Mittag, machten wir uns ans Abseilen, ganz professionell.

Zuerst legten wir unterhalb des Balkons den Boden großzügig mit Planen aus, so gut es ging jedenfalls, denn wir hatten nicht allzu viel Platz, nur etwa vier Meter. Jenseits dieser vier Meter lag die Terrasse eines italienischen Restaurants, das sich langsam zu füllen begann. Der Wirt war freundlich, aber nicht begeistert von den neuen Nachbarn im weißen Overall. Ich drückte ein bisschen aufs Tempo: Ich legte den Klettergurt von den Rettungseinsätzen an, fädelte das Kletterseil ein, absolut reißfest, und dann seilte ich Sack um Sack ab, zügig, aber nicht hektisch. Unten stand Klaus, band die Säcke los und brachte sie zum Container. Nach 50 Säcken ließ ich mich ablösen und gab den Gurt samt Seil an Andi weiter und begab mich nach unten, um statt Klaus die Säcke in Empfang zu nehmen.

Das war ein Fehler, es ist nur nicht so ganz leicht, festzustellen, wer Schuld hat. Vielleicht hätte ich Andi auf die Wasserauslässe der Balkone aufmerksam machen müssen, vielleicht hätte er auch selber drauf achten sollen: kleine Rohre, die waagkrecht durch die Balkonbrüstung nach außen ragten, nicht richtig scharfkantig, aber eben doch widerspenstig genug, dass sich ein Sack verhaken kann, wenn man ihn zügig von oben nach unten daran vorbeiseilt.

Ich sehe den Moment noch immer vor mir: Der Plastiksack gleitet nach unten, auf den Haken im zweiten Stock zu, ich habe meiner Erinnerung nach sogar noch irgendeine Warnung geschrien, aber der Sack sitzt auf, er zerreißt in Zeitlupe, in Superzeitlupe, er geht auf wie ein Vorhang, und heraus purzeln sechs bis acht große goldbraune Plastikbomben, sie fallen nicht senkrecht wie Steine, sie drehen sich elegant, man sieht es, man hat diesen seltsamen inneren Zwiespalt, man ist hin- und hergerissen zwischen Hinlaufen und Abfangen und Weglaufen, aber man tut natürlich überhaupt nichts, weil man überhaupt nicht wüsste, wo man zuerst hingreifen sollte, man überlegt nur, wie belastbar PET-Flaschen tatsächlich sind, und dass man das ja gleich erfahren wird und, wenn man schon dabei ist, weil in solchen Momenten die Zeit irrsinnig langsam vergeht, dann denkt man sich auch, was das wohl für ein Geräusch macht, wenn eine Flasche voller Monate alter vergorener Pisse auf einem mit Plastik abgedeckten Betonfußboden aufschlägt. Ob das vielleicht knallt?

Es knallt nicht.

Es macht »dsss!!!!«

Bei mehreren Flaschen natürlich mehrfach, etwa so: »dsssdsssd-d-d-dssss!!!!«

Modell Flächenbombardement.

Durch die Wucht eines Sturzes aus dieser Höhe spritzt der Inhalt dann auch problemlos über die gesamte Terrasse des italienischen Lokals samt Gästen. Mit Ausnahme der Gäste, die hinter mir standen, für die habe ich die Hauptsache des Schwalls abgefangen.

Daraufhin nahm ich mir die Freiheit, hinter einen Müllcontainer zu stürzen und mich zu übergeben. Und ich war noch nicht fertig, als mein Handy klingelte. Ich weiß ganz ehrlich nicht mehr, mit welchen Worten ich mich gemeldet habe, aber ich weiß noch, als ob es gestern gewesen wäre, dass der junge Mieter am Apparat gewesen ist und mir mit einer Mischung aus Vorwurf und Betroffenheit ins Ohr jammerte:

»Ich habe das alles mitangesehen.«

Ich ließ sofort jegliche Abseilarbeit stoppen, und die nächsten drei Stunden haben wir das Lokal geputzt. Ein sehr netter, sehr verständnisvoller Wirt, dem wir nach diesen drei Stunden auch etwas Umsatz verschafft haben, indem wir selber zu ihm rein sind, um was zu essen. Besser gesagt, die anderen: Ich brachte beim besten Willen nichts runter und trank einen Schnaps. So was mach' ich sonst nie. Vielleicht bin ich ja auch nur eine Muschi.

Anschließend nahmen wir für den Rest des Mülls den Lift. Der Hausmeister zeigte sich nach dieser Katastrophe großzügig, vorausgesetzt, wir würden den Aufzug vorher komplett mit Plastikfolie auskleiden. Dann machten Hardy und ich uns in der Wohnung an die Geruchsbekämpfung mit Chlorbleichlauge. Eigentlich hätte man da drin auch den kompletten Boden rausreißen und neu machen müssen, aber die Zeit hatten wir nicht mehr, am nächsten Tag war ja schon die Wohnungsbesichtigung.

Geholfen hat das Unternehmen nichts. Wir haben zwar noch das Sozialamt alarmiert, aber letzten Endes haben sie ihn aus der Wohnung rausgeworfen, und ich kann es ihnen nicht mal verdenken. Wir haben den Kontakt zu dem jungen Mann allerdings aufrechterhalten, ich habe ihm auch neue Möbel von einer Wohnungsauflösung an einem Leichenfundort besorgt, geruchsneutral, natürlich, kostenlos, für seine neue Wohnung. Und das ist der Grund, weshalb ich hier wirklich sauer geworden bin.

Wir haben ihn nämlich nach einigen Wochen besucht, in der neuen Wohnung. Da standen bereits wieder die ersten Essensreste in der Gegend herum, sie fingen schon an, unters Bett zu wandern, und die Gratismöbel standen noch immer genau so da, wie sie angeliefert worden waren. Nur zur Erinnerung: Der Mann war ja nicht arm, er hatte ein geregeltes Einkommen, der hätte sich schon jemanden engagieren können, der mal ein paar Schrauben und Dübel in die Wand bohrt. Die Rechnung, die wir ihm nicht zum Freundschaftstarif, sondern eher schon zum Verwandtschaftstarif gestellt hatten, war auch noch nicht bezahlt, aber da hätte ich noch meinen Mund gehalten, wenn nicht stattdessen ein neuer Großbildfernseher in der Wohnung gestanden hätte. Der Karton stand natürlich auch noch da.

Und dann hab ich ihm mal die Meinung gesagt. Wenn ich die alte Pisse von jemandem ins Gesicht kriege, dann hab' ich auch das Recht dazu, ihm zu sagen, was ich von ihm und seinen Bemühungen um Reinlichkeit halte. Und dass er schon wieder so anfängt, wie er grade eben aufgehört hat. Und dann ist er auch pampig geworden. Aber das war natürlich mein Fehler.

Diese Menschen sind krank und brauchen Hilfe. Nicht die Hilfe, die ein Tatortreiniger bieten kann, sondern eine dauerhafte Therapie. Und in dem Moment, in dem man denkt, man müsste ihnen selber weiterhelfen, ist das ein Alarmsignal. Dann hängt man schon zu tief drin. Oder man ist von Kabel Eins und möchte eine Fernsehsendung drüber machen. Ich kann diese Sendungen seither nicht mehr ansehen, ohne mir dabei zu denken: Man sollte all diese Menschen ein halbes Jahr später besuchen und nachsehen, was wirklich aus ihnen geworden ist.

Und noch eine Sache ist geblieben: Es fällt mir ganz schwer, im Supermarkt an einer PET-Flasche vorbeizugehen, ohne sie mir mit einem goldgelben Inhalt vorzustellen.

22. CARWASH

Schon die Anfrage war für mich ein Kompliment. So was hatte ich noch nie: Der TÜV war am Telefon und wollte mich als Sachverständigen haben. Dabei ist der TÜV ja eigentlich selber der Sachverständige. Nur eben nicht für Leichenwagen.

Passiert war Folgendes: Ein junger Mann hatte beschlossen, aus dem Leben zu scheiden. Die Methode der Wahl war die Öffnung der Pulsadern. Und in einem Anfall von Rücksichtnahme hatte er entschieden, das nicht zu Hause zu machen, sondern im Auto. Aber nicht im eigenen. Da würde ja die Familie noch drin fahren müssen. Also marschierte er zu einer namhaften deutschen Autovermietung und orderte einen Transporter. Es wäre vielleicht ganz nett gewesen, wenn er auf einem etwas älteren Modell bestanden hätte, andererseits – so was macht die Vermieter natürlich auch wieder stutzig. In jedem Fall sagte er nichts Spezielles dazu und bekam einen drei Monate alten VW T5, der gerade mal 10 000 Kilometer auf dem Tacho hatte, da kann man beinahe schon noch »neuwertig« dazu sagen. Er stieg ein und fuhr in ein Waldstück außerhalb der Stadt. Und dann schlitzte er sich die Pulsadern auf.

Er hatte das ein wenig dilettantisch angelegt, wenn ich das mal flapsig formulieren darf. Er hatte zwar die richtigen Gefäße erwischt, aber sie dafür nicht sonderlich weit geöffnet. Vom Ergebnis her macht das keinen Unterschied: Man stirbt so schon auch, keine Sorge. Aber man stirbt erstens langsamer, zweitens qualvoller und drittens hat man noch reichlich Zeit, den gesamten Wagen zu versauen.

Die ersten beiden Punkte sind tatsächlich so: Man sieht es ja an den Fundorten. Denn der kritische Punkt beim Pulsadern-Öffnen ist der Moment des sogenannten Volumenmangelschocks. Wer verbluten will, verblutet zunächst ziemlich unaufgeregt. Er wird dann sogar müde. Aber irgendwann, so etwa nach drei Litern Blutverlust, merkt der Körper, dass ihm das Blut ausgeht. Dann dreht er noch mal so richtig auf, denn er versucht, die geringe Menge verbliebenen Bluts dafür umso schneller durch den Körper zu schleusen. Da muss der Kopf gar nicht mal mehr so richtig zurechnungsfähig sein, aber man schüttet viel Adrenalin aus und steigt voll ein in die Endrunde des Todeskampfs. Wenn man die Blutgefäße weit, weit offen hat, geht das noch halbwegs erträglich schnell. Aber wenn nicht, dann zieht sich dieser Todeskampf in die Länge. Das ist nicht schön für den Selbstmörder. Und wenn er das Ganze in einem praktisch nagelneuen Mietwagen veranstaltet, ist es auch nicht schön für den Autovermieter.

Der Mann hatte ganz normal auf dem Fahrersitz begonnen. Er hatte die Windschutzscheibe innen mit Blut bespritzt, das Lenkrad, das komplette Armaturenbrett, die Gangschaltung, er war schon halb bewusstlos nach hinten gekippt, hatte den Arm hängen lassen und hinter den Beifahrersitz geblutet, dann war er nach rechts gekippt und hatte auf den Beifahrersitz selbst geblutet. Etwa zu diesem Zeitpunkt setzte der Volumenmangelschock ein. Ab dann ist es wirklich unschön geworden. In solchen Momenten haut's die Leute richtig durch die Gegend, das ist der reine Wahnsinn. Man hat's ja gesehen, er hat in seinem Todeskampf zunächst die Kopfstütze umgebogen, bis er sie samt Verankerung rausgerissen hatte. Die Kopfstütze rauszuziehen, ist ja nicht schwer, aber sie rauszubiegen – das kann gerne jeder selber mal im Auto versuchen, das sind Stahlstangen, die biegt man normalerweise nicht. Dann hatte es ihn offenbar zwischen die Sitze verschlagen, zwischen den Fahrer- und Beifahrersitz und zwischen die beiden Sitze der zweiten Reihe, und dann hatte er sich wieder hochgezogen, in der dritten Reihe – der T5 ist ja ein Dreireiher. Dort, auf dem linken hinteren Sitz der Rückbank, war er dann verblutet. Und deshalb brauchte mich der TÜV: Zunächst mal gar nicht zum Reinigen. Sondern um festzustellen, ob sich das Reinigen lohnt. Wenn nicht, dann war der Wagen ein Totalschaden.

Das ist gar nicht mal so abwegig. Für Laien: Totalschaden bedeutet ja nie, dass ein Auto total kaputt ist. Das heißt nur, dass die Reparatur des Wagens teurer ist als sein Wert. Und Reparatur bedeutet in diesem Fall Reinigung, obwohl das Auto tipptopp fahrbereit war. Und zunächst klingt das sicherlich merkwürdig: Kann es günstiger sein, ein 50 000-Euro-Fahrzeug wegzuschmeißen, als es zu reinigen? Es kann.

Zum einen, weil das Auto direkt im ersten Jahr am meisten Wert verliert, wir sind also nur noch bei 40 000 Euro. Zweitens war der Selbstmörder mit dem Wagen auch noch ordentlich an einen Baum gedotzt, macht mit Ersatzteilen und Lackschaden 5000 Euro Reparatur. Und drittens, weil der Kunde ja kein Privatmann ist, der bei der Reinigung nicht so pingelig sein muss. Der Kunde ist ein namhafter Autovermieter, und falls ein Mieter plötzlich mal irgendwo einen roten Schmierer entdeckt, will der nicht nur sein Geld zurück, dann schimpft er auch, womöglich im Internet. Also brauchen wir eine Reinigung, die praktisch den Neuwert wiederherstellt, das bedeutet Ersatzteile. Und weil man Originalteile verwenden muss und VW die nicht zum Selbstkostenpreis liefert, sondern ganz normal nach Liste berechnet, kann man dann schon ruckzuck wieder im fünfstelligen Bereich landen.

Also habe ich mir den Wagen mal angesehen. Und hier zahlt sich die Erfahrung aus, die wir inzwischen gesammelt haben. Zum Beispiel, dass das nicht der erste Wagen eines Selbstmörders, ebenfalls mit den Pulsadern, war – wie ich es bereits im ersten Buch geschildert habe. Damals war's das Führerhaus eines Lastwagens gewesen, und bereits bei dessen Reinigung hatten wir festgestellt, dass man das Wageninnere komplett zerlegen muss, weil das Blut einfach überall hinläuft. Bei diesem Wagen konnte man es nur vermuten, ich wusste aber auch, dass das Zerlegen bei einem Pkw schwieriger ist. Ich veranschlagte also einen Tag zur Reinigung, mit zwei Personen – und dazu einen VW-Werksmechaniker, der genau wusste, wo man welche Schrauben am schnellsten lösen muss, um die Teile alle in die Hand zu bekommen. Das klingt auf Anhieb womöglich recht eingebildet, aber wer sich ein bisschen mit modernen Autos auskennt, wird mir da Recht geben. Das ist heute nicht mehr mit einem normalen Satz Schraubenschlüssel hinzubekommen wie früher beim Fiat Panda. Heutzutage versuchen die Hersteller, das zu spezialisieren. Wenn man heute unter eine stinknormale Motorhaube guckt, sieht man keinen Motor mehr – man sieht nur noch große, saubere Bauteile mit Plastikabdeckungen, die man auch nur in einer bestimmten Reihenfolge lösen kann. Darum ist die Werkstattrechnung für irgendwelche Kleinreparaturen oft so irrsinnig hoch: Weil vorher hundert Teile ausgebaut werden müssen, die mit dem eigentlichen Fehler überhaupt nichts zu tun haben.

Allein damit ist man schon bei etwa 2500 Euro. Und dann die Ersatzteile: Den schneeweißen Himmel des Wagens konnte man vielleicht retten, aber sicher war's nicht. Also setzte ich ihn mal vorsichtshalber auf die Rechnung. Die Bezüge der vollgebluteten Sitze – trotz aller pflegeleichten Materialien nicht zu retten, weil das Blut auch noch im Schaumstoff drunter war. Irgendwie halbwegs sauber kriegt man's schon, aber was ist denn, wenn sich jemand den Wagen leiht, im Juli, bei 35 Grad, seine Frau auf dem Beifahrersitz mit der schneeweißen Jeans, und dann schwitzt man so vor sich hin ins Sitzpolster – plötzlich ein Blutfleck auf der Hose. Also weg damit. Auch die gesamten Spiralen der Sitzheizung, alles wird weggeworfen. Dazu noch die Teppiche aus dem Fußraum. Den kann der Privatmann mit irgendwelchen alten Teppichen auslegen – der Autovermieter kann das nicht. Der muss die Originalteppiche von VW nehmen. Dazu kamen weitere Kleinteile wie die Kopfstütze oder das Schloss des Sicherheitsgurts auf der Beifahrerseite, das mit dem orangefarbenen Tastenverschluss. Auch hier war Blut reingelaufen, unmöglich, das rentabel sauber zu bekommen.

Ich habe mal großzügig 6000 Euro veranschlagt. Dann haben sich die Autovermieter beraten. Und anschließend den Auftrag erteilt. Es wurde genau die Fieselei, die ich geahnt hatte.

Didi hat ihnen den Wagen allerdings gleich mal als Serviceleistung in die Werkstatt gefahren. Sie hätten ihn auch für uns abgeschleppt, aber erstens mussten wir selber ja sowieso zur Werkstatt, und zweitens fuhr der Wagen tadellos. Er ist in den Overall geschlüpft, hat eine Plastikfolie auf den Fahrersitz gelegt und ist dann mit dem »Blutmobil« zur Werkstatt gefahren.

Sie hatten uns einen jungen, sehr netten Mechaniker zur Verfügung gestellt. Der kam zu uns, betrachtete den Wagen und sagte blass: »Seid's mer ned bös, aber des kann i ned. Ehrlich, des pack i ned. Da müsst's wen anders fragen.« Weshalb sie einen etwas erfahreneren Meister schickten. Auch für ihn war es das erste Mal, aber angestellt hat er sich wirklich ausgezeichnet. Wir haben ihn auch in einen Overall gesteckt, haben ihm gesagt, dass wir für eine erste oberflächliche Reinigung eine Stunde bräuchten und dass er dann zum Einsatz käme.

So haben wir dann auch angefangen: Mit einer Wischdesinfektion über alle Oberflächen. Wischfeucht, auf keinen Fall zu nass, denn wir wollten ja nicht, dass das blutige Wischwasser in alle Ritzen lief. Und dann gingen wir ans Eingemachte. Wir haben die Sitze ausgebaut und uns die Bescherung angesehen. Der Wagen hatte wohl leicht schräg gestanden, links vorne nach oben, rechts hinten nach unten. Und unter dem Teppich im vorderen Fußraum, auf der Fußbodenplatte im hinteren Fußraum sah man schon die Fließrichtung entlang der Rinnen und Ritzen. All diese Ritzen sind natürlich nicht wasserdicht. Und das bisschen Blut konnte auch nicht alles sein. Anhand der Selbstmordart konnte man ja ungefähr ahnen, welche Blutmenge in diesem Auto vorhanden sein musste. Wenn man in den Sitzpolstern etwa zwei Liter vermutete, musste der Rest irgendwo anders versickert sein.

Es war außen unter den Trittbrettern. Oben die Ritze war leicht blutig, unten an der Karosserie war das weiß lackierte Metall blutrot bis schwarz getüncht. Es war in den Laufschienen der Sitze. Es war hinten rechts unter die Lüftung geschwappt, zentimeterhoch und teilweise noch immer flüssig. Und es war natürlich unter der Verkleidung an der Ladeklappe. Es war vorne in der Tür hinter der Verkleidung, in den Lautsprechern. Hinter der Verkleidung der Seitentür. Und der Mechaniker war Gold wert, für uns und für denjenigen, der zahlen musste. Wir haben mit dem Dampfreiniger gearbeitet, und wir haben das Auto so sauber gekriegt, wie man es nur kriegen konnte. Die Fußbodenplatte hinten nicht ganz: Die besteht aus plastikbeschichtetem Pressspan, aber an den Rändern ist sie unbehandelt, und da hatte sich das Blut natürlich hineingesaugt. Wir konnten die Platte noch desinfizieren, aber mehr war nicht drin. Wenn es mein Privatfahrzeug gewesen wäre, ich hätte sie am Rand sorgfältig dichtlackiert und wieder eingebaut, und das sagte ich ihnen auch, aber ob sie es so gemacht oder stattdessen die sündteure VW-Platte neu bestellt haben, kann ich nicht sagen. Das hätte die Kosten wieder um 800, 900 Euro erhöht.

Die Sitzbezüge mussten raus, wie angenommen, auch der Schaumstoff drunter. Dafür haben wir ihnen den Himmel gerettet: Tatsächlich hat man nichts mehr gesehen, der war schneeweiß, dass es eine reine Freude war. Und wir haben die Armaturen ganz günstig sauber bekommen.

Gott sei Dank hatte der Selbstmörder ja nicht flächendeckend drübergeblutet. Also haben wir oben den

Dampfreiniger reingehalten. Unten haben wir Lappen zum Aufsaugen reingeklemmt. Und dann 30 Minuten alles durchdampft, bis unten wirklich nur noch saubere Flüssigkeit rauskam. Abschließend haben wir noch mal eine halbe Stunde lang alles mit Druckluft getrocknet. Und hinterher haben wir den Wagen dann tatsächlich in einem erstaunlich sauberen Zustand übergeben. Ich glaube aber dennoch, dass sie ihn nicht mehr in Deutschland zum Einsatz gebracht haben. Das ist vielleicht ganz beruhigend zu wissen.

Beruhigender jedenfalls als die Überlegung, was mit dem Wagen passiert wäre, wenn wir nicht beauftragt worden wären und das Auto als Schaden abgeschrieben hätte. Hätte ja sein können, wenn das Auto nur ein, zwei Jahre älter gewesen wäre.

Dann kauft irgendwer das Auto. Mit Blut und allem Drum und Dran. Und putzt es so, wie er es für richtig hält, und fährt drin. Oder es kauft irgendein windiger Gebrauchtwagenhändler für wenig Geld, lässt es seinen Cousin dritten Grades für 50 Euro schwarz durchwischen und verkauft es wieder. Und wenn er ganz, ganz ehrlich ist, sagt er sogar dazu, dass der Wagen einen kleinen Unfall hatte, auf der rechten Seite. Das mit dem Blut sagt er nicht. Muss er auch nicht. Das schreibt kein Gesetz der Welt vor.

Auch kein schöner Gedanke.

23. DER TOD DES WEIHNACHTSMANNS

Wer mal auf der A 96 Richtung Memmingen fährt, enormen Hunger bekommt und plötzlich ein Ausfahrtschild sieht, auf dem »Holzgünz« steht, dem kann ich nur empfehlen, zügig rauszufahren. Holzgünz selber ist winzig, das sind keine 2000 Menschen, die da wohnen, aber trotzdem ist Holzgünz groß genug für ein Schloss mit einer Schloss-Schänke, böhmisch-tschechische Küche, und die braten ein Schnitzel – zum Niederknien. Mit Pommes frites, wenn man mag, aber ich würde zum Kartoffelsalat raten, die machen einen Kartoffelsalat, da wird das famose Schnitzel beinahe zum Nebendarsteller. Und das ist genau das Richtige, wenn man so einen bohrenden, nagenden Hunger hat, weil man gerade einen harten Tag hinter sich hat, auf der Autobahn oder im Büro oder in der Styroporfabrik, wo man eben die Reste eines verdienten Mitarbeiters von den Maschinen gewischt hat.

Der Leiter der Fabrik rief uns an, und er war völlig durch den Wind. Ein Mitarbeiter war auf einen Betonboden gestürzt, und jetzt suchte er rasche Hilfe. Diese Firma war schließlich kein kleines Unternehmen, da wurde in mehreren Schichten gearbeitet, und jede Stunde, in der er seinen Mitarbeitern aus Rücksicht und Einfühlungsvermögen nicht zumuten wollte, an der blutigen Todesstelle vorbeizugehen, war zugleich auch teuer.

Wir sagten ihm, dass wir so schnell wie möglich kämen, aber ein wenig Geduld müsse er noch haben: Wir waren nur für Wespennester ausgestattet, und für einen solchen Einsatz wollten wir lieber alles dabeihaben, was man vielleicht brauchen konnte. Zwei Stunden später waren wir in Holzgünz.

Die Fabrik ist und war beeindruckend, der Leiter war dennoch sichtlich geknickt. Über hundert Mitarbeiter, das ist zwar nicht wenig, aber längst nicht groß genug, dass der Chef nicht jeden seiner Angestellten kennen würde. Und anders als am Bau, wo schwere Unfälle immer wieder vorkommen können, war sowas in diesem Unternehmen praktisch unbekannt. Was wohl einerseits daran liegt, dass das eine tadellose und seriöse Firma ist, die auch auf die Sicherheit ihrer Mitarbeiter achtet, aber andererseits auch am Produkt selber: Von herunterfallendem Styropor ist noch kein Mensch erschlagen worden, da ist eigentlich die Arbeit in jeder Brauerei gefährlicher, wahrscheinlich sogar die in jedem Spielzeuggeschäft. Aber der Tod findet seinen Weg überallhin.

Styropor (oder besser: Polystyrol, so heißt das Material nämlich, Styropor ist ja nur ein Markenname) besteht in seiner Urform aus kleinen Kügelchen. Man sieht ja oft die Styroporplatten oder Schutzformen für Elektrogeräte in den Kartons und denkt sich: »Wozu der Umweg über die Kügelchen, können die das nicht gleich in die richtige Form gießen?« Die Antwort ist nein. Erst sind die Kügelchen da, und dann kann man alles draus kleben, was man will, Dämmplatten, Polsterecken, was auch immer. Und wenn man die kleinen Kügelchen hergestellt hat, muss man sie zunächst zwischenlagern, in großen, gut belüfteten Silos. Die Firma hatte eine ganze Halle davon, riesige Blechzylinder, zehn oder zwölf Meter hoch. Und einen dieser Silos hatte der Verstorbene inspizieren wollen.

Es gab überhaupt keinen Anlass, das für einen auch

nur ansatzweise lebensgefährlichen Plan zu halten. Zu jedem der Silos führte eine Leiter zehn oder zwölf Meter in die Höhe, und die Leiter war auch vorschriftsmäßig bis oben hin gesichert, mit solchen kreisrunden Kletterkäfigen. Da konnte eigentlich nichts passieren. Der Mann kletterte hinauf, zu Revisions- oder Reparaturarbeiten, genauso wie er es vorher schon Dutzende Male problemlos gemacht hatte, und dabei verließ er diesen Käfig. Auch das war nicht beunruhigend. Halle, Silos, Röhren, all das stand ja recht eng beieinander, es gab überall Kanten oder Wände, an denen man sich festhalten oder abstützen konnte. Aus irgendeinem Grund stürzte er dennoch an der Leiter vorbei außen senkrecht nach unten. Er schrammte an nichts, was seinen Fall hätte bremsen können, prallte gegen nichts, woran er sich hätte abfangen können, es war unglaublich: Ich behaupte mal, wenn er mit Absicht genauso hätte springen wollen, er hätte es niemals geschafft, so wenig Platz war da für einen freien Fall. Aber so was klappt eben immer ausgerechnet dann, wenn es nicht klappen soll.

Unten schlug er auf dem Verschluss des Absaugrohrs auf, eines Rohrs mit 50 oder 60 Zentimetern Durchmesser, durch das die kleinen Kügelchen zur weiteren Verarbeitung wieder aus dem Silo abtransportiert wurden. Der Mann verbeulte den Verschluss und riss das komplette Rohr ab, bevor er den Bruchteil einer Sekunde später mit dem Kopf auf dem Betonboden daneben aufprallte. Er muss sofort tot gewesen sein. Um ihn herum breitete sich sofort eine riesige Blutlache aus. Und über all das Blut schoss aus dem Silo eine Flut strahlend weißer Polystyrolkügelchen. Der Hallenboden war kniehoch mit weißen weichen Kügelchen bedeckt, ein Kind hätte vermutlich als Erstes reinspringen mögen. Aber nicht aus dieser Höhe!

Der Notarzt hatte das idyllische Bild dann etwas beeinträchtigt. Er hatte den Toten unter den Kugelbergen hervorgeholt und zur Seite geschleift, das sah man an den Fußspuren. Dann hatte er aufgegeben, und die Leiche war abtransportiert worden. Und das Kinderparadies sah infolge der Wühlarbeiten aus wie eine zuckrige Winterlandschaft, in der jemand den Weihnachtsmann mit einem Bleirohr erschlagen hatte. Bizarr, unwirklich, so aberwitzig, dass mir zuerst durch den Kopf schoss: der romantischste Leichenfundort, den wir jemals hatten.

Jemand hatte dann zum Abdecken einige große Polystyrolplatten über die blutigen Teile der Zuckerberge gelegt, wie Surfbretter über weiße Wellen. Aber viel besser machte das die makabre Idylle nicht.

Die Luft war kaum erträglich, wegen der unglaublichen Trockenheit. Jeder Atemzug tat weh, es war ein ständiges Kratzen im Hals, weshalb wir ziemlich schnell zu unseren Atemschutzgeräten griffen, sonst hätten wir uns womöglich wundgeräuspert. Wir desinfizierten den Bereich großflächig, dann machten wir uns ans Schaufeln. Eigentlich sah das meiste hier unproblematisch aus, es war wie Schneeschaufeln. Aber wir hatten die Kombination Kügelchen-Blut-Beton unterschätzt.

Die sauberen Kugelberge konnte man tatsächlich mit Schaufeln abtragen, in Tüten verpacken und wunderbar leicht vor die Türe bringen. Mit dem Blut war das unmöglich. Der knochentrockene Boden und die Kügelchen saugten Blut auf wie Schwämme. Und wenn Blut zwischen Kügelchen und Boden geriet, dann saugten sich Kugeln und Beton leidenschaftlich derart aneinander fest, dass die Kugeln am Boden klebten wie angewachsen. Und anfangs dachte ich noch: »Na ja, dass lässt sich doch mit irgendeinem Spachtel abschaben, was soll da schon groß dran sein, das ist doch nur Styropor.« Aber in Verbindung mit dem Blut war das kein Styropor mehr. Auf dem Boden war ein rotweißer Superschorf, der sich ums Verrecken nicht lösen wollte. Es war eine Drecksarbeit, wir haben geflucht wie die Teufel, während wir den Superschorf vom Boden zu lösen versuchten. Aber es brachte nichts. Eher wären uns die Spachtel abgebrochen. Die großen Brocken gingen weg, aber die Kugelansätze blieben kleben.

Wir haben ratlos auf die riesige betongewordene Blutlache geguckt. Und dann probierten wir es mit Wasserstoffperoxid. Das war keine gute Idee. Sofort entstand blutiger Schaum, der zwar das Blut tatsächlich entfernte, aber nur an einem winzigen Fleck. Fünf Liter Wasserstoffperoxid für eine Fläche von der Größe einer Kinderfaust. Wir hätten das Zeug kanisterweise gebraucht, um mit dem enormen Fleck fertigzuwerden. Und wenn man ehrlich war, hat es nur die Farbwirkung ein wenig reduziert, die Spuren hat man im Beton nach wie vor gesehen. Und dann war ich ein wenig sehr leichtsinnig: Ich dachte mir, dass am Betonboden ja nichts kaputtgehen könnte und griff zur Salzsäure.

Der Effekt war, dass das Blut eine schwarze dicke Kruste bildete. Jetzt sah der Boden aus wie ein Grillrost, den jemand 20 Jahre benutzt hatte, ohne ihn ein einziges Mal zu säubern. Das war auch nicht unlogisch, denn mir ist ein wenig Salzsäure auf den Stiefel getropft, auf dem noch Spuren von Wasserstoffperoxid waren. Daraufhin wurde es in meinem Schuh schlagartig enorm heiß. Ein hochwertiger Feuerwehreinsatzstiefel, die Dinger kosten 200 Euro pro Paar, wanderte in den Müll. Letzten Endes war das auch eine Schnapsidee gewesen: Die Kombination aus Wasserstoffperoxid und Salzsäure ist schließlich ein beliebtes Ätzmittel, mit dem Künstler ihre Zeichnungen und Radierungen in Kupferplatten ätzen; ein Lederschuh leistet dieser Mischung so viel Widerstand wie ein nasses Papiertaschentuch.

Ich zog schimpfend meine Ersatzschuhe an und ärgerte mich. So viel Unprofessionalität! Da wird man bald 48, und es kommt immer noch vor, dass man sich benimmt wie ein Schulbub im Chemieunterricht. Na ja, und dann haben wir eben die Betonfräse genommen.

Eine Betonfräse ist nichts anderes als eine Schleifmaschine. Als ob man mit rasend schnell rotierendem Schmirgelpapier den Boden abraspeln würde. So was funktioniert natürlich immer, aber es ist trotzdem nicht immer die erste Wahl, weil es eben langwierig ist. Einen Betonfußboden großflächig einen halben bis ganzen Zentimeter tief abzuraspeln, dauert seine Zeit, und man will dem Kunden ja nicht unnötig Arbeitsstunden bescheren. Außerdem entstehen große Mengen von feinem Betonstaub; in geschlossenen Wohnräumen würde man die Fräse daher nicht unbedingt einsetzen. In der Halle ging's natürlich einfacher.

Anschließend haben wir die Fläche noch einmal mit Chlorbleichlauge behandelt und abschließend noch einmal desinfiziert. Bis abends um 22 Uhr haben wir gearbeitet. Und da ist noch nicht mal die Nachreinigung miteingerechnet. Unser Auto hat ausgesehen wie Sau, und zwar war es von oben bis unten in jeder Ritze voller Polystyrolmehl. Ich hätte nie, nie, nie gedacht, dass dieses

Kugelzeug derart staubt. Aber das Putzen habe ich mir für später aufgehoben, denn vorher hatten wir erst mal Hunger. Und dabei haben wir die Schloss-Schänke gefunden. Böhmisch-tschechische Küche.

Wie gesagt, wer mal grade fünf Liter Blut aus einer Styroporfabrik entfernt hat – der sollte hinfahren und die Küche ausprobieren.

24. KOPFSACHEN I

Wenn wir alle keine Menschen wären, sondern Hamster, dann gäbe es meinen Beruf gar nicht. Das sagt wenigstens Andreas Müller-Cyran, der Leiter und Erfinder des Münchner Kriseninterventionsteams KIT und überhaupt der geistige Vater aller deutschen KITs. Mit Schimpansen wäre das vermutlich etwas anderes, da könne er es nicht so genau sagen, daran würde gerade noch geforscht. So wäre es durchaus möglich, dass ein Schimpansen-Müller-Cyran vor fünf Jahren einen Schimpansen-Peter-Anders gefragt hätte, ob er nicht Leichenfundorte reinigen möchte. Weil nämlich, so sagt Herr Müller-Cyran, die Vermutung besteht, dass auch Schimpansen im Zusammenhang mit dem Tod eines Artgenossen mehr empfinden als nur »Nichts wie weg!« oder »Hauptsache, es trifft nicht mich!«.

Denn genau das ist es, was die meisten anderen Säugetierarten bei diesem Thema empfinden und vor 10 000 oder 20 000 Jahren vielleicht auch noch unsere Vorfahren. Für den Hamster wird ein toter Hamsterkollege sofort zu einer Art Gegenstand. Für eine Ratte wird eine tote Mitratte immerhin noch zur Warnung, aber wenn keine erkennbare Gefahr herrscht, dann ist die tote Ratte damit abgehakt und liegt halt auf dem Boden herum wie in der Wohnung die Zeitung von gestern. Aber der Mensch reagiert nicht so. Der Mensch trauert.

Das ist schon bei normalen Todesfällen ziemlich belastend. Trauer bedeutet, dass das Gehirn den Verlust verarbeitet. Und die Menge der Trauerarbeit, sozusagen die Tiefe der Trauer, hat dabei etwas mit dem Umfang der Verlusterfahrung zu tun. Wenn Oma mit 98 Jahren stirbt, ist das zwar auch traurig, aber doch immerhin erwartbar und dadurch leichter verkraftbar. Wenn der Lebenspartner mit 32 plötzlich stirbt, ist das schon heftiger.

Diese Trauer kann einem niemand abnehmen. Man kann sie aber ein wenig erleichtern, indem sich der Trauernde mit dem Tod, mit dem Sterben des geliebten Menschen vorher, währenddessen und nachher auseinandersetzt. Beerdigungsinstitute und Hospize halten die Hinterbliebenen heute nicht mehr verkrampft vom Leichnam fern, sondern bieten den Menschen an, die letzte Reise sozusagen mitzuorganisieren. Schon das Dabeisein beim Einsargen nimmt einem das Gefühl, man hätte den Verstorbenen in einem entscheidenden Moment alleingelassen. So etwas erleichtert das Begreifen, das Abschiednehmen. Aber es gibt Fälle, in denen diese Mithilfe schwerfällt. In denen etwas diese Trauerarbeit behindert.

Dieser Fall tritt immer dann ein, wenn der Tod eine weitere Komponente hat als den Verlust. Das sind Fälle, in denen sich der Tote die Pulsadern geöffnet hat und die Wohnung aussieht, als wäre ein Fass Bordeaux explodiert. In denen der betreffende Mensch ermordet würde oder bei einem Unfall zerquetscht. In diesen Fällen hat der Tod eine gefährliche, erschreckende, katastrophale, schlicht außergewöhnliche Färbung, er ist eine Art Alarmsignal im weitesten Sinne. Und dann greift das, was mir Dr. Müller-Cyran mit dem Säbelzahntiger-Gleichnis erklärt hat.

Der Säbelzahntiger lebte mit unseren Vorfahren zusammen vor 20 000 Jahren. Und das ist das Gefahrenmodell, für das wir eigentlich entwickelt sind: Wenn uns ein Säbelzahntiger über den Weg läuft, sagt Dr. Müller-Cyran, dann sind wir darauf programmiert, wegzurennen oder auf einen Baum zu klettern. Oder nach einer Waffe zu greifen und zu kämpfen. Und wenn wir so reagieren, sind unsere Gefühle hinterher wieder mehr oder weniger im Lot (oder sie befinden sich mit uns im Säbelzahntiger). Wofür wir aber nicht entwickelt sind, ist: Im Falle eines auftauchenden Säbelzahntigers 112 zu wählen und auf die Fragen des Herrn am Telefon möglichst sachlich und vernünftig zu antworten.

Man muss das dem Dr. Müller-Cyran nachsehen, er hat das Bild extra für die Rettungsleitstelle und ihren Umgang mit Anrufern entworfen. Wenn man es für die Trauerarbeit und die Traumatisierungsgefahr ausweiten möchte, muss man den Begriff des Säbelzahntigers und der 112 etwas weiter fassen. Der »Säbelzahntiger« ist dann nicht nur ein echter Säbelzahntiger, sondern alles, was ein außergewöhnlicher, unpassender Tod ist: Das kann auch ein Gast sein, der im Café tot vom Stuhl fällt, während wir danebensitzen. Und die »112« steht für alles, was wir anstelle einer so zielgerichteten und sinnvollen Aktion wie Davonlaufen machen. Im nächsten Fall ist es ein Teenager, der sich vor einen Zug wirft – die Eltern können hinterher nichts mehr tun. Oder jemand stirbt über einen langen Zeitraum hinweg an einer schweren Krankheit – wenn man nicht der Arzt ist, kann man da auch nicht viel machen. Oder man hat beobachtet, wie ein wildfremder Mensch umgebracht wurde. Man kann es wohl etwa so zusammenfassen: Traumatisierend kann eine Situation wirken, in der man einem alarmierenden, beunruhigenden Vorgang in erzwungener Hilflosigkeit beiwohnen musste.

Das mit der Hilflosigkeit muss dabei gar nicht stimmen: Es ist schließlich sehr wohl hilfreich, die 112 zu wählen. Aber traumatisierte Menschen sehen das nicht so. Die werfen sich dann vor, dass sie am Telefon nicht schnell genug die geforderten Antworten parat hatten. Oder in der Aufregung eine falsche Angabe gemacht haben. Sie finden fast immer etwas am eigenen Verhalten auszusetzen, etwas, das man hätte besser machen sollen.

Gefühlte Hilflosigkeit in diesen besonderen Situationen kann man den Menschen leider nicht abnehmen. Wer sich hier Vorwürfe macht, dem hilft es wenig, dass er beim Einsargen danebengestanden hat. Wenn man in solchen Situationen Traumata vorbeugen möchte oder sie doch wenigstens reduzieren, dann muss man also an einem anderen Hebel ansetzen: Man versucht, der Situation im Nachhinein das Besondere zu nehmen. Das beginnt schon in der Rettungsleitstelle. Wenn meine Kollegen und ich ans Telefon gehen, strahlen wir Ruhe aus, wir sind routiniert im Umgang, freundlich und ganz sachlich. Wir erwecken den Eindruck, als wäre das eine ganz normale Angelegenheit, nichts, das uns überfordert, so als würde uns die Situation keinesfalls an unsere Grenzen bringen. Und so wirken wir, selbst wenn uns der Anrufer erzählt, dass soeben eine Fabrik für Feuerwerkskörper in die Luft geflogen ist, ja, genau, die Fabrik neben der neuen Kindertagesstätte.

Das machen wir natürlich nicht in erster Linie aus Sorge um seine Traumatisierung, sondern damit wir mehr oder minder brauchbare Informationen von ihm bekommen. Aber helfen tut es ihm trotzdem. Und so machen das alle Helfer und Ersthelfer. Sie reden mit Verletzten und Zeugen, sie binden Verletzte und Angehörige in die

Versorgung ein, sie wirken möglichst normal. Und das KIT ist im Grunde nichts anderes als der Gedanke, diese Normalität, dieses Gefühl, dass man wenigstens hier und da noch ein wenig Sicherheit im Chaos vorfindet, zu vergrößern. Indem man Menschen zur Verfügung stellt, die nicht in erster Linie zum Verarzten da sind oder dazu, aus einem zusammengeknüllten Porsche Cayenne Leute mit einer Blechschere herauszuschneiden, sondern die sich in erster Linie um die psychische Erstversorgung kümmern können. Die dann, wenn Onkel Willi beschlossen hat, die Decke des Gästezimmers neu zu streichen, und zwar mit dem Inhalt seiner Halsschlagadern, den Hinterbliebenen sagen, dass es jemanden gibt, der sich darum kümmern kann. Und hier kommen wir ins Spiel.

Ich habe anfangs immer gedacht, dass wir halt diejenigen sind, die die Normalität wiederherstellen. Wir beseitigen die Spuren des Todes, und anschließend kann das Leben wieder einziehen, so oder so ähnlich, aber wenn ich Dr. Müller-Cyran glauben kann, dann machen wir tatsächlich noch eine ganze Ecke mehr. Wir nehmen dem Vorgang durch unsere schlichte Arbeit ein bisschen das Außerordentliche. Sicher, Onkel Willis »Streichmethode« wird nie zum Normalfall werden, das kann man selbstverständlich keinem Angehörigen erzählen. Aber er sieht, er merkt bewusst oder unbewusst: Sooo besonders ist das Geschehene auch wieder nicht, es gibt ja immerhin schon eine Firma nur für solche Fälle, dann kann der Onkel Willi logischerweise nicht der Einzige sein. Weshalb sich die Angehörigen dann wieder mehr dem Umstand widmen können, auf den es eigentlich ankommt: Wie schade es doch ist, dass der Onkel Willi nicht mehr da ist – der schlichte Verlust, mit dem wir alle lernen müssen umzugehen.

Was allerdings weder Dr. Müller-Cyran noch ich so richtig bedacht hatten, war, dass sich für eine Person in diesem ganzen Fürsorgegeflecht schon was ändert. Nämlich für den Leichenfundortreiniger, der – je bekannter und selbstverständlicher seine Tätigkeit wird – immer mehr Zeit inmitten der Hinterlassenschaften des Todes verbringt. Und was das mit dem eigenen Kopf anrichtet, ich fürchte, das habe ich eine ziemlich lange Zeit unterschätzt.

25. ROTE KISTE

Petra hat den Begriff eingeführt, seither benutzen wir ihn, ganz egal, wer der Finder ist. Wir sind in irgendeiner Wohnung zugange, in der eine Leiche gefunden wurde, der eine putzt, die anderen sortieren aus, werfen weg, und irgendwann hört man, wie jemand durch die Wohnung ruft:

»Ich hab die Rote Kiste.«

Und alle denken: »Aha«.

Nicht überrascht, nicht »na endlich«, nein, das ist mehr so, wie wenn man ein Hühnchen isst, und irgendwann hat jemand den Wunschknochen. Als Kind ist das noch spannend, aber als Erwachsener weiß man: Der taucht halt irgendwann auf, weil er einfach zum Huhn gehört. Und genauso ist das mit der Roten Kiste. Meistens steht sie im Schlafzimmer.

Die Rote Kiste ist die erotische Spielzeugsammlung. Und seit ich Leichenfundorte reinige, weiß ich: Die Rote Kiste ist ein fundamentaler Bestandteil des menschlichen Lebens. Weil sie schlichtweg in jeder Wohnung vorkommt. Das ist wirklich wahr. Im ersten Buch wollte ich nicht darüber schreiben, da dachte ich, das alles sei nur Zufall. So viele Fälle hatten wir damals ja noch nicht. Und man erliegt auch seinen eigenen Vorurteilen. In einer Messie-Wohnung denkt man sich erst mal: »Klar, wer so schmuddlig lebt, der hat auch eine schmutzige Fantasie.« Oder bei all den gerissenen Ösophagus-Varizen, den verblutenden Alkoholikern: »Ja, ja, die waren einsam, und da haben sie sich eben ein paar schöne Fantasien gemacht.«

Und ganz, ganz insgeheim denkt man: »Gut, die Messies und die Alkoholiker und, hust, hust, wenn ich ehrlich bin, ich selber auch. Pfui!« Aber all diese Gedanken sind völlig falsch: Die zufällig Gestorbenen, die an Herzversagen Gestorbenen, die Selbstmörder aus allen Schichten der Bevölkerung, sie alle hatten ihre Rote Kiste. Und wenn man sich diese Roten Kisten ansähe, eine neben der anderen, und die Fälle danebenlegen würde, einen neben den anderen – es wäre unmöglich, die Kisten den Fällen zuzuordnen. Mal ist der Schmuddelsex in den schmuddligen Wohnungen und mal in den besseren. Und im schlimmsten Chaos findet sich der romantischste Blümchensex, oder auch nicht – das kann man kunterbunt auswürfeln.

Ich sage das nur, weil man sich ja beim Thema »Rote Kiste« oft denkt: »Klar, wir haben unsere, aber die Nachbarn, die Meiers, und unsere Freunde, die Hubers, die haben sicher keine. Die sind so nett und normal, die sind nicht so durchgedreht wie wir.« Ich kann jedem versichern: Sie sind es doch. Alle sind gleich durchgedreht, hab' ich gelernt – was letztlich bedeutet, dass alle normal sind.

Denn jeder hat eine Rote Kiste. Ich kann sogar ziemlich genau sagen, wie sie aussieht.

Erstens: Es ist nur *eine* Rote Kiste. Da sind verschiedene Utensilien drin, aber alle Utensilien sind in derselben Kiste, die liegen beieinander, selbst wenn im Schlafzimmer kein DVD-Player steht.

Zweitens: Die Rote Kiste ist im Schlafzimmer.

Drittens: Die Rote Kiste ist wahrscheinlich keine Kiste,

und rot ist sie wahrscheinlich auch nicht. Sie ist vermutlich eine Schublade.

Und wie richtig liege ich mit meinen Vermutungen?

Es ist schon komisch, wenn man sich überlegt, dass wir alle uns mit unseren Roten Kisten so benehmen, als wären wir die Einzigen, die so was daheim haben. Die Frage für uns Leichenfundortreiniger ist: Wie gehen wir mit den gefundenen Kisten um?

Denn befremdlich ist das schon. Das Gefühl ist ja immer das Gleiche: Man findet etwas, von dem jemand eigentlich nicht gewollt hätte, dass andere Leute das in die Finger bekommen. Völlig egal, ob da jetzt Handschellen drinliegen oder nur ein »Cora«-Roman – der Tote hätte nicht gewollt, dass andere Leute das sehen. Aber andererseits bin ich mir ziemlich sicher, dass es den Toten im Zweifelsfall lieber wäre, wir finden die Sachen. Das ist ja auch mit anderen Dingen und Themen so: Manchmal redet man mit einem Fremden, einem Polizisten, einem Feuerwehrmann, einem Tatortreiniger leichter als mit einem Verwandten. »Ich bin so froh, dass es vorbei ist!« – nach einem langwierigen Sterben würden sich die Angehörigen das untereinander wohl nie sagen, so verständlich so was auch sein kann. Aber dem Arzt, der Krankenschwester, dem Bestatter, dem Leichenfundortreiniger sagen sie es. Nicht mal, weil all diese Leute so verschwiegen wären, sondern vor allem, weil sie all die anderen Beteiligten nicht kennen. Sie werden mit denen nicht reden. Und auch, weil die Menschen hoffen oder manchmal sogar davon ausgehen, dass wir so was wie das schon mal erlebt, gesehen, gehört haben. Und dazu zählen eben auch die Roten Kisten der Verstorbenen. Die sind bei uns in den besten Händen.

Wir erwähnen diese Kiste nicht. Wir schauen auch nicht neugierig rein, weil es nichts gibt, was uns darin großartig überraschen könnte. Wir gucken rein, weil Wertgegenstände drin sein könnten, in Schlafzimmerschubladen kann auch mal Schmuck liegen, den man für die Angehörigen sicherstellen muss, aber sonst … Ich meine, irgendwann hat man eben alle Vibratoren gesehen und denkt sich nur noch hin und wieder: »Hübsch«, oder: »Groß!« oder: »Das ist ja mal eine ungewöhnliche Farbe!«, so, wie man auf der Straße manchmal hinter einem Auto herschaut und sich denkt: »Da schau an, der neue Golf VII.« Abgesehen davon entsorgen wir die Kiste still und leise. Petra sagt immer: »Warum sollte man einem Sohn was vom Vibrator seiner toten Mutter erzählen?«

Recht hat sie.

26. LADENSCHLUSS

Manchmal ist das Wichtigste einfach die Geschwindigkeit. Das ist besonders dann der Fall, wenn der Tote vor allem eines ist: hinderlich. Das würde zwar niemand so sagen, aber letztlich ist genau das das Problem, wenn jemand plötzlich an einem öffentlichen Ort stirbt, der auch für andere zugänglich sein und bleiben soll. Manchmal gibt es da natürlich pietätvolle Alternativen: Wenn zum Beispiel jemand in einem Bus stirbt, dann lässt der Busfahrer die anderen Fahrgäste eben aussteigen, und die Zentrale schickt einen Ersatzbus. Aber falls jemand in einem Supermarkt stirbt, kann die Zentrale keinen Ersatzsupermarkt schicken. Können die Menschen hier nicht einkaufen, gehen sie zur Konkurrenz, so einfach ist das, und deshalb kostet die Leiche den Supermarkt in jeder Sekunde, die sie länger daliegt, Geld. Jedenfalls wenn der Tote so gestorben ist wie in dem Supermarkt in München.

Wir waren grade in der Pause beim Mittagessen, zwischen einem Wespennest und einer Mäuseplage, als das Telefon klingelte. Eine Frau mittleren Alters war am Apparat. Sie stellte sich als Leiterin eines Supermarkts vor, und sie hatte einen Toten mitten im Geschäft. Und sie dürfe die Reinigungsarbeiten nicht selbst machen, sie bräuchte einen Fachmann, das hätte ihr die Leichenbeschauerin der Polizei gesagt. Ob wir Zeit hätten? Es sei wirklich dringend, sie könne sonst den Supermarkt nämlich nicht wieder für die Kundschaft freigeben.

Die Dame hatte Glück: Wir waren tatsächlich ganz in der Nähe, und wir konnten den Mäusekrieg des anderen Kunden verschieben. Wir waren sogar schneller da als der Bestattungsdienst – als wir eintrafen, lag die Leiche noch auf dem Boden. Und die Anordnung der Leichenbeschauerin war durchaus sinnvoll.

Das kommt den Betroffenen nicht immer so vor. Wenn Menschen nicht zu Hause oder jedenfalls vom Hausarzt betreut sterben, kommt oft als Erstes der Notarzt, der irgendwann erkennt, dass er nichts mehr tun kann. Er stellt dann einen vorläufigen Totenschein aus, was ein wenig makaber klingt, weil mit einer Wiederauferstehung in Normalfällen nicht gerechnet werden kann, und was den Nachteil hat, dass man mit diesem Schein nicht einmal zum Bestattungsamt gehen und alles Notwendige einleiten kann. Einen endgültigen Totenschein gibt es in diesen Nicht-zu-Hause-Sterbefällen und überhaupt allen Sterbefällen, die ein bisschen vom Normalen abweichen, seit einigen Jahren nur noch vom Leichenbeschauer der Polizei. Meines Wissens weniger aus kriminaltechnischen Gründen, sondern weil es in München mal einige Unregelmäßigkeiten mit der Abrechnung gegeben haben soll. Und deswegen ernten die Polizei-Leichenbeschauer mit ihrem Zweitschein schon manchmal entgeisterte Blicke von genervten Angehörigen. In diesem Fall hatten allerdings alle Beteiligten die Notwendigkeit sofort eingesehen.

Der Tote war ein Rentner, etwa 70 Jahre alt. Er war krebskrank gewesen, entweder Lungenkrebs oder eine andere Krebsart mit Metastasen in der Lunge, im fortgeschrittenen Stadium, unheilbar, was aber nicht bedeutete, dass er unbedingt zu diesem Zeitpunkt hätte sterben müssen. So lange noch genügend Teile der Lunge funktionsfähig sind, kann man auch in diesem Zustand durchaus noch einiges unternehmen, zum Beispiel einkaufen gehen. Was ihm zum Verhängnis geworden war, war ein Hustenanfall gewesen.

Man vergisst oft, dass Husten keine harmlose Angelegenheit ist. Denn wenn man richtig los- und durchhustet, ist das ein ziemlicher Kraftaufwand und zwar kein gleichmäßig ansteigender, sondern ein jeweils geballt explosiver. Die Lunge macht zwar einiges mit, aber sie ist trotzdem ein empfindliches Organ. Schon einem gesunden Menschen kann es beim Husten passieren, dass ein Lungenbläschen platzt, und so was kann richtig gefährlich werden, denn im Brustkorb soll die Luft in der Lunge sein, nicht um die Lunge herum. Der Normalmensch denkt ja, dass er beim Einatmen seinen Brustkorb mit Luft aufbläst und diese beim Ausatmen wieder ausstößt, fertig, aber das stimmt nicht: Rund um die Lunge herrscht im Körper ein Unterdruck, der die Lunge rundum nach außen saugt, der sie sozusagen aufspannt, und erst dann kann man beim Atmen überhaupt Luft holen. Ist dieser Unterdruck nicht mehr vorhanden, fällt der Lungenflügel in sich zusammen, und niemand kann noch Luft in ihn hineinatmen. Dann braucht auch der gesündeste Mensch der Welt einen Notarzt, weil er ersticken könnte, ausgelöst durch einen simplen Hustenanfall.

Aber der Rentner war kein gesunder Mensch gewesen. Sein Hustenanfall hatte ihn gleich am Eingang überrascht, zwischen einer langen Zeile aus vergitterten Wühlkörben mit Sonderangeboten und der Abteilung für Obst und Frischgemüse. Er war nicht weit gelaufen, er hatte beim Husten wohl innegehalten, und er wird wohl rasch an seiner Hand gesehen haben, dass er Blut hustete.

Ich weiß nicht, ob man in der Situation das Husten einstellen kann und ob das überhaupt helfen würde, er ist jedenfalls stehen geblieben und hat weitergehustet, wahrscheinlich hat er es auch nicht für so bedrohlich gehalten, weil er aufgrund seiner Krankheit vielleicht öfter mal kleine Mengen Blut gehustet hat, aber der Husten hörte nicht auf, und die Mengen wurden nicht kleiner, im Gegenteil, es kamen auch noch große Teile des erkrankten, abgestorbenen Lungengewebes mit hoch, man konnte es gut auf dem Fußboden sehen. Neben dem Toten lag, von Verbandsmaterial und einem blutigen Hemd eingerahmt, eine dunkelrote Blutlache von der Größe eines mittleren Couchtischs, und in der Lache schwammen immer wieder faustgroße Inseln aus Lungengewebe. Dazwischen trieben einige Knöpfe seines Hemds, das ihm der Notarzt für die vergeblichen Wiederbelebungsversuche vom Körper gerissen hatte.

Der Tote lag nackt unter einer Decke. Das lag wiederum an der Leichenschau der Polizeiärztin, das ist üblich. Die Kleidung hatte man zu einem kleinen Haufen neben den Sonderangeboten zusammengetragen. Die Ärztin hatte den Tod amtlich festgestellt, keine unnatürliche Ursache gefunden, aber festgelegt, dass der Supermarkt eine fachlich korrekte Reinigung brauchte. Der Mann hatte sich zwar nicht direkt über dem Gemüse ausgehustet, aber Blut spritzt eben unglaublich weit und unglaublich fein, wenn es tropft. Das wussten wir ja nicht erst seit dem Fall mit dem Balkon im sechsten Stock.*

---

* Siehe in meinem ersten Buch *Was vom Tode übrig bleibt*

Wir warteten zunächst auf die Kollegen vom Bestattungsamt, es erhöht ja nur unnötig die Reinigungskosten für den Auftraggeber, wenn man vorher anfängt zu putzen. Nachdem die Bestatter eingetroffen waren, halfen wir ihnen, den Toten in den Sarg zu betten. Acht Hände tun sich leichter als vier, und wer einmal einen bewusstlosen Körper hochgehoben hat, kennt den Unterschied. Der Mann war nicht übergewichtig, er war nicht ungewöhnlich groß, er wog vielleicht 70 oder 80 Kilo, aber bei einem Körper ohne jede Muskelspannung kommt einem das jedes Mal vor wie das Doppelte. Und dann machten wir uns ans Putzen.

Die Blutlache war noch das Einfachste: Wir nahmen zuerst die wackelpuddingartigen Lungenreste mit einer Kehrichtschaufel auf und sammelten sie in einem Müllbeutel, den wir wiederum in einen weiteren Müllbeutel steckten – sicher ist sicher. Dann holten wir unser Sprühextraktionsgerät, das die Blutlache wegschlürfte wie nichts. Der nächste Schritt war auch noch relativ überschaubar. Die Marktleiterin, zweifellos unter Schock, fragte mich, ob man denn das Gemüse nicht retten könnte. Ich versicherte ihr, dass es vermutlich auf der ganzen Welt, mit Sicherheit aber in Deutschland, keine lebensmittelrechtliche Regelung gäbe, nach der man blutbehustete Zwiebeln wieder in den Verkauf bringen könnte. Sie nickte, als ginge ihr im selben Moment auf, dass die Frage ziemlich merkwürdig gewesen war. Die Konsequenz war allerdings schweißtreibend.

Es gibt ja diese gehobenen Supermärkte, wo alles Gemüse und Obst auf marktstandartige Präsentierregale geladen wird, und wo eine Paprikaschote dann plötzlich »Feinkost« ist. Und es gibt diese Supermärkte, in denen die Kartoffeln auf Euro-Paletten in brusthohen Kartons in den Verkaufsraum gebracht werden, und in diesen Kartonwürfeln mit 1,50 Metern Seitenlänge sind dann die Kartoffelsäcke oder Zwiebelbeutel drin. Eine ungeschriebene Regel besagt: Wenn du in einem Supermarkt einen Leichenfundort reinigen musst, dann garantiert in einem Kartonwürfel-Supermarkt. Und natürlich passiert das nicht an dem Tag, an dem unten im Kartonwürfel gerade noch die letzten drei Beutel drin sind, sondern an dem Tag, an dem die Marktleiterin morgens einen neuen, randvollen Karton geöffnet hat. Ich weiß nicht mehr genau, wie viel Kartoffeln in einen Würfel mit 1,50 Metern Seitenlänge passen, aber ich habe an diesem Tag garantiert drei bis vier Zentner Kartoffeln verpackt. Denn, auch das ist klar, das Ganze muss ja sicher verpackt werden, und darum kann man nicht einfach den ganzen Würfel mit dem Gabelstapler rauskarren und entsorgen – leider!

Und dann dasselbe noch mal mit dem selbstverständlich ebenfalls frisch geöffneten Zwiebelkarton und der neuesten Bananenlieferung. Aber all das war wenigstens halbwegs handlich, auch das Entsorgen der Euro-Palette drunter, die leicht blutbespritzt war. Was wirklich nervte war, war die anschließende Wischdesinfektion.

»Wischdesinfektion« bedeutet das, was es besagt: Man wischt mit einem Lappen und einer Desinfektionslösung. Und in einer Großküche oder einem Seniorenheim, also an Orten, die von Haus aus möglichst wischgünstig gebaut sind, ist das noch ganz praktikabel. Anders sieht das bei einem Einkaufswagen aus. Einen Grill zu reinigen, ist zwar ärgerlich, aber Einkaufswagen zu reinigen, ist wirklich absolut nervtötend: Stange, Stange, Stange,

Querstange, Stange, Stange, Stange. Und in den seltensten Fällen kann man richtig längs durchziehen, weil so ein Wagen natürlich aus Stabilitätsgründen immer schön querverschweißt ist. Man muss andererseits aber auch zugeben: Ein Einkaufswagen ist immer noch Gold verglichen mit acht Metern Sonderangebotsregal. Da hatte der Herr nämlich auch noch kurz hingehustet. Und im Gegensatz zu dem Einkaufswagen waren diese Regale nicht leer.

Die Kartons mit Katzenkratzbäumen gingen noch recht schnell. Die einzelnen Abteile zogen sich wie Kaugummi. Eine Abteilung Büroartikel, zwei Dutzend Klebebandabroller, Lineale. Die Krönung waren rund 50 Paar Kinderschuhe, Imitate dieser Crocs-Plastikpantoffeln, in Handarbeit einzeln wischdesinfiziert, innen und außen. Seither kann ich kaum noch in einen Supermarkt gehen, ohne die Sonderangebotsregale vom Standpunkt des Wischenden aus zu begutachten. Und hinterher gab's als Belohnung die Gitterregale, in denen all die Billigwaren gelegen hatten – vom Prinzip her reinigten sich die wie besonders widerborstige Einkaufswagen, weil diese Regale noch stabiler sein müssen und daher noch mehr Querstreben haben, sodass man fortwährend an vier oder fünf Zentimeter breiten Drahtquadraten herumpoliert. Schon klar: Der Schmutz klebt da nicht wie bei einem Grill, aber dafür geht es einfach nicht und nicht voran. Wir waren hinterher so genervt, als hätten wir eine Vier-Zimmer-Wohnung komplett ausgeräumt.

Andererseits: Nach insgesamt sechs Stunden konnte die Leiterin ihren Supermarkt wieder öffnen, noch am selben Tag. Vielleicht lag es auch daran, dass der Markt hinterher die Kosten für die Reinigung gern übernommen hat, aus Kulanz, zur Kundenpflege. Denn rein rechtlich hätte ja auch hier das Verursacherprinzip gegolten. Da greift keine Krankenkasse: Wer stirbt, zahlt – beziehungsweise hinterher die Erben.

27. FLIEGENLOS

Manchmal muss man als Tatortreiniger für die seltsamsten Dinge dankbar sein. Zum Beispiel für deutsche Schaben, weil sie mir den bislang seltsamsten Fall meiner Reinigerkarriere beschert haben. Oder nein, eigentlich muss man nicht den deutschen Schaben dankbar sein, sondern den orientalischen. Wobei, das ist auch nicht richtig. Korrekt wäre: den Bauarbeiten. Ja, das stimmt wohl noch am ehesten. Denn angefangen hat der Fall mit schlichten Bauarbeiten in einem mehrstöckigen alten Münchner Mietshaus, eine Art Generalsanierung am bewohnten Objekt.

Angerufen hat uns die Betreiberin des Cafés, das sich unten im Haus befand. Sie hatte plötzlich eine Schabenplage vor Ort und zwar vom Feinsten. Schaben in den Fluren, Schaben im Erdgeschoss, Schaben auf dem Bürgersteig, im Lokal, überall. Sie konnte sich nicht erklären, wo die auf einmal alle herkamen. Ich schon, als ich vor Ort eintraf.

Die Schaben waren orientalische Schaben. Das hat mit der Herkunft nichts zu tun, das ist einfach eine Gattungsbezeichnung, und diese Schabe ist in München stark verbreitet und schon lange heimisch. Sie wohnt in Kellern, ist genügsam, fällt normalerweise nicht auf und geht auch nicht unbedingt ins Café nebenan, wenn sie in ihrem Keller genug Futter findet. Sie ist allerdings in einem Punkt dem Menschen sehr nahe: Sie mag keinen Baulärm. Und als die Arbeiten im Haus anfingen, als neue

Wasserleitungen verlegt wurden, vom Keller bis rauf in den obersten Stock, als das Gerüttel und Geratter begann, das auch den normalen Mieter nervt, da beschlossen die Schaben, sich aus dem Keller zu verdrücken.

Normalerweise dürfte so was nicht passieren, was ich aber auch nur deshalb weiß, weil ich ja von der Feuerwehr komme. Die Versorgungsschächte, durch die die Schaben abhauen, müssten nämlich aus feuerschutztechnischen Gründen zwischen den Etagen abgedichtet sein, wegen der Rauchausbreitung. Rauch ist eines der Hauptprobleme beim Feuer, Rauch kann Etagen blockieren, in denen es noch nicht mal brennt. Und wenn eine Etage rauchsicher abgedichtet ist, dann ist sie natürlich auch schabensicher abgedichtet. Das hatte sich die Baufirma zunächst mal gespart, und das wiederum fanden die Schaben hervorragend, weil Schaben viel lieber durch Rohre krabbeln als durchs Treppenhaus, wo man dauernd den Mietern »Grüß Gott« sagen muss. Schaben grüßen nicht gern. Aber dank der Versorgungsschächte wimmelten sie binnen Kürze durchs Café und rund ums Haus.

Um gründlich vorzugehen, haben wir die Schaben bekämpft, aber parallel dazu das komplette Haus untersucht. Und deshalb wiederum waren wir lange genug vor Ort, um die Meldung eines Mieters aus dem dritten Stock entgegenzunehmen, dass er jetzt auch Schaben hätte.

Ich dachte mir: »Na prima, jetzt haben wir die Viecher im ganzen Haus!« und habe dann diese Etage noch mal gründlich untersucht. Der Mieter hatte aber eine andere Schabensorte, die deutsche Schabe. Letztlich hatten wir aufgrund der vielen Schabenaspekte so lange im Haus zu tun, bis uns eines Tages die Pächterin des Cafés beim Plaudern erzählte, dass am Vortag die Kollegen von der

Feuerwehr da gewesen waren. Sie hatten eine Wohnung geöffnet und darin eine lange liegende Leiche entdeckt.

Im Juni oder Juli hätte ich da nur genickt, aber es war schon recht später September, und zu dieser Jahreszeit sind die Wespennester ziemlich gut abgearbeitet. Dann klingelt mein Telefon nicht mehr dauernd, dann werde ich fast schon unruhig. Also nahm ich ein Exemplar meines ersten Buchs, einen Prospekt meiner Firma und schickte beides an die zuständige Mitarbeiterin der Hausverwaltung, die ich ja schon von dem Schabenproblem her kannte. Und dann wartete ich ab.

Es dauerte etwa vier Wochen, bis sie die Wohnung entrümpelt hatten und feststellten, dass der penetrante Leichengeruch trotzdem nicht verschwunden war. Und dann rief die Mitarbeiterin bei uns an. Wir sahen uns kurz die Wohnung an, das heißt: Eigentlich sah ich mir die Wohnung an, weil sich die junge Dame wegen des Geruchs hartnäckig weigerte, hineinzugehen. Ich konnte sie gut verstehen.

Die verstorbene Mieterin, eine 82-jährige Rentnerin, hatte die ersten fünf bis sechs Wochen nach ihrem Tod in einer hochsommerlich aufgeheizten Wohnung gelegen. Die Wohnung, die ich vorfand, war ein bisschen altmodisch: Im Badezimmer waren diese pastellgelben Fliesen aus den 1960ern oder 1950ern. Die Wände waren fast durchgehend tapeziert, überall lag Teppichboden, und der Übergang von der Diele zum Flur war als eine Art Portal gestaltet. Insgesamt war die Wohnung ganz hübsch, angenehm hell und roch auch noch vier Wochen nach der Entrümpelung so, als wäre sie gerade erst vor fünf Minuten das erste Mal geöffnet worden und als klebten die Reste der alten Dame noch immer an der Küchentür.

Sie war in der Küche zusammengebrochen und dann nach ein oder zwei Tagen gestorben – der Unterschied ist schlicht immer der, ob sich die Exkremente noch in der Leiche befunden haben und daher praktisch mit der Leiche verwest und verfault sind, oder ob der oder die Sterbende sie in den letzten Tagen mehr oder weniger unbewusst von sich gegeben hat. Man möchte eigentlich kaum glauben, dass so was noch einen geruchlichen Unterschied macht, man sollte davon ausgehen, dass solche Unterscheidungen den Kohl auch nicht mehr fett machen, aber ich kann versichern: Es ist schon noch mal ein aromatisches Tüpfelchen auf dem i. Dies hier, das roch man deutlich, war ein Fall *mit* Tüpfelchen.

Unser Auftrag bestand nun darin, die Wohnung in einen Zustand zu bringen, in dem einem die Bauarbeiter bei den Renovierungsarbeiten nicht dauernd grün anliefen. Klaus, Hardy und ich machten uns ans Werk.

Die Hauptschwierigkeit, das war schnell klar, war natürlich der belastete Küchenboden. Wie fast alle aufgefundenen Toten war die alte Dame nicht in der Zimmermitte gestorben, sondern am Rand, in diesem Fall an der Schwelle zum Flur, was wiederum bedeutet, dass man nicht sicher sein konnte, dass die gesamte Leichenflüssigkeit im Estrich geblieben war. Man kann offenbar den Boden zwischen Zimmern nicht nahtlos machen, ich bin kein Trockenbauer, aber ich nehme an, dass man auch Dehnungsfugen braucht, damit durch die jahreszeitlichen oder heizungsbedingten Temperaturunterschiede keine Risse im Boden entstehen. Außerdem ist keine Wohnung dafür gebaut, dass die Bewohner darin besonders spurlos und leicht entfernbar sterben können. Was man schon jetzt sehen konnte, war, dass sich die Leichenflüssigkeit von den Möbeln der Küchenzeile nicht im Geringsten hatte ausbremsen lassen. Als die Dame gestorben war, musste die Küche ja eingerichtet gewesen sein, aber die Flecken hatten sich problemlos dorthin ausgebreitet, wo einmal eine Spüle oder eine Arbeitsfläche oder ein Kühlschrank gewesen war, bis genau in die Ecke der Küche, und dort hatte der ausgetrocknete Putz dann die Flüssigkeit bis in Schienbeinhöhe hinaufgesaugt. Die Wand sah feucht aus, feucht und etwas fettig. Ein weiterer großer Teil der Flüssigkeit steckte in der Küchentür, gegen die die Dame gesunken war. Aber Leichengeruch in Küchentüren ist als Problem natürlich simpel zu lösen: Man hängt die Tür aus und wirft sie weg.

Mit der Tür entfernten wir den genauso vollgesogenen Türstock und die hölzerne Schwelle. Als Nächstes lösten wir die quadratischen Linoleumfliesen vom Boden der Küche ab. Darunter lag der Estrich. Es war nicht ganz einfach, die Flecken der Leichenflüssigkeit zu sehen, weil der Estrich ganz schwarz war, entweder durch eine Teerschicht, oder aber das kam von der Klebemasse, mit der man die Linoleumfliesen festgeklebt hatte. Aber schon eine kleine Bohrung ergab, dass der Estrich feucht war. Wir schlugen ihn mit dem Elektrobohrhammer heraus, so lange, bis die Estrichteilchen keine Feuchtigkeit mehr aufwiesen. Das konnte man an den Rändern, in Richtung Zimmermitte beobachten, aber drunter, als die Betondecke zum Vorschein kam, war deutlich zu erkennen, dass hier noch immer großflächig Leichenflüssigkeit auftauchte – wie ein großer Halbkreis im Fußboden. Wir behandelten den Fleck mit Chlorbleichlauge und prüften die Wände. Wir schlugen unten den stinkenden Putz ab, bis zu den Ziegelsteinen. Es gab, das sah man sofort, zwei Sorten Ziegelstein: feuchte und trockene. Praktischerweise waren diese Innenwände nicht entscheidend für den Rest des Hauses, also schlugen wir die belasteten Ziegel unten einfach aus der Wand. Dann widmeten wir uns dem Rest der Wohnung. Wir entfernten den stinkenden Teppichboden in allen Zimmern. Und wir zogen die Tapeten von den Wänden.

Es war unsere erste Wohnung, die noch tapeziert war. Und eigentlich sollte Papier unserer Erfahrung nach ja gegen Düfte ziemlich resistent sein. Aber vielleicht hatte der Leim den Geruch angenommen, und Leim war genug verwendet worden, weil unter den Tapeten eine Menge Schichten alter Tapeten klebten. Also zogen wir überall die Tapeten ab. Das ging immerhin recht einfach, Gott sei Dank. Wir waren sowieso schon ziemlich kaputt, weil es im Haus keinen Lift gab und wir viel zu Fuß aus dem vierten Stock hinuntertragen mussten. Wir wären noch kaputter gewesen, wenn uns nicht die Bauarbeiter freundlicherweise erlaubt hätten, ihre Seilwinde an der Außenfassade gelegentlich mitzubenutzen. Und dann machten wir Feierabend und hofften auf die Laugenwirkung.

Zwei Tage später kam ich mit Hardy zurück, und es roch so grauenvoll wie eh und je. Das Zeug saß einfach zu tief im Betonfußboden. Also holten wir unseren Elektrobohrhammer. Ich hatte ihn kaum angesetzt, als der 20 Zentimeter lange Bohrmeißel unter mir im Nichts versank. Ich sah Hardy entsetzt an. Hardy sah mich an, dann sprang er auf und rannte aus der Tür nach unten. Wir beide dachten dasselbe: »Jetzt sind wir unten beim Nachbarn!« Es stellte sich heraus: Wir waren nicht beim Nachbarn, sondern wir steckten in einer Hohlraumdecke.

Hohlraumdecken sind Fertigbauteile. Eine Art Spantenbauweise, wie man sie von Flugzeugtragflächen kennt:

Man macht den Boden nicht durch und durch aus Beton, sondern man setzt nur so etwas wie ein Gerippe ein, das abwechselnd aus Betonstreben und Lücken besteht. In diesen Lücken befinden sich Stahlstreben, die zusätzliche Stabilität verleihen, aber sonst nur Luft. Ich weiß nicht, ob das Gewicht sparen soll oder Geld – es ist aber eine ganz normale, seriöse, anerkannte Bauweise und kein Hinweis auf Geiz. Oben und unten ist die Konstruktion natürlich abgedeckt, aber wenn man mit einem Bohrmeißel durchstößt, landet man entweder in einer der Betonstreben oder eben in einer Luftlücke, so wie ich.

Nachdem wir festgestellt hatten, dass wir dem Nachbarn noch nicht die Decke aufgebohrt hatten, entfernten wir nach allen Seiten weitere Teile des Bodens. Es war eine elende Schinderei, weil ich mich aus Angst um die Decke nicht munter mit meinem Gewicht hinter den Meißel zu klemmen wagte. Ich musste praktisch beim Bohren immer den schweren Hammer parallel auch bremsen, immer auf der Hut sein, dass er mir nicht zu tief rutschte. Und bei jedem Ausrutscher wieselte Hardy zum Nachbarn runter, um ihn zu beruhigen und mich dann gleich mit. Aber dennoch, dieses Vorgehen löste das Problem nicht: Die Leichenflüssigkeit war auch in die Betonstreben unter der Decke gesickert, und hier wurde es uns endgültig mulmig.

Wir entfernen ja notfalls gerne einen Ziegelstein aus einer Zwischenwand oder ein paar Zentimeter vom Estrich, aber so tief waren wir bisher noch nie gegangen. Wenn wir weitermachen sollten, wollte ich das Ganze lieber vorher von einem Fachmann begutachten lassen, einem Baustatiker, bevor uns am Ende die gesamte Wohnung auf die Köpfe fiel.

Wir haben uns dann die weitere Vorgehensweise schriftlich bestätigen lassen. Wir dürften noch ein wenig weiterbohren, sagte der Statiker, auch, weil wir ja so nahe an der Wand waren – und damit auch nahe an der Wand drunter, auf der die Decke auflag. Schon erstaunlich, was so ein Betonbauteil alles mitmacht. Wir haben also behutsam die vollgesogenen Betonstreben noch etwas ausgeschabt, bis wir alles entfernt hatten. Aber so tief sind wir tatsächlich noch in keiner Wandkonstruktion gewesen. Insofern war der Fall auch für uns interessant, aber seltsam war er aus einem anderen Grund, der mir merkwürdigerweise erst später aufgefallen ist, als ich mir noch mal die Fotos angesehen habe. Ich hatte es zunächst aus lauter Angst um die Stabilität der Decke vollkommen übersehen, aber: Es fehlte was.

Es gab keine Fliegen.

Es gab auch keine Maden. Es gab auch keine Speckkäfer. Und natürlich hätten unsere Vorarbeiter beim Wohnungsausmisten auch die Maden mit entfernen können, aber nicht unter dem Linoleum, nicht in den kleinen Ecken und Ritzen. Es hätte eigentlich irgendwelche Insektenspuren geben müssen, nach mehreren Wochen im Hochsommer, nach weiteren Wochen, in denen der Gestank die Tiere hätte anlocken können. Aber nichts: Ich habe in meiner ganzen Laufbahn noch keine maden- und fliegenfreiere Leichenwohnung gesehen. Mir bleibt als Erklärung nur, dass die Wohnung wohl richtig gut schließende Fenster hatte, rundum ordentlich abgedichtet – doppelt erstaunlich, weil sie das Haus doch erst noch hatten sanieren wollen.

Eigentlich auch mal ganz angenehm. Könnte ich öfter haben.

28. KLARE SCHNITTE

Am Telefon war eine Frauenstimme, nicht mehr jung, noch nicht alt, und ich bekam sofort eine Gänsehaut. Ich sage das deshalb, weil ich eigentlich an diese Anrufe gewöhnt bin. So viele unterschiedliche Anrufe gibt's ja nicht bei mir: Es sind die Wespennest-Anrufe, die sind ein bisschen panisch, aber im Grunde nicht anders als bei einem Wasserrohrbruch. »Hilfe, Hilfe, bei uns steht alles unter Wasser!« – »Hilfe, Hilfe, wir haben Wespen vorm Fenster!« Aber eben nur ein bisschen panisch, und mit einer Souveränität, mit der man auch beim Klempner anruft und eine Dienstleistung bestellt. Dann gibt es die Anrufe wegen irgendwelcher Messie-Wohnungen, da hängt die Stimmlage davon ab, ob der Messie selbst anruft oder die Wohnungsverwaltung. Und dann gibt es eben die Leichenfundort-Anrufe.

Die sind zögerlicher. Da ist die Einleitung ein wenig umständlicher: »Sind Sie der Herr Anders?« Oder: »Sind Sie die Firma mit den –«, und dann merkt man schon, wie der Anrufer versucht, den Tod irgendwie normal in Worte zu fassen, und man hört, dass er jetzt feststellt, dass er dafür kein Standardrezept hat, keinen Routinetelefonatsablauf. Aber bei dieser Dame, da hörte man sofort, dass es nicht nur der Anruf war, der sie überforderte. Weswegen auch immer sie anrief, sie steckte noch mitten drin, und sie hatte nichts davon auch nur ansatzweise verarbeitet, weil es noch keine 24 Stunden zurückliegen konnte. Wenn überhaupt.

Ihre Stimme sollte gefasst klingen, aber sie war zittrig, sie war ängstlich, und sie sagte: »Ich ... also, in der Wohnung meiner Tochter ist ein Mord passiert. Und ich wollte fragen, ob Sie so etwas reinigen ...«

Man musste kein Hellseher sein, um zu ahnen: Das Opfer des Mordes war die Tochter.

Ich erfuhr, dass die Tochter erstochen worden war, und dass es offenbar größere Blutmengen gab. Die Wohnung war relativ groß. Und wir konnten schon knapp zwei Wochen nach der Tat anrücken, woraus man schließen konnte, dass die Ermittlungen nicht allzu schwierig gewesen waren. Über die Tat selbst wusste ich bis dahin nicht viel. In den Zeitungen hatte nichts Größeres gestanden. Der Täter war wohl nicht rechtsanwaltsartig genug gewesen.

Ich kannte niemanden in dem Ort. Es war auch purer Zufall gewesen, dass die Mutter auf uns aufmerksam geworden war – es gab dort noch kein KIT, das ihr hätte helfen können. Tatsächlich war das einer von genau jenen Fällen, in denen die Angehörigen selbst hätten wischen müssen, wenn die Mutter nicht auf die Idee gekommen wäre, nach einem Spezialisten zu suchen. »Deine Tochter ist tot, und alles, woran du denkst, ist, wie man da am besten putzt«, hatte ihr Mann dazu noch bemerkt – was nicht ganz so herzlos ist, wie es klingt: Jeder wird mit dem Tod seines Kindes anders fertig. Der Vater etwa hatte seine Flinte genommen und war auf die Jagd gegangen. Es ist gut möglich, dass er sich genausolche Vorwürfe machte wie seine Frau.

Einen richtigen Grund dazu gab es nicht. Der Täter war der Ex-Freund der 35-jährigen Tochter gewesen. Ein 46-jähriger Frührentner, der den Eltern nie richtig gepasst hatte, aber deswegen glaubt man doch noch lange nicht, dass der dann die Tochter ersticht. Die Beziehung war erst vor Kurzem in die Brüche gegangen, mit ihrem neuen Freund hatte sie sich am Vorabend auf einem Volksfest getroffen und ihn ihrer Mutter vorgestellt. Dabei hatte sie auch eine SMS von ihrem Ex vorgezeigt, der ihr drohte, sie umzubringen. Niemand von den dreien nahm das richtig ernst, niemand konnte sich das vorstellen. Sie waren bester Laune, die junge Frau rief noch ihre Tochter zu Hause an, um sie zu fragen, ob sie demnächst mit zum Konzert einer Volksmusikkapelle gehen wollte. Und dann, so gegen 21, 22 Uhr, gingen sie nach Hause. Die ältere Mutter zu sich, die Frischverliebten in die Wohnung der jungen Frau.

Die Wohnung, in die uns die Mutter hineinließ, Petra, Hardy und mich, wirkte, als hätte sie jemand mit Blut ausgewischt. So etwas hatte noch niemand von uns gesehen. Und erst nach und nach wurde uns klar, was wir da warum sahen.

Der Ex-Freund hatte die Nacht abgewartet. Er war um das Haus am Rand des Baugebiets herumgeschlichen. Und dann war er über die Katzentreppe in den ersten Stock geklettert, dorthin, wo die junge Frau wegen ihrer Katze die Türe nie zumachte. Was nicht ungewöhnlich ist – in einem 8000-Seelen-Ort, denkt man sich, wüsste man es, wenn einer der Mitbewohner gefährlich ist. Vor allem, wenn man seit 35 Jahren dort wohnt und praktisch jeden kennt. Der Täter hatte jedenfalls kein Problem, in die Wohnung zu kommen. Dort schlich er durch den Flur zum Schlafzimmer. Und was dann passierte, hat mich wirklich fassungslos gemacht.

Das Bett steht direkt neben der Tür zum Flur. Man öffnet die Tür zum Bett hin. Als der Täter eintrat, mit einem

Fischermesser, einem enorm scharfen Klappmesser mit elf, zwölf Zentimetern Klingenlänge in der Hand, sah er hinter der Tür erst den neuen Freund quer vor sich schlafen, dahinter seine Ex-Freundin und das Balkonfenster. Er ist mit einer Brutalität vorgegangen, die einfach unvorstellbar war: Er sprang zuerst dem Freund auf den Brustkorb, zog ihm die Messerklinge quer über den Hals, tief, er durchtrennte Luft- und Speiseröhre, und dann rammte er ihm das Messer senkrecht in den Brustkorb. Und um eine Vorstellung von der Geschwindigkeit zu bekommen: Seine Ex-Freundin wachte in dem Moment auf, als er seinem Nachfolger auf den Körper sprang. Sie ist sicher nicht sofort hellwach gewesen, aber länger als zwei Sekunden dürfte sie nicht gebraucht haben, um zu wissen, was hier passierte. Sie sprang auf, versuchte aus dem Zimmer zu rennen. Sie hätte über den Balkon fliehen sollen, aber sie wollte wohl ihre Tochter nicht verlassen, die im Nebenzimmer schlief. Also musste sie außen um das Bett herumrennen, das braucht aber auch nur drei, vielleicht vier Sekunden. Doch der 46-Jährige war schneller. Er erwischte sie an der Schlafzimmertür und dort rammte er ihr das erste Mal das Messer in den Rücken.

Sie versuchte noch, zur Wohnungstür zu kommen. Das war eine Strecke von weiteren drei, dreieinhalb Metern. Sie versuchte sich zu wehren, sie war sportlich, aber klein, leicht und ohne jede Chance. Auf diesen dreieinhalb Metern drosch er ihr das Messer weitere sechs Mal in den Rücken, und man muss »drosch« sagen, weil ein Fischermesser kein Stilett ist, das bohrt man nicht in einen Menschen wie eine Stricknadel in einen Rührkuchen, dazu braucht man Kraft, und zum Rausziehen braucht man auch wieder Kraft, und die Blutspritzer an den Wänden zeigten: Er hatte zugestochen wie ein Wahnsinniger. Und als er das siebte Mal zugestochen hatte, war sie bewusstlos.

Dann nahm er die leblose junge Frau und schleifte sie ins Badezimmer, zur Toilettenschüssel. Er hielt ihren Kopf an den Haaren über die Schüssel und schnitt ihr den Hals durch wie bei einer Hausschlachtung. Wir sahen fassungslos ins Badezimmer, mit einer Mischung aus Wut und Zorn und Mitleid. Ich habe schon manchen Tatort gesehen, aber noch nie habe ich einen Täter, einen mir völlig unbekannten Täter, so gehasst wie in diesem Moment.

Danach stand er auf und wollte aus dem Badezimmer gehen, und wenn es überhaupt ein kleines bisschen Wiedergutmachung in dieser furchtbaren Geschichte gab, dann den Moment, als er aus der Badezimmertür trat und zu Tode erschrak, weil er vor sich seinen Nachfolger sah, den Mann mit dem durchgeschnittenen, blutüberströmten Hals, dem er vor einer Minute sicherheitshalber auch noch das Messer in die Brust gestoßen hatte.

Er hat ihm daraufhin das Messer gleich noch einmal in den Bauch gebohrt und das Zwerchfell zerfetzt. Er zog es sofort wieder heraus, um wieder zuzustoßen, aber da hatte der Schwerverletzte erstmals seinen Arm zur Abwehr dazwischen gebracht. Das Messer drang zwischen Elle und Speiche hindurch, bis die Spitze auf der anderen Seite herauskam. Und trotzdem fand der blutende Mann noch die Kraft, seinen Arm mitsamt dem Messer zur Seite zu reißen, die Klinge schlitzte ihm dabei den gesamten Unterarm auf, aber das Messer blieb in den Muskeln hängen und wurde dadurch zur Seite weggeschleudert.

Schwer vorstellbar, woher er dann noch die Energie nahm, aber er hat den Mörder rausgeschmissen, einfach vor die Tür gestoßen, die er ihm vor der Nase zuknallte. Und dann ging er zum Telefon. Es muss ein Albtraum gewesen sein, und man konnte ihn anhand seiner barfüßigen Blutspuren in der Wohnung nachvollziehen. Er war zum Wohnzimmer gegangen, nur einen Schritt hinein, und das hatte ihm genügt, um zu sehen, dass das Funktelefon nicht in seiner Ladestation war. Er blutete endlos aus dem Hals, aus dem Bauch, aus dem Arm, und er überlegte fieberhaft, wo die Tochter das Telefon hatte liegen lassen. Er taumelte, man sieht es an den Fußspuren im Blut, seine Füße rutschten immer wieder unter ihm weg, glitsch, nach links, glitsch nach rechts – bei jedem Schritt suchte er irgendwo nach Halt, er ging in die Küche, sah sich verzweifelt um, wieder zurück in den Flur, wo er halb wegrutschte und an der Wand einen perfekten blutigen Handabdruck hinterließ, dann schlitterte und glitschte er in das zweite Badezimmer, ganz nach hinten zur Toilettenschüssel, wo er das Telefon gefunden haben muss. Er wählte die 110, und als die Polizei abhob, stellte er fest, dass er mit seinem durchtrennten Hals ja kein hörbares Wort sagen konnte.

Das war vermutlich der Moment, wo er aufgab.

Er schleppte sich wieder ins Schlafzimmer und klappte mit den Worten: »Ich kann nicht mehr« zusammen. Was ihm das Leben gerettet hat, waren letztlich die Nachbarn, die vom Lärm aufgerüttelt, Polizei und Rettungsdienst alarmiert haben. Sie hätten vielleicht auch zu helfen versucht, aber vor dem Haus stand der Täter. Er hatte sich bequem an die Motorhaube seines Autos gelehnt, sich eine Zigarette angesteckt und sagte großzügig: »Sie können ruhig die Polizei rufen. Ich hab' jetzt alles getan, was getan werden musste.«

Der Rettungsdienst hatte dann die Wohnung geöffnet. Die Spuren seiner Arbeit konnten wir noch sehen. Einer hatte sich um die Tote zu kümmern versucht, der andere kümmerte sich um den Schwerstverletzten im blutgetränkten Bett. Um das Bett herum lagen Ampullen von Schmerzmitteln, Kochsalzlösung, Muskelrelaxans und ein zusammengedrehter Socken mit Klebestreifen – damit hatte der Rettungssanitäter improvisationshalber eine der Blutungen gestoppt. Sie haben ihn abtransportiert, auf die Intensivstation. Und die Polizei, die den Mörder festgenommen hatte, holte die schlafende Tochter aus der Wohnung.

Ich habe noch nie so wütend, so empört geputzt.

Aber Wut hilft ja nichts. Letztlich muss die Wohnung ja sauber werden. Wir haben sie zuerst desinfiziert, dann mit dem Sprühextraktionsgerät erst einmal den Boden gereinigt. Das hat in solchen Fällen immer Vorrang, es bringt ja nichts, von oben nach unten zu putzen, wenn man das Blut anschließend mit den Füßen dauernd wieder in der Wohnung verteilt. Und außerdem ist es unangenehm, in dieser Menge besonders. Als wir den Tank des Geräts leerten, ist es mir erst mal aufgefallen: Die Mischung Blut:Reinigungsmittel war ungefähr 1:1, ich habe noch nie eine derartig dickflüssige tiefrote Schmutzwassermenge entsorgt. Dann haben wir das Team gesplittet. Petra hat die Toiletten zu putzen begonnen, Hardy hat alles zum Entsorgen vorbereitet und zusammengetragen, was nicht mehr zu benutzen war. Und ich habe erst das Blut von den Wänden geschrubbt und sie dann mit unserem Graffiti-Set zum Neustreichen vorbereitet.

Es steht tatsächlich »Graffiti-Set« auf unserer Streich- und Farbkiste, ein etwas flapsiger Begriff, das stimmt schon. Aber man ist in solchen Situationen wirklich dankbar dafür. Während man die blutigen Handabdrücke von der Wand schabt und schrubbt, will man wirklich nicht dauernd auf der Kiste irgendwas lesen wie »Blutspritzerentfernungskiste«, da ist so was Simples wie »Graffiti-Set« eine erleichternde Ablenkung. Wir wissen, dass wir Blut wegwischen, da muss man nicht auch noch dauernd mit der Nase draufgestoßen werden. Wir haben den Isolierlack drübergestrichen, später dann die hochwertige Wandfarbe, erstklassig deckend. Wir haben die Wohnung aufgeräumt, das Kinderzimmer hergerichtet, die Sofakissen ordentlich arrangiert. Wir haben knapp zehn Stunden in dieser Wohnung gearbeitet, dann haben wir sie der Mutter der Toten übergeben. Sie war erschüttert, mit der Arbeit zufrieden, aber vor allem erschüttert. Ich habe sie gefragt, ob sie irgendeine psychologische Betreuung bekäme. Mir war gerade noch eingefallen, dass sie ja kein KIT gehabt hatte, das jemanden wie uns hätte empfehlen können. Und als sie verneinte, habe ich ihr noch über das Münchner KIT einen Psychologen vermittelt. Wir wollten gerade gehen, als vor der Tür ein Auto hielt.

»Das wird meine andere Tochter sein«, sagte sie, »und der Freund meiner toten Tochter.«

Sie hatte recht. Es gab noch eine zweite Tochter, die soeben aus dem Wagen ausstieg. Auf der Beifahrerseite hingegen stieg der Freund der Getöteten aus. Ich konnte es kaum glauben, dass er schon wieder auf den Beinen war. Aber es gab kein Vertun, quer über seinen Hals bis fast zum Ohr zog sich eine glühend rote Narbe. Er kam hoch in die Wohnung, betrachtete sie, nickte anerkennend, bis er ins Schlafzimmer kam.

»Da oben«, sagte er und zeigte zur Decke, »da haben Sie was übersehen.«

Es war ein kleiner dunkler Klecks.

»Nein, das glaube ich nicht«, meinte ich, »den haben wir schon gesehen, aber ich wüsste nicht, was das sein soll …«

»Na, Blut.«

»Ja, schon klar, aber das passt doch überhaupt nicht zu den anderen Blutflecken. Wie hätte das denn da hinkommen sollen?«

»Vom Messer. Als er es aus ihrem Rücken gezogen hat. Glauben Sie's mir, ich weiß es. Ich hab's ja gesehen.«

Er zeigte uns die Bewegung des Täters, jede Einzelheit. Wir redeten. Er erzählte uns die gesamte Mordnacht. Dann verabschiedeten wir uns.

»Ich wünsche Ihnen viel Kraft!«, sagte ich.

Ich habe die Geschichte tagelang nicht aus dem Kopf bekommen. Und allmählich ist mir aufgegangen, was sich geändert hatte: Ich bekam mehr Aufträge von richtigen Tatorten. Das waren nicht mehr nur noch vergessene Alte, zurückgezogene Trinker. Das waren ganz andere Dimensionen der Gewalt, des Leids als bisher. Das »Belastungsfass« im Kopf, das wir sonst bei unseren Einsätzen becher- und schüsselweise füllten, kippten wir mit solchen Einsätzen geradezu eimerweise voll bis zum Überlaufen.

Und als mir das klar wurde, habe ich ruckzuck den Andreas Müller-Cyran angerufen.

29. KOPFSACHEN II

Anfangs dachte ich immer, mein Job wäre ein absoluter Glücksfall für alle Beteiligten. Also: Ich helfe den Hinterbliebenen, ich helfe dem Dr. Müller-Cyran, ich mache etwas vollkommen und unbestreitbar Nützliches, und obendrein erlebe ich die spannendsten Geschichten aus erster Hand. Und vielleicht hätte das auch tatsächlich gestimmt, wenn es bei den lange liegenden Leichen geblieben wäre.

Lange liegende Leichen sind im Grunde Menschen gewesen, die kaum Freunde oder Verwandte hatten, Menschen, die mit ihrem Tod zwar aufzeigen, dass Einsamkeit in Großstädten ein erstaunlich großes Problem ist – aber uns dadurch nichts Neues eröffnen. Diese Toten und ihre Wohnungen – das kannten meine Kollegen und ich ja schon alles von unseren Wohnungsöffnungseinsätzen mit der Feuerwehr. Diese Wohnungen zu reinigen, berührt uns relativ wenig. Man wickelt eben eine weitere, die letzte Etappe im Leben eines Fremden ab. Das ist nicht wirklich angenehm, aber wenn man sich mal damit arrangiert hat, nimmt es einen auch nicht mehr sonderlich mit. Dazu gehören Fälle wie unsere »Premiere«, der Mann, der sich in einem alten Turm in Greding erhängt hatte und wochenlang unentdeckt geblieben war. Aber Dr. Müller-Cyran hatte uns ja nicht vorrangig wegen dieser Fälle um unsere Mitarbeit gebeten. Schon auch – aber vorrangig ging es ihm um ganz andere Einsätze. Die nächste Stufe waren die Selbstmorde.

Auch Suizide sind für einen Feuerwehrmann und Rettungssanitäter nichts Neues. Bei unseren Wohnungsöffnungen finden wir Selbstmörder aller Arten und Gesellschaftsgruppen. Wir wissen so gut, wie sich Menschen umbringen – wir könnten ein eigenes Beratungsbüro für angehende Selbstmörder eröffnen. Aber wir hatten bislang nie so viel mit den Angehörigen zu tun.

Es ist eine Sache, ob man sieht, wie sich ein Mensch das Leben genommen hat, weil es für ihn offenbar unerträglich geworden war. Es ist eine ganz andere Sache, fünf bis acht Stunden mit den Menschen zu verbringen, die diesen Verlust spüren, die unter diesem Verlust leiden und mit den Folgen der Tat kämpfen. Oder sich womöglich auch gerade noch verzweifelt darum bemühen, überhaupt zu begreifen, was da vorgefallen ist.

Im Kapitel »Kopfsachen 1« habe ich erzählt, wie eine Traumatisierung entsteht: durch das Gefühl, einer Art von Katastrophe hilflos oder untätig beiwohnen zu müssen. Hier rutschen wir selber in so eine Situation. Und natürlich ist es richtig, wenn man sagt, dass wir gar nicht untätig und hilflos sind, wir putzen doch sehr hilfreich und sehr tätig die Wohnung. Aber das ist eben nur relativ: Wenn man das mit der Wohnung von der lange liegenden Leiche vergleicht, in der wir allenfalls gelegentlich mal dem Hausmeister begegnen, ist der Kontakt mit den erschütterten Angehörigen eine ganz andere Katastrophe. Und das Gehirn rechnet da knallhart mit, führt sozusagen Buch: größere Katastrophe – größere Hilfe, das verlangt das Gehirn ganz akribisch für die innere Hygiene.

Hier wird's jetzt problematisch: Denn tatsächlich stellen wir fest, dass wir ganz genauso putzen wie anderswo auch, und das Buchhaltergehirn rechnet nach: Größere Katastrophe – trotzdem dieselbe Arbeit, da stimmt was nicht. Das kann nicht genügen!

Diese Rechnung kriegt man so von seinem Kopf natürlich nicht 1:1 präsentiert – aber man merkt schon, dass irgendwas nicht stimmt, wenn einen die Erinnerungen nicht loslassen. Und dabei ist die nächste Stufe noch nicht mal einkalkuliert.

Die nächste Stufe sind Gewalttaten. Der Kindermord von Krailling. Der Anwalt. Der Geliebtenmord. Hier kommt noch eine Doppelpackung obendrauf, die der Kopf nur ganz mühsam verdaut. Da ist zuerst mal dieser Einblick in eine Form von Gewalt, die mit unser aller normalem Leben nichts mehr zu tun hat, eine Gewaltform, eine Brutalität und Grausamkeit, deren Existenz wir nie für möglich gehalten hätten, hier, in Deutschland, direkt neben uns. Unter ganz normalen Leuten. Klar, so was liest man gelegentlich in der Zeitung: »Mann erschlägt Frau«, »Frau ersticht Mann«. Aber sogar die Bild-Zeitung kann bei aller plakativen Sprache nicht vermitteln, was dort wirklich passiert ist, wie es wirklich aussieht, wenn Menschen andere Menschen umbringen.

Und dann ist da noch diese Ungerechtigkeit.

Wir sehen anhand der Spuren minutiös, wie die Opfer starben. Und wir sind nicht am Schauplatz einer Schießerei zweier gleich krimineller Mafiagangs, wenigstens bisher noch nicht, sondern wir befinden uns an der Stelle, an der schlicht Unschuldige gestorben sind, oft unter grauenhaften Umständen. Das sind Vorgänge, die einen empören, da denkt man nicht nur: »Ach, schade!« oder »Mei, so geht's«, sondern da denkt man oft genug: »So was darf doch einfach nicht passieren! Das ist nicht fair.«

Aber wir putzen an solchen Orten genauso wie bei der vergessenen Leiche. Und der Buchhalter im Kopf rechnet heimlich mit, und wenn er bei den Selbstmördern noch sagt: »Du tust zu wenig, Anders!«, dann findet er das bei den Ermordeten erst recht.

Ich hab' das dem Dr. Müller-Cyran erzählt. Ich habe ihm auch erzählt, dass ich gelegentlich schon Mittelchen und Auswege gefunden habe. Zum Beispiel beim Fäkalien-Schaufeln. Leser des ersten Buches wissen: Kot macht mir mehr aus als Blut, keine Ahnung, wieso. Und irgendwann bei einem besonders ekligen Einsatz mit einem besonders grauenhaften Klo habe ich dann angefangen zu singen. Ich weiß nicht, warum, vielleicht aus Galgenhumor, vielleicht aus Trotz, plötzlich fing ich an, so wie in einem ganz einfachen Kinderlied:

»Ich putz' so gerne Scheiße weg, Scheiße weg, Scheiße weg!«

Einfach so vor mich hin, in meine Atemschutzmaske.

»Scheiße schaufeln ist so schön, falleri, fallera!«

Dr. Müller-Cyran fand das gut. Er nennt das »die Situation umdeuten«. Was eine Variante ist von dem, was immer hilft: Wenn man der Lage nicht ausweichen kann, dann soll man versuchen, sie harmloser hinzustellen, als sie ist, weniger gefährlich, weniger eklig. Und theoretisch müsste das auch bei den Mördern und Selbstmördern klappen. Aber hier stößt die Methode an ihre Grenzen: Die Ungerechtigkeit eines Mordes kann man nicht umdeuten, jedenfalls nicht, wenn man noch halbwegs fühlen möchte wie ein normaler Mensch. Ich kann mir einen Doppelmord an zwei kleinen Mädchen nicht als schöne Bescherung vorstellen, bei denen ein lieber Onkel zu Weihnachten Schokolade mitbringt. Und singen geht da auch nicht.

Es gäbe schon noch andere Auswege: Was unsere Arbeit so belastend macht, ist der Kontakt mit den Angehörigen. Bei der Polizei, sagt Dr. Müller-Cyran, wird das ganz strikt getrennt. Derjenige, der die Leiche obduziert, hat mit der Familie nichts zu tun. Das wird auf verschiedene Personen verteilt, sodass die emotionale Belastung für die Beamten gering gehalten wird und derjenige, der die Leiche untersucht, mit größtmöglicher Sachlichkeit vorgehen kann. Dr. Müller-Cyran hat dann vorgeschlagen, ob wir das so nicht auch bei uns umsetzen könnten: Einer hat nur Telefondienst, und vor Ort ist dann eine ganz andere Truppe im Einsatz.

Aber das geht bei uns nicht: Wir sind erstens kein 300-Mann-Betrieb. Und zweitens kann ich nicht vor Ort dauernd den Angehörigen sagen: »Reden Sie nicht mit mir, bei allen Fragen rufen Sie bitte meine Frau an, und die sagt's mir dann …« Da halten mich die Angehörigen ja für bekloppt. Und abgesehen davon glaube ich, dass das Abarbeiten des ganzen Falles für mich nicht unwichtig ist: So kann ich ihn nämlich auch als Ganzes abschließen.

Allerdings hat mich Andreas Müller-Cyran auch beruhigen können: Es fehlen ihm bislang bei uns noch richtige Alarmsignale. Wir schlafen nicht schlecht, wir versinken nicht in reglosem Grübeln, wir reden noch alle miteinander über unsere Arbeit, wir erzählen uns, was uns belastet, was uns freut. Das scheint kein Zufall zu sein, weil wir bei aller Härte in unserer Arbeit auch einen Sinn sehen. Und dieser Sinn, das betont Dr. Müller-Cyran, ist auch, dass man gut bezahlt wird.

So hatte ich das bislang noch nicht betrachtet.

Sicher, es ist ein ekliger Job, und da ist es auch in Ordnung, wenn man dabei ordentliches Geld verdient. Ich habe das bisher immer vor allem als fair betrachtet, nicht mehr. Aber der Doc sagt, dass die Bezahlung eine weitere Funktion erfüllt – sie gibt unserer Arbeit zusätzlichen Sinn. Eine weitere Begründung, die man dem mentalen Buchhalter entgegenhalten kann, wenn er wieder meint, das sei doch sinnlos. Es ist nicht sinnlos, weil ich mir hinterher was Schönes kaufen kann.

»Ist das nicht furchtbar egoistisch?«, habe ich Herrn Müller-Cyran gefragt.

»Nö«, hat er geantwortet, »das hält einen geistig gesund.« Und dann hat er von den Soldaten im Auslandseinsatz erzählt.

Man kennt sie aus dem Kino, aus dem Fernsehen, diese Geschichten von den traumatisierten Soldaten. Ich dachte, das sei bei Kriegen immer so, und das stimmt auch, aber Dr. Müller-Cyran sagt, dass die Zahl der Traumatisierten in dem Moment deutlich ansteigt, in dem die Soldaten nicht mehr wissen, wofür sie all das machen. Deshalb sei es auch so wichtig, dass man ihnen einen guten Kriegsgrund anbietet, sagen wir: Saddam Hussein hat Massenvernichtungswaffen. Und deswegen sei es dann so fatal, wenn diese Massenvernichtungswaffen plötzlich nie da waren. Man kann besser mit dem Gedanken leben, Furchtbares erlebt und manchmal auch angerichtet zu haben, wenn man weiß, dass man damit viel größere Opferzahlen woanders verhindert hat – aber was soll man sich sagen, wenn diese Gefahr in Wahrheit nie bestanden hat?

Die Soldaten in Vietnam haben irgendwann gemerkt, dass der Krieg aussichtslos war. Oder unsere Bundeswehr in Afghanistan: Dort stellen die Soldaten fest, dass sie viel mehr Leute sein müssten, die auch noch viel länger in diesem Land bleiben müssten – dass sie aber tatsächlich nur eine Handvoll Männer und Frauen sind – und wenn sie demnächst wieder heimfahren, dann ist in dieser maroden Region alles wieder wie vorher, wenn nicht sogar schlimmer. Und dafür begeben sie sich täglich in Lebensgefahr. Da darf man durchaus traumatisiert sein.

Es ist wichtig, dass man Gründe hat, weswegen man etwas tut, sagt Dr. Müller-Cyran. Und Geld ist – unter anderen – ein guter Grund. Auf unsere regelmäßigen Teamsitzungen mit dem Doc werden wir wohl trotzdem nicht verzichten.

Sicherheitshalber.

30. EINGEÖLT

Manchmal bastelt man sich so seine ideale Tatortreinigerwohnung zusammen – beim Schrubben. Da hat man ja Zeit. Man schrubbt und schrubbt und erinnert sich an seine positiven Erfahrungen mit Leichenwohnungen. Zum Beispiel mit Rigipswänden, wie sie bei Dachausbauten häufig verwendet werden. Ich habe an anderer Stelle schon man bequengelt, dass die schwer zu streichen sind, das mag sein, aber dafür sind sie leicht zu ersetzen: Man kann die mit Leichenflüssigkeit oder Blut verunreinigten Abschnitte einfach heraussägen, man kann aber notfalls auch den betreffenden kompletten Abschnitt aus seinen Metallhalterungen entfernen, einen neuen einsetzen, fertig. Kein Vergleich mit einer Beton- oder Ziegelwand.

Was Fenster angeht, würde ich aus meiner Leichengeruchsperspektive zu Aluminiumrahmen raten, übrigens auch zu Stahlrahmen in der Tür – die aus Holz muss man oft auswechseln. Und was den Boden angeht: hochwertiges PVC, aber wirklich dick, hochwertig. Allerdings mag das nicht jeder. Dann habe ich mir überlegt, ob man vielleicht eine Stahlschicht in den Boden einziehen sollte, aber das kann man wahrscheinlich nicht finanzieren – und ob das mit den Temperaturunterschieden sommers wie winters hinhaut, na ja. Damit war meine Weisheit zur Erstellung möglichst leicht und preiswert zu reinigender Wohnräume erschöpft, bisher. Jetzt ist was Neues dazu gekommen.

Ein Mann, Mitte 30, hatte uns angerufen, er war über

das Internet auf uns gestoßen. Sein Vater habe sich umgebracht, sagte er ziemlich unverblümt, im Keller, und dort sei er 14 Tage lang nicht entdeckt worden – wir würden doch solche Aufträge annehmen, oder?

Und ob.

Die eigentliche Geschichte war natürlich etwas komplizierter, was sie auch wieder sympathischer macht. Es klingt ja zunächst schon etwas seltsam, dass sich der Vater umbringt und ihn keiner vermisst. So war es nicht gewesen, ganz im Gegenteil sogar.

Die Familie, Mutter, Vater und zwei Söhne, hatte ursprünglich in einer Hälfte eines Doppelhauses gewohnt, in der anderen wohnte die Mutter des Toten, die Oma sozusagen. Leider hatte der Vater ein ernstes Alkoholproblem, und das war nur zum Teil sein Fehler – er litt nämlich parallel dazu unter starken Depressionen. So was kommt vor, das ist auch schwer zu behandeln, aber man kann es den Menschen, die mit einem so kranken Menschen zusammenwohnen, nicht übel nehmen, wenn sie die Belastung eines Tages nicht mehr ertragen. Das muss jeder selbst für sich entscheiden, es gibt kein Gesetz, das einen verpflichtet, all das auszuhalten, was die Medizin nicht mehr abfedern kann. Die Mutter schaffte es jedenfalls eines Tages nicht mehr, sie zog aus. Die Söhne waren da auch schon weg, und plötzlich war der Vater alleine zu Hause. Sie haben sich selbstverständlich weiter um ihn gekümmert, es war nicht so, als hätten sie ihn einfach aus ihrem Leben gestrichen, die Familie war im Großen und Ganzen schon noch ziemlich intakt. Man merkt das ja auch daran, dass der Vater letztlich seinen älteren Sohn anrief, um ihm von seinen Selbstmordgedanken zu erzählen. Nicht detailliert, nicht mit Datumsangabe, nicht so dringlich wie: »Ich mach' jetzt Schluss!«, aber doch so präzise, dass der Sohn aufhorchte und beschloss, noch am selben Abend mal vorbeizusehen.

Niemand öffnete. Ihm wurde mulmig. Und er machte das, was man in so einem Fall tun sollte: Er ging zur Polizei.

Die haben ihn auch sofort ernst genommen, sie haben ihm Beamte mitgegeben und Suchhunde dazu, und Beamte samt Hunden haben das Grundstück und die Umgebung abgesucht – ergebnislos. Daraufhin haben sie den Vater als vermisst geführt, aber wenn man die Standardsuchen mal durchgearbeitet hat, kann man einstweilen wenig machen. Der Vater blieb verschwunden. Es dauerte zwei Wochen, bis dann die Oma den Geruch im Heizungskeller ziemlich übel fand. Und feststellte, dass neben den Öltanks eine dunkle Spur zu sehen war. Sie rief ihren Enkel und der Enkel die Feuerwehr.

Wer kein Eigenheim mit Ölheizung hat, weiß womöglich nicht, wie so ein Ölkeller aussieht. Und der denkt jetzt vielleicht: »Na ja, warum soll einer nicht zum Selbstmord in den Ölkeller gehen? Die einen gehen auf den Dachboden oder in die Garage, die anderen gehen eben in den Ölkeller, na und?« Es ist aber ein großer Unterschied zwischen Garage und Ölkeller.

In Garagen ist üblicherweise Platz übrig. In Garagen sind noch die Fahrräder und die Schlitten, und Vati hat da seine Werkbank, und wenn's eine Doppelgarage ist, dann ist vielleicht sein Ruderboot dort, und neben der Bohrmaschine und der Elektrosäge ist womöglich auch noch Platz für die Stereoanlage und die Pornosammlung – auch deshalb gibt es nicht wenige Männer, die, wenn sie ganz, ganz ehrlich sind, sagen würden: »Der gemütlichste Platz im Haus ist meine Garage.« Man wird aber keinen Mann und überhaupt keinen Menschen auf der ganzen Welt finden, der sagt: »Der gemütlichste Platz in meinem Haus, das ist der Heizölkeller.«

Das liegt daran, dass der Ölkeller nur zu einem einzigen Zweck dient: um Heizöl sicher aufzubewahren, so, dass es nicht brennen und vor allem nicht auslaufen und das Grundwasser verdrecken kann. Also baut man solche Keller so, dass man zuerst den oder die Tanks ausmisst – das sind riesige Metall- oder Kunststoffquader, je nach Größe des Menschen, den man danebenstellt, können sie brust-, schulter-, kopfhoch sein. Dann baut man einen Keller um diese Tanks herum. Und weil man weiß, dass man mit diesem Keller sonst nichts wird anfangen können als eben die Öltanks drin aufzubewahren, baut man den Keller möglichst knapp um die Tanks herum. Den Zugang dichtet man mit einer hüfthohen Mauer ab, und damit hat man dann eine Art Notfallbecken in der exakten Größe einer Tankfüllung. Das ist so knapp bemessen, dass die Tanks gar nicht durch diesen Zugang passen, die lässt man erst später liefern, befördert sie mit einem Kran von oben in das Becken, und erst danach setzt man die Betondecke drüber. Anschließend hat man einen schummrigen Keller mit den Tanks, und zwischen Tanks und Wand sind vielleicht 30 oder 25 Zentimeter Platz. Das ist nicht viel, aber das ist einem herzlich wurscht, weil in diesen Keller sowieso niemand hineingehen will.

Wenigstens sollte man das meinen.

Der Vater allerdings hatte sich exakt diesen Keller für seinen Tod ausgesucht.

Er ist erst über die kleine türbreite, hüfthohe Mauer gestiegen. Dann hatte er sich nach links zwischen dem

Tank und der Wand in die linke vordere Ecke gequetscht, wo man ihn schon kaum noch sehen konnte. Und danach quetschte er sich zwischen Tanks und Wand weiter in die linke hintere Ecke, wo man ihn überhaupt nicht mehr sehen konnte. Ab hier wird es rein technisch schwierig. Eigentlich kann man sich überhaupt nicht mehr vorstellen, wie er sich da hinten hat umbringen können. Aber vorher konnte er es nicht getan haben. Die hellen Kunststofftanks waren bis zur ersten Ecke ohne Blutspuren. Dann, nach dem Abbiegen, war auch der vordere Tank noch unverschmiert. Erst der hintere wies deutliche Blutspuren auf. Da hinten war es aber so eng, dass sich der Mann kaum hatte bewegen können.

Zum Beispiel um seine Pulsadern zu öffnen – unmöglich. Dazu muss man den einen Arm etwas ausstrecken, den anderen wenigstens ein bisschen querstellen, um mit der Klinge hinüberzukommen, dazu fehlte einfach der Platz. Letztlich hatte er sich mehrfach in die Brust und in den Herzraum gestochen, aber auch das muss eine unglaubliche Tortur gewesen sein. Um das nur halbwegs schnell zu machen, muss man Schwung holen, und sogar dann ist es noch immer verdammt schwer. Er aber stand eingekeilt wie Pendler im Bus zur Rushhour, da konnte er wohl nicht viel mehr machen, als das Messer anzusetzen und es mühsam in sich hineinzubohren. Das Rausziehen – genauso kompliziert, und dann wieder reinstechen. Und wenn man sich das vorstellt, kommt man einfach nicht umhin, zu denken: »Wie geht das? Das tut doch von Beginn an furchtbar weh, wie kann man denn dann mit so was weitermachen?«

Letzten Endes hat er es auf jeden Fall so weit geschafft, dass er zusammenbrach, so schnell zu Boden rutschte, wie ihn die Enge runterrutschen ließ. In dieser Haltung haben sie ihn dann gefunden, gründlich ausgeblutet. Der hellgraue Boden war komplett dunkelschwarzrot, lückenlos, soweit wir es sehen konnten. Denn unter die Tanks konnten wir nicht krabbeln, und das war das Hauptproblem.

Schon klar: Unter die Tanks hatte seit ihrem Einbau niemand mehr gesehen, und es würde auch künftig niemand druntersehen – im Prinzip sind solche Tanks ohnehin für die Ewigkeit eingebaut oder wenigstens bis zum Abriss. Aber die Optik war hier zweitrangig: Wenn unter den Tanks die Leichenflüssigkeit und das Blut zurückblieben, würde auch der Gestank zurückbleiben. Und der einzige Weg bestünde dann darin, den Ölkeller umgekehrt zu öffnen, als er entstanden war: oben die ganze Betondecke abmontieren (Kraneinsatz), dann die Tanks entfernen (auch Kraneinsatz) und den Boden drunter säubern. Das, überschlug ich mal im Kopf, wäre vermutlich die teuerste Leichenfundortreinigung aller Zeiten. Auf diesen Ruhm konnte ich ganz gut verzichten.

Dann fiel mir ein: Die Oma hatte die Leichenflüssigkeit auf der anderen Seite der Tanks entdeckt. Mit etwas Glück konnten wir das Blut ja unter den Tanks hindurchschwemmen. Das war unser Plan. Der einzige. Und entsprechend bestückten wir den Wagen, Helga und ich. Wir packten den E-Sauger ein und den nagelneuen Hochdruckreiniger. Und dazu einen Halogenstrahler, damit wir überhaupt sahen, was wir taten: Denn in dem Keller war nur eine trübe Kellerleuchte, gerade genug, um die Armaturen abzulesen.

Weil es ziemlich nass werden würde, zogen wir die gelben wasserdichten Overalls und die Gummistiefel an. Als

Erstes begannen wir, großflächig zu desinfizieren. Bei Alkoholkranken kann man nie wissen. Und dann reinigten wir den Vorraum von den Hinterlassenschaften der Freiwilligen Feuerwehr. Das verdreckte Bergetuch, die verschmutzten Styroporplatten, auf denen sie die Leiche abgelegt hatten, Handschuhe, Bretter, alles. Manchmal frage ich mich wirklich, ob man das nicht irgendwie besser lösen könnte.

Nicht, dass ich den Kollegen da irgendwelche Vorwürfe machen will – es war schon ein Wahnsinn, wie sie den Toten überhaupt nach vorne hatten bringen können, ohne Platz. Und wie mir der Sohn erzählte, hatten die Feuerwehrleute wegen des Gestanks auch noch Atemschutzgeräte dabei, die sind also mit Schutzmasken und Atemlufttanks dahinten herumgekrochen, keine Ahnung, wie sie das geschafft haben. Und als sie die Leiche vorgeholt hatten und sie dann dalag, verwest und stinkend – im Vergleich dazu sind Bergetuch, Styroporplatten, Handschuhe, all diese Dinge natürlich ein Klacks. Auch der Bestatter, der den Leichnam holt, packt das Zeug selbstverständlich nicht ein, und dann bleibt es zurück und wirkt beinahe anklagender als die Leiche selbst. Aber vielleicht bilde ich mir das auch ein und die Angehörigen trifft das nicht mehr als die blutverschmierte Wand mit den Hautfetzen dran. Vielleicht denke ich mir überhaupt viel zu viel.

Wir mixten eine Eiweißreinigerlösung und trugen sie mit einer Sprühflasche auf die verkrustete Blutschicht auf. Und dann machte ich mich mit dem Schrubber ans Anlösen. Es blieb mir gar nichts anderes übrig, weil Helga aufgrund ihrer weiblichen Anatomie noch weniger hinter die Tanks passte als ich. Ich versuchte mich dabei so dünn zu machen wie möglich, ich hielt den Schrubber senkrecht vor mich, das obere Ende des Stiels praktisch vor meiner Nase und unten mit der anderen Hand etwa auf Höhe meines Schritts, ungefähr die dämlichste Haltung, wenn man etwas effizient schrubben will, weil man praktisch keinen Druck auf den Bürstenkopf ausüben kann. »Ftt-ftt-ftt«, schrubbte ich, ungefähr fünf Zentimeter vor und fünf zurück, »ftt-ftt-ftt«. Ich hätte genauso gut einen Rasierpinsel nehmen können. Wir mussten wohl auf die Einwirkungskraft des Reinigers hoffen.

Einstweilen organisierten wir die Wasserversorgung, einen Gartenschlauch von oben, den man direkt an den Hochdruckreiniger anschließen konnte. Helga nahm den E-Sauger, ich krabbelte wieder hinter die Tanks und griff mir zuerst den Schrubber. Der Schmodder fing an, sich großflächig zu lösen.

Sehr schön.

Und dann nahm ich mir den Hochdruckreiniger.

Ich will hier nichts schlimmer darstellen, als es ist: Ein guter Hochdruckreiniger ist was Tolles. Aber richtig toll ist er eben nur unter einer Voraussetzung – dass man auch da hinsprühen kann, wo man hinsprühen will. Die 30 Zentimeter zwischen Tank und Wand zum Beispiel, das war richtig effektiv. Aber unterhalb der Tanks, da konnte ich nur raten, was ich grade machte. Also versuchte ich, systematisch vorzugehen, doch das war halt nur eine Systematik auf Verdacht und nach Gefühl. Anfangs war das noch nicht so problematisch, da half ja jeder Strahl – und den Erfolg unserer Arbeit konnten wir auch gut auf der anderen Seite ablesen, da wo Helga das Schmutzwasser wieder mit dem E-Sauger wegschlürfte. Das war zu Beginn eine furchtbare Dreckbrühe, aber nach einiger Zeit war das Wasser auch minutenlang klar, doch just in dem Moment, in dem man sich schon überlegte, die Arbeit einzustellen, erwischte man wieder einen jener Blutklumpen, und dann dauerte es wieder zehn Minuten, bis man sicher sein konnte, dass man den Klumpen und seine zähklebrigen Ränder ausgeschwemmt hatte. Ich habe zwei, drei Stunden versucht, den Sprühkopf in immer neuen Varianten unter die Tanks zu halten, eingekeilt – das war nichts für Leute mit Platzangst. 15 Liter Wasser passen in den E-Sauger, Helga hat das Ding mindestens 20 Mal ausleeren müssen, und ob wir nun vollständig fertig waren, ließ sich nur anhand der Sauberkeit des von ihr aufgesaugten Wassers ablesen.

Nachdem wir 20 Minuten lang nichts mehr vorgespült hatten, beschloss ich, das für ein gutes Zeichen zu halten. Wir behandelten den gesamten Raum zum Abschluss mit Chlorbleichlauge, um sicherzugehen, und deren leicht miefigen Geruch neutralisierten wir hinterher nochmals.

Ich besah mir den Keller. Ich war richtig zufrieden. Den Bodenanstrich würden die Hausbesitzer allerdings erneuern müssen. Diese Ölwannen sind mit zwei Schichten Lack ausgestrichen, eine tiefrot, eine hellgrau, und zwar mit Absicht – so merkt man anhand der auftauchenden roten Flecken, dass eine Lackschicht fehlt. Aber an sich hatte die Schicht zwei Wochen Leichenflüssigkeit tadellos überstanden.

Seither habe ich die doppelte Speziallackschicht für Ölwannen in meinem Kopfprogramm, wenn ich beim Putzen wieder über die ideale Leichenfundortwohnung nachdenke. Alufenster, Rigipswände und über dem Estrich eben jene Speziallackschicht für Ölwannen. Das reicht für 30 Minuten Grübelei.

Und dann schrubbt man wieder einfach weiter.

31. WINDOWS

Wenn man's genau nimmt, haben wir den nächsten Job nur bekommen, weil wir uns auf unserer Homepage ungenau ausgedrückt haben. Oder weil wir ein Opfer der sogenannten Suchmaschinenoptimierung sind, genau lässt sich das nicht mehr nachvollziehen. Um mal etwas sehr Langweiliges kurz zu erklären: Man kann ja nicht davon ausgehen, dass jeder Kunde genau weiß, wie mein Beruf heißt – Tatortreiniger, Leichenfundortreiniger? Die meisten Menschen in einer entsprechenden Situation denken: »Wie nennt man jemanden, der eklige Wohnungen putzt – Ekelgebäudereiniger? Superputze? Spezialreinigung?«

Deshalb muss man auf seiner Homepage im Internet alle möglichen und vor allem unmöglichen Begriffe unterbringen, damit man auch wirklich gefunden wird. Was allerdings zur Folge hat, dass dann das Telefon klingelt, und jemand ist am Apparat, der zuerst mal fragt:

»Guten Tag – Sie sind eine Spezialreinigung?«

»Ja«, sagt man, »schon. Auch. Um was geht's denn?«

»Putzen Sie auch Fenster?«

»Äh, ja – aber ich nehme an, dass Sie da auch günstigere Firmen finden werden ...«

»Auch Fenster in großer Höhe?«

Da wird's dann schon interessanter.

Die Geschichte war folgende: Bei Audi in Ingolstadt hatten sie ein nagelneues Vorstandsgebäude errichtet. Sieben Stockwerke hoch. Es war jetzt praktisch fix und fertig, aber noch nicht an Audi übergeben. Und bevor man sich das Gebäude vom Bauherrn abnehmen lässt, macht man eine Abschlussreinigung, damit den Gebäudemanager nicht der Schlag trifft. Bauarbeiter lassen nämlich überall und immer irgendwas stehen, liegen und fallen. Aber deswegen braucht man normalerweise noch lange keine Spezialreinigungsfirma.

Die Außenfassaden kann man mithilfe dieser kleinen Balkons zum Runterfahren reinigen. Innen macht das jede Gebäudereinigung schneller und billiger. Aber es gab eine Stelle, an der die Gebäudereiniger streikten und die Bauarbeiter sowieso. Das waren die Verbindungshallen mit den Aufzugschächten.

Man muss sich das so vorstellen: Dieses Gebäude besteht aus zwei langen Bürotrakten, so ähnlich wie die Holme einer liegenden Leiter. Und damit die Aufzüge auch von beiden Bürotrakten aus gleichermaßen benutzt werden können, gibt es am Anfang und am Ende dieser Holme je eine Sprosse mit drei Aufzügen nebeneinander. Wie das heute bei modernen Bürogebäuden üblich ist, gibt es aber keine Stockwerke zum Aussteigen: Man verlässt den Lift in jedem Stock über eine Art Brücke, die nach links und rechts zu den Trakten geht. Man spart sich den ganzen Beton für ein komplettes Stockwerk, es sieht kühn und dynamisch aus und – auch sehr wichtig! – transparent. Architekten lieben das und Vorstände noch viel mehr. Und damit die Menschen, während sie unter all den Brücken auf den Aufzug warten, nicht im Regen stehen, hat man diese Trakte natürlich überdacht und hinter den Aufzügen eine Glaswand hochgezogen, damit der Wind nicht durchpfeift. Diese Wand aus Glasscheiben war das Problem: 20, 23 Meter hoch, 15 Meter breit. Der Architekt hatte natürlich auch an die Reinigung gedacht: Auf der Höhe jedes Stockwerks hatte er an der Schnittstelle von Bürotrakt und Glaswand eine Art begehbares Fensterbrett eingezogen. 35 Zentimeter breit. Das zog sich über 15 Meter von einer Seite zur anderen. Zwei Meter hinter den Aufzugschächten, zum Abstützen gab es da nichts. Neben dem Fensterbrett ging es senkrecht hinunter, und das ist schon im ersten Stock ziemlich beängstigend, aber im siebten schlägt das jede Kletterhalle. Es gab natürlich auch eine Sicherung, die lief in Form eines Stahlseils in etwa drei Metern Höhe über jedem dieser Fensterbretter entlang. Da konnte man sich einklinken. Aber trotzdem: Normale Gebäudereiniger winken da ab. Ich fand das natürlich spannend.

Erstens macht mir Höhe nichts aus. Keine Ahnung, warum. Ich kriege mit den Jahren allmählich ein Problem beim Feuerwehrtraining, wenn ich mich mit Maske und voller Montur durch unseren engen Übungsparcours quetschen muss, da habe ich manchmal schon leichte Beklemmungen, aber Höhenangst – keine Spur. Ob da unter mir zehn Zentimeter Luft sind oder zehn Meter oder 150, das ist mir völlig egal. Und zweitens war's mal wieder was ganz anderes. Also sagte ich zu. Ich nahm Helga mit. Was beinahe ein Fehler gewesen wäre.

Als wir ankamen, packten wir unsere Sachen aus und fuhren mit dem Lift hoch. Auch bei sieben Stockwerken gilt, was bei jedem Hausputz gilt: Von oben nach unten arbeiten, damit man nicht seine mühsam geputzten Fenster unten von oben wieder volltropft. Dann stiegen wir in unsere Klettersets.

Klettern ist ja inzwischen Trendsport, einige Leser wissen hier wahrscheinlich, wie so was aussieht: Zwei

Beinschlaufen aus ultrafestem Stoff, verbunden mit einem Bauchgurt aus genau demselben Stoff. Und hinten ist dann eine Schlaufe, an der man sich einhängen kann. Üblicherweise an eine Höhensicherung, die gefedert ist und im Falle eines Absturzes etwas nachgibt – wie ein Hosenträger. Das war schon mal das erste Problem.

Nicht für die Sicherheit: Gesundheitlich ist das schon sinnvoll, weil das den Sturz abfedert, wenn man mal dranhängt. Der Nachteil ist, dass das Seil natürlich länger wird. Und mir beim Betrachten der Örtlichkeiten auffiel, dass ich im Fall eines Sturzes zwar gesichert war, aber dann zwischen den beiden Stockwerken baumeln würde wie ein menschgewordenes Mobile. Helga würde mich kaum hochziehen können, ich selbst wahrscheinlich auch nicht – wenn ich von diesem Fensterbrett fiel, musste ich wohl die Feuerwehr rufen, damit sie mich wieder rausholten. Toll. Aber eine Alternative gab es nicht. Ich zuckte mit den Schultern und fing an.

Gesichert war das Ganze eigentlich nicht schlecht. Auf dieses schmale Fensterbrett hinaus führten zwei schmale Glastürchen. Das erste ging von oben bis auf Hüfthöhe. Das sollte man zuerst öffnen, um sich in das Sicherungsseil einzuklinken. Erst dann sollte man das untere Türchen öffnen, um hinauszugehen. Der Plan scheiterte schon beim ersten Türchen: Es war keine Höhensicherung eingehängt.

Höhensicherungen sind Haken an Rollen, die man in das Drahtseil oben einhängt, damit man beim Putzen nicht immer mit seiner Sicherung am Draht entlangscheuert und diesen so verschleißt und unsicherer macht. Um künftigen Fensterreinigern die Arbeit zu erleichtern, hatte sie der Architekt eigentlich vorgesehen.

In jedem Stockwerk. Die Höhensicherungen waren nicht da. Wir fanden sie nach wenigen Blicken innen auf dem Boden. Ich musste mich also erst mal innen sichern, einen festen Stand bauen, wie der Bergsteiger sagt, dann die Sicherungen einhängen. Dann konnte ich das untere Türchen öffnen, hinausgehen, Helga hinter mir herwinken und ganz entspannt verfolgen, wie Helga auf das Brettchen trat, nach rechts in die Tiefe unter sich blickte und wieder zurückging.

»Das pack ich nicht!«, sagte sie.

Was will man da machen? Höhenangst ist Höhenangst.

Also machte ich mich allein ans Werk. Ich krabbelte erst auf den Knien das Fensterbrett entlang, hob die Gitter hoch, wischte darunter alles aus und begann dann am entferntesten Punkt zu putzen. Es war abscheulich.

So nah am Fenster kann man weder Druck entwickeln noch vernünftig hantieren. Ständig ist man in Gefahr, die Balance zu verlieren, und man arbeitet völlig verkrampft. Außerdem waren die Fenster zu hoch. Auch ich kam im Stehen nicht bis ganz oben hin. Und den Wischer verlängern konnte ich nicht – das hätte am Boden geklappt, aber nicht, wenn man mit der Nase nur fünf Zentimeter von der Scheibe entfernt ist. Ich griff zu zwei Hilfsmitteln. Das erste war eine kleine, schmale Trittleiter. Höhenangst ist zwar Höhenangst, aber keine Höhenangst ist auch keine Höhenangst, das ist der Vorteil: Ich kann auch auf kleinen Fensterbrettern auf einer Trittleiter stehend arbeiten. Sie darf einem halt nicht runterfallen. Deswegen hatte ich die Trittleiter mit einer Expressschlinge an meinen Klettergurt geknotet. Das zweite war ein Saugheber: Das sind die Saugnäpfe, die man nach Bedarf festsaugen kann, und zwischen zweien oder dreien von ihnen ist ein Griff montiert. Glaser benutzen sie, um große Scheiben zu heben und zu transportieren. Den klemmte ich immer von Neuem um, hielt mich links fest, wischte rechts, arbeitete mich die Scheibe entlang wieder zum Türchen, und spätestens im fünften Stock begann ich zu rechnen: 20 Meter Höhe, 15 Meter Breite, zwei Aufzugschächte – das machte 600 Quadratmeter Glas. Und allein war ich einfach zu langsam. Also guckte ich zu Helga und sagte: »Das geht so nicht. Ich schaff das niemals allein. Entweder du machst mit, oder ich muss jemand anderen dazuholen.«

Helga schluckte, und dann riss sie sich zusammen. Und da muss ich wirklich sagen: allergrößten Respekt. Seine Ängste überwinden, das sagt sich so leicht, aber das zu machen, gehört zum Schwersten, was es gibt. Und bei Helga gibt es da auch kein Geeier, das ist nicht so, dass sie drei Anläufe unternimmt und dann geht's doch nicht. Wenn sie »ja« sagt, zieht sie's durch. Und ab da haben wir die Glaswände wirklich super abgearbeitet. Ich fing rechts auf meiner Trittleiter an, wenn ich mit dem oberen Teil des Fensters fertig war, ging ich zurück, ließ Helga an mir vorbei aufs Fensterbrett zum unteren Teil und fing links von ihr wieder oben an. Seitlich versetzt haben wir dann Fenster nach Fenster gereinigt, dass es eine Freude war. In jedem Stockwerk von Neuem: Erst ich allein im Zimmer gesichert, um die Höhensicherungen einzusetzen, dann ich allein rechts außen, wieder zurück und ab da versetzt. Und die Scheiben sahen hinterher aus wie geleckt.

Aber abends waren wir trotzdem fertig, körperlich absolut kaputt.

Dauernd möchte ich so was nicht machen. Aber ab und an – ein geiler Job!

32. ALLES BLEIBT ANDERS

Tja.

Und jetzt? War's das?

Habe ich jetzt alles gesehen, was es zu sehen gibt? Alles gewischt, alles geputzt?

Ich fürchte nein. Ich weiß, dass sich bestimmte Dinge wiederholen werden. Die Alltagsfälle, dass sich Leute selbst erschießen oder irgendwo runterspringen. Aber ich weiß auch, dass es immer wieder Fälle geben wird, bei denen man sich die Augen reibt. Dass immer wieder dann, wenn man sich ganz sicher ist, alles gesehen zu haben, wieder einer kommt, der sich eine besonders komplizierte Form der Selbsthinrichtung hat einfallen lassen, oder jemand, der jemand anderen so grausam umgebracht hat, dass man ihm schon allein dafür eine extra drüberziehen möchte.

Das ist wirklich wahr, das zuckt einem so durch den Kopf. Da stellt man selbst auch die aberwitzigsten Vergleiche an: Wenn ich an den Messerstecher denke, der seine Ex-Geliebte bestialisch umgebracht und sich dann vor Haus gestellt hat, eine Zigarette im Mund, und zu den Nachbarn gesagt hat, sie könnten jetzt ruhig die Polizei holen, er habe alles Notwendige getan? Ich weiß noch, wie ich gekocht habe, als ich das gehört habe. Und trotzdem fiel mir dieser Mann in dem Moment ein, als wir nach dem gepfuschten Doppelmord von Notzing gereinigt haben – der Typ, der erst die Eltern seiner Ex-Freundin abschlachtet und dann mit ihr zusammen die Leichen derart lieblos und gleichgültig durch die Gegend schleift, als wäre ein Mord nichts anderes als Falschparken und die beiden Toten nur so was wie zwei Bündel Altpapier. Da hab' ich mir allen Ernstes für einen Augenblick gedacht, dass – verglichen mit den beiden Pfuschern – sogar dieses grausame A… noch mehr Achtung vor der Tat und der Toten hatte.

Und genauso sicher kann man sein, dass man eines Tages an irgendeinem blutüberschwemmten Einsatzort steht, sich dabei an die beiden gerade genannten Fälle erinnert und sagt: »Die waren immer noch besser als das, was ich jetzt grade sehe.«

Als ob man da von »besser« oder »schlechter« reden könnte. Aber trotzdem denkt man's sich.

Und wer weiß, vielleicht schreibt man's dann wieder in ein Buch.